互联网
寡头战争

BAT圈地运动与资本新格局

屈运栩 等◎著

郭琼　王晓冰　高昱◎主编

ZHEJIANG UNIVERSITY PRESS
浙江大学出版社

编 委 会

主　　编：郭　琼　　王晓冰　　高　昱
作　　者：屈运栩　　张而驰　　覃　敏　　王琼慧
　　　　　刘晓景　　李　妍　　王晓庆　　郑丽纯
　　　　　包志明　　黎慧玲　　于　宁　　贺　信
　　　　　吴红毓然　叶展旗　　陈梦凡
图表设计：冷　斌　　高　旭　　耿鸣钟

塑造新世界及其责任

王　烁

1943年秋，二战犹酣，未来的管理学大师彼得·德鲁克接到了来自工业巨人通用汽车公司的邀请，由此开始了他对通用汽车公司长达18个月的调研，成果《公司的概念》(*The Concept of Corporation*)于1946年出版。这本书引爆了企业研究领域，它不仅是有史以来第一次由一位外人在企业内部进行深度研究的结果，还成为管理学的开创之作。甚至通用汽车公司传奇总经理阿尔弗雷德多年以后的自传《我在通用汽车的岁月》，也被视作关键内部人对这本书的系统回应。一宗事件，引出两本名著，成就一段佳话。

2016年正好是《公司的概念》出版70周年。德鲁克说，通用汽车代表的新兴大公司是一种此前未见的组织，正在改变美国"个人—社会"二元结构。不管愿不愿意，工作者能否在大公司里实现人生价值，而大组织能否通过内部的生产结构产生效率、获得利润，对外能否与社会价值观兼容，成为美国社会能否成功的关键。

这本书到今天也完全没有过时，而现在是新一代"公司的概念"出世的时机。今天需要 the concept of internet corporation（互联网公司的概念）。互联网公司对社会的改造，比70年前大公司对社会的改造来得更全面、更深入。分析互联网对社会冲击的书市面上已有很多，但分析互联网公司作为一种新型组织及其与社会互动关系的书，我还没有见过。你们手中的这本书也算不上这方面系统的尝试，但可见一丝端倪。

与现代大公司的兴起冲击传统社会相比，今天互联网公司的兴起对社会的冲击显然更全面、更彻底。

——更全面。对各种使用场景的发掘、进入和控制，使互联网公司系统地改造社会。

——更彻底。互联网公司洞穿了其对人们生活的层层传统保护。今天网络上没有人不知道你不是一条狗。跟身份有关的一切信息，变得越来越重要，越来越敏感，又越来越被滥用。

这一切都发生在5～10年之间。现代大公司的代表，通用的兴起花了30年，而互联网公司则是每10年给社会洗一次牌。有史以来第一次，一家公司从初创到成为统治一个行业的超级独角兽，只用了5年时间；成为横跨多个领域的控制性平台，也只需10～15年时间。而且不是一家，而是一批。支付宝、Facebook的兴起不过10年时间，微信刚过完5周岁生日。这个周期没有变长的迹象。

商业社会失败者无数，互联网公司亦不例外。当代的互联网公司想要获得成功依旧很难，攀至金字塔尖的还只是极少数。但如果公司能奔驰在成功的轨道上，那么其速度、势头、爆发力都是空前的，甚至令人头晕目眩。互联网公司的创始人和管理者必须完成从颠覆者到守护者的角色转换，尽管他们很难走出颠覆者的心态，却必须担起守护者的责任，这是一个极大的挑战，而且到来的是那么的快。

世界是如此，中国尤其如此。

与美国互联网巨头面对成熟社会、成熟商业环境、成熟竞争对手不同，中国互联网公司狂飙突进，只是偶尔面对旧秩序，更多的是经过蛮荒地带。市场经济在中国兴起不到20年时间，完整的商业社会秩序——商业模式、竞争与秩序的形成、政府规制——要么是在草创途中，要么还是空白，就遭遇来自互联网的轮番洗礼。中国互联网公司越来越不是中国商业社会的冲击者，许多时候并无可冲击的对象。他们更是塑造者，因为常常要从一片空白中塑造商业模式，要在丛林竞争中寻找策略及其伦理，因为外在规制远远落在后面。中国互联网公司极为年轻，其创始人和管理者们也同样极为年轻，他们必须迅速调整心态，丰富技能，转换角色。

德鲁克之所以认为通用汽车代表的大公司极为重要，不光是因为当时大公司作为主导性力量刚刚出现在社会舞台上，还因为它是美式自由企业模式发展到那个时代的代表，可与纳粹主义和苏式计划经济模式竞争。美国社会要成功，前提是代表性大公司如通用的生产方式、管理之道获得成功：既要有效率，获得利润，而获得这些的过程与结果又要符合美国社会的基本价值观——自由竞争、机会平等、努力就有回报。

公司要追求利润，同时社会组织、员工和管理者也要在大公司的阶梯上追求职业进步，因此公司同时也是社会人。公司在社会里生存发展，个人在公司里获得工作带来的回报和成就感，实现抱负。德鲁克强调，那个时代的大公司不仅带来了前所未见的分工合作的生产方式，还有更多的使命，即折射、凝聚、扩展社会的基本价值观。由此，德鲁克提出工业公民（industrial citizenry）的概念。大公司在再造经济微观过程和结构的同时，要与社会价值观兼容，也有责任帮助员工获得比单纯受薪更完整丰富的人生。

年轻的互联网巨头们，跟70年前的通用汽车们一样，从整体经济上看，无论其营收、利润还是员工人数，所占比例还很小，但重要的是它们引领了时代。这些期许和要求，也适用于今天的中国互联网公司。互联网公民（internet citizenry）这一课需要补上，从思考这些开始。

中国互联网巨人们面临与工业化大公司兴起时完全不同的环境。当今中国社会的基本价值观是什么？我们远不能像德鲁克那样几无争议地给出答案,它仍然在焦虑、纷扰和忙乱中酝酿,远未定形。正因如此,中国的互联网大公司有比前辈大公司更大的责任去参与中国社会的基本价值观的塑造,并以此为基础构建与政府、社会、竞争者、员工的合理、健康、可持续的关系。这责任当然并不唯一地属于它们,但它们往哪个方向努力,确实关乎中国能否塑造良性社会。

举目前望,中国的互联网大公司至少有三重责任:

——保持商业竞争伦理始终不堕于底线之下。

——互联网公司事实上正在成为越来越多且重要的个人信息的托管人。在商业使用与隐私保护之间,互联网公司需要找到合理的托管原则,以最小程度获取并最大限度保护用户信息和隐私。

——超级互联网公司更有一重责任:提供仲裁。它们既要促进信息的自由流动和交易的自愿发生,但又不能以此为由放任用户滥用权力。厘清两者边界的努力,无论中外,都是刚刚开始,对Facebook、Google是如此,对阿里巴巴和腾讯也是如此。无论它们自己愿不愿意、社会愿不愿意,这些私人拥有的超级互联网公司正在成为更多社会行为的仲裁者。这是一个全然未知的领域,每一步都争议重重,但又不能不走。

没有哪家公司愿意承担如此沉重的责任,但没有办法,力量越大,责任越大。腾讯、阿里巴巴、百度、360、小米,还有无数今天的独角兽、明天的BAT(百度、阿里巴巴和腾讯三家公司的缩写),都责无旁贷,没有借口。

目 录 contents

第一章

资本市场的寒流来了

"美国市场大幅下挫之前的那个周末,我在纽约。所有的基金经理都在谈论资产的重新配置,重新谈到现金为王。每个人都在尽可能地回收现金,保证手里的资产有一定的流动性,都不敢再去试探资本风险。" BAI(贝塔斯曼亚洲投资基金)创始及管理合伙人龙宇如此描述。她提到的这个周末过后,就是2015年8月24日,全球资本市场的"黑色星期一"。

　　美国市场上一次出现类似情况,还是在2008年金融危机之前。龙宇回忆道,当时国际投资公司立刻收缩非核心市场的布局,都退出去了,不投资,包括撤出对新兴基金的支持。

　　这一次,中国市场被深度"联动"。"地震"首先从二级市场开始。8月21日和24日,A股市场连续两个交易日暴跌,尤其是8月24日(星期一),全球市场集体被传染,欧美股市、汇市、黄金、大宗商品交易、期货等市场全线快速大幅下跌。8月24日晚美股开盘,阿里巴巴股价突然暴跌13%至每股58美元,后止跌回升,至8月25日凌晨收报66.33美元。当日176只中概股中仅5只上涨,其余均暴跌,18只中概股跌幅超过10%。8月25日,中国央行祭出"双降",随后又放出养老金入市、鼓励上市企业并购重组等利好消息,A股在犹豫中企稳,持续震荡。港股则开始出现交易量萎缩的征兆。

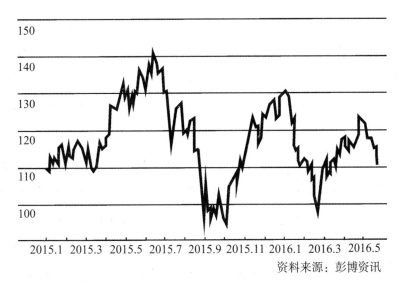

资料来源：彭博资讯

2015年以来中概股指数走势

恐慌情绪迅速蔓延到国内一级创投市场。2015年7月A股遭遇"端午劫"的时候，新兴的人民币基金开始发现LP（有限合伙人）无法兑现投资承诺，一些融资中介拿到配额后无法完成融资额的情况。美元基金2014年年底已经不堪忍受高价，开始放缓在中国的投资脚步。而这一次，更多人选择暂缓投资，离场观望。

一家民间调查机构的高层透露，公司接的好几个尽职调查项目被告知暂停，其中包括一家知名风险投资基金的项目。大量创业项目的估值和融资额被"腰斩"，甚至融资失败，继而导致团队解散或转向——这在创投市场本应是常态，但在过去全民创业的一年间，这些风险几乎完全被人们所遗忘。曾经盛行的O2O（线上到线下）、"90后"等概念逐渐被投资人抛弃——中国一级创投市场，在经历过去一年多的连续追高、商业模式一片"2VC"（为风险投资而设计）后，终于迎来"挤泡沫"的机会。

不缺钱的时代过去了。在创业风潮鼎盛时期，中国几乎每小时都在产生新的创业项目，总共有1.7万多家各类基金和投资公司活跃在创投市场里寻找项目,企业主、分析师、互联网公司员工纷纷投身风险投资领域当起了基金合伙人,稍好一些的项目几乎都有多家基金排队等着投钱。两三个月前还如烈火烹油一般的热闹场面,已经在股市龙卷风的袭击下杳无踪影。在看空中国、人民币贬值和A股股灾的三大阴影下,投资人的情绪几乎瞬间就从沸点降到了冰点。

在赛富亚洲投资基金首席合伙人阎焱看来,伴随这一轮市场调整而来的是一个投资的拐点。"投资从来都是一件有风险的事,但现在市场上恨不得一半都是投资人!等这轮市场调整过去,投资将会回归小众,回归专业。"

不过,这不是2008年,也不是2000年,而是2015年。几乎所有受访的投资人都认为,这轮股灾并不是2008年那样的全球性经济危机。与2000年纳斯达克泡沫破灭时相比,互联网的蛋糕也已变大太多,对泡沫的消纳能力已今非昔比。

"看空做多"仍是投资圈的主流思路。当一部分人在等待着潮退裸泳者现身时,一部分有经验的投资人已经开始潜入水下,寻找有价值的标的。

"泡沫破灭了,价格下来了,现在已经看到一些很好的案子,但我们还可以再等等,今后还有好几个月的调整时间。"和阎焱持相似看法的,大有人在。

预警始于2014年年底

"现金为王"的论调再次被投资人挂在嘴边。2014年年中以来,市场已经历了半年多的酝酿期,不断有人发声提醒投资人准备过冬。

2014年9月,今日资本总裁徐新的一篇关于投资市场泡沫的演讲浇下了第一盆冷水。早在1999年就投资网易的徐新,经历过2000年的纳斯达克泡沫,堪称业界老人。她直言,创业企业的估值已经偏离公司基本面,出现泡沫。10月,华兴资本创始人兼CEO(首席执行官)包凡,在深圳的3W咖啡吧,面对800多名创业者发表创业"入冬"的演讲。基于对美元升值的预期,包凡认为,未来短则6个月、长则12个月,市场泡沫将面临破灭。

类似的声音,在很多老投资人的圈子里得到响应,但新入场的玩家风起云涌。新入场的投资人纷纷忙着卡位占坑,在资本的追捧和融资市场的浮夸风气下,在各个细分市场中,刷新着一个又一个估值纪录。这些新兴风投中,投资风格最激进、出钱最大手笔的那些投资者——其中不乏个人投资者,得到了一个绰号:"土豪基金"。

二级市场的持续火爆,给一级市场画出了一个"无限流动性""百倍PE(市盈率)"的大饼,很难有投资者不动心。2014年6—7月,A股新一轮"牛市"启动,上证指数在2000多点盘桓近一年后开始连续拉高,到2015年6月一度涨至5178点高位。市场情绪一片高涨,包括投资机构在内的二级市场玩家开始畅想6000点甚至1万点。相较A股,创业板的拉升曲线更早。连新三板也在三四月份爆发,从最初每日交易额只有数亿元,到4月日成交额一度达到50亿元。

市场内,资本对互联网概念的追逐只能被仅有的几只互联网股票消化:暴风影音连拉33个涨停板,市值一度达到250亿元,甚至超过了行业龙头优酷土豆的估值。

二级市场高涨时,创投市场对应的连锁反应是"全民创投"。随着"互联网+""大众创业、万众创新"成为国家意志,互联网创业二度井喷。

新峰创投合伙人谢峰说,到2015年上半年,全国已经备案具有投资资格的机构超过1.5万家,实际已经发生一级市场投资行为的机构有8000多家,仅他所在的深圳,创投企业就超过1000家。"8000多家已经投资的机构背后,全国可能有10万家企业拿到了各类投资基金。"新三板4月爆发后,仅5月、6月申请成立的新三板基金,每月就超过200家。上市公司的企业老总、券商、互联网公司的高管都成了投资人,这个以前属于小众的领域,突然就变成了"扔个砖头进人群，一定能砸到一个投资人"的全民领域。

相比北京和上海，深圳等制造业基地的投资资金来源更加复杂。毗邻港澳为其带来很多跨境资本，深圳本地培养了大量上市企业。企业老板们在二级市场赚钱后，不少人开始参与创投投资。一些做实业的老板因为实业难做，也开始转向投资。

"甚至民间的高利贷资金都进入了私募市场。"谢峰说。这类资金支持的投资机构，是"土豪基金"的主要构成者。

资金流向一级市场，各类创业企业成了这类民间资金的蓄水池。"因为缺乏专业的投资机构，很多机构打着私募投资的旗号，干的却是放高利贷的事。"谢峰说。

吴世春正是新玩家中的"明星"投资人。2009年，吴世春以投资游戏公司"大掌门"即玩蟹科技而一战成名。当时正值全球金融危机、资金流动性吃紧的时候，大多数投资人收紧钱袋，而中国手游公司就在此时崭露头角。吴世春成为手游公司玩蟹科技的天使投资人。2013年，玩蟹科技被手游巨头掌趣以25.53亿元的价格收购。从投资到退出，吴世春赚了1500倍。

吴世春周围的朋友纷纷开始找他做投资。2014年4月，就在A股这一轮大牛市启动时，吴世春成立梅花创投，开始投资天使轮和A轮的互联网企业，一年多时间已投资两期基金，共计2.5亿元，很快第三期基金也已募集完成。短短一年多时间，吴世春投资了超过100家企业。

在资本追高的情况下，企业估值和融资额双双飙升。从2014年成立基金到2015年年中，吴世春手里的公司的估值被追高了两倍，"2014年天使轮的项目估值1000万元，到2015年同类项目的估值已经到了3000万元"。

即使进入市场多年的投资机构也觉得吃不消。多位投资人指出，2014—2015年，企业的估值飙升一层层传导，最早是C轮贵，后来是B轮贵，现在A轮也开始贵了。"这就是因为市场上钱太多，产生了示范效应。"联想乐基金董事长贺志强说。

随着估值一同飙升的,还有单轮融资金额。DCM资本合伙人曾振宇称:"5年前,2000万美元以上就算巨额融资了,现在2000万美元也就是B轮的量,单笔5000万美元以上的才算巨额融资。"

企业在估值和融资吹气球的同时,对外宣布的估值和融资差额继续推大泡沫。过去几年,虚报融资和估值已经成为业界潜规则,直到上一轮上市的企业公布招股书,各种曾经见诸媒体的虚假宣传才被踢破。京东上市时披露其C轮融资额为9.61亿美元,但宣传时公布的口径是15亿美元;曾经掀起A股互联网公司股价奇迹的暴风科技,曾称其C轮融资额为1500万美元,但最终上市文件中的数据是600万美元。

多位投资人证实,现在企业对外宣称的融资和估值至少比真实情形上浮15%～30%,极端案例甚至翻倍。一名医疗行业互联网创业人士曾在宣布B轮融资后坦承:"有时候就是为了争一个细分领域单笔融资最大、估值最高的虚名。"在他看来,估值、融资和投资人的来头能够对竞争对手构成心理压力。但在投资人眼里,这种浮夸没有什么实际意义,因为业内对实际融资额大多心知肚明。往往融资估值一公布,竞争公司之间就会相互揭短说对方虚报融资额。

高烧之下,市场的担忧情绪一直在积累。从2014年第三季度开始,美元基金明显放慢了在中国的投资节奏。中概股的反应来得比A股市场更早。从2014年年底开始,美国市场对中国经济整体增速放缓的预测,导致投资者开始重估中概股。阿里巴巴股价在"双十一"冲高每股120美元后掉头向下,在这一轮的"黑色星期一"中,直接跌破发行价,盘中下探最低每股58美元。整个中概股板块也全面下跌。

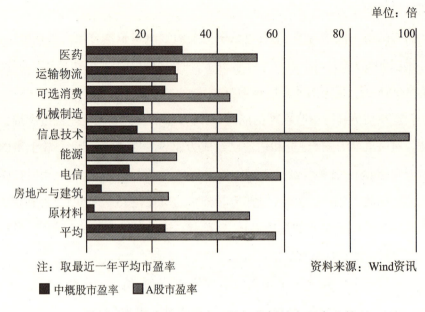

注：取最近一年平均市盈率　　　　　　　资料来源：Wind资讯

■ 中概股市盈率　■ A股市盈率

海外中概股和中国国内A股行业板块市盈率比较

二级市场终于穿透一级市场

2015年8月24日，全球市场遭遇"黑色星期一"，美国三大股指和股指期货跌停，触发熔断机制。中国央行在美股大跌当晚宣布降低贷款利率和存款准备金以保证市场流动性。紧接着美国经济的强劲表现挽救了美股市场，但A股继续震荡，港股交易萎缩。一级市场开始慌了。

投资人调整得很快。易凯资本创始人王冉说，7月A股市场下挫时，二级市场尚未穿透一级市场；到8月全球市场再次下挫，穿透终于开始了。

首先感受到寒意的就是"土豪基金"。"从7月就开始出现问题，有些是基金完成了一次交割，但二次交割迟迟到不了位，签约后打款迟迟不到账等情况也陆续出现。"王冉说。

2015年的羊年春节刚过，王冉"不吉利"地以"C轮死"为题警告创业者，称市场上没有投资经验的多数创投只能跟投到B轮，后续投资将面临难题。两个月后，新三板流动性暴增，他又再次在《财新周刊》撰文，以"A股活"为题，分析大批中概股公司回国上市以及创业公司拆VIE（可变利益实体）准备在国内上市的趋势。为国内很多项目担任财务顾问的王冉，这次也第一时间感知了投资市场发生的变化。

"现在最可怕的是外资机构撤离。"一位券商老总说，"我认识的好多基金经理都准备放假旅游去了。"国内一家美元基金则透露，2015年上半年已经被狂热的人民币基金逼到无法下手的美元基金，开始考虑暂缓投资和离场。"到9月、10月，很多基金2015年的投资就将完成，下一期基金要等2016年了。"2015年4月参与小米破纪录地以450亿美元估值融资的全明星基金创始人季卫东说。

王冉介绍，在市场火热的时候，市场上甚至出现了一批募资中介："他们自己手里没钱，拿了项目转头再去市场募资，这些事很多都是做私人理财和财富管理的人干的"。

早在2015年5月，在乐视影业的增发过程中就出现了这类中介的身影。一家自称券商的投资机构，在一个有不少上市公司CEO参加的微信群里发出2亿元募资邀请。该人士声称，基金正在寻找LP，其手中的项目正是火热的乐视。

该机构给潜在LP发去邮件称："乐视影业10亿元增发，领投机构春华资本集团及平安信托对该项目均已进入最后谈判阶段，领投机构合计投资额度超过5亿元。我们这边的投资额度可以达到2亿元，目前时间紧，需尽快做出决策以保障额度，最好在两周内，决策后打款时间大约一到两周。"

中介介绍，成为LP的门槛并不高，只需要300万元。上述信件中甚至给出了乐视影业新一轮的估值，称未来IPO（首次公开募股）或者并入乐视网后其估值不低于100亿元。其中还包括条件苛刻的对赌协议，对乐视影业未来两年的净利润和上市时间做出限定。不过，乐视方面回应称，乐视影业在融资中并未签署对赌协议。

当时一家新三板上市公司的负责人透露，乐视各个板块都在融资，不知道创始人贾跃亭是否有足够精力照顾新公司，因此不会参与投资，但"周围可能有三板基金想进"。

王冉对这样的机构并不陌生："有时候公司告诉我说朋友想投，也给了投资额度。我们一介入才发现，他们并没有钱，还得去市场里募。"在他看来，在当下的市场环境，和中介性质投资人的合作将变得越来越谨慎："现在高净值人群的资产支配能力受到很大影响，所以这类投资公司可能会出现比较大的违约风险。"

另一类"被蛇咬"的投资公司是公募基金、阳光私募或券商直投类型的机构。这类投资机构的投资逻辑基本是只看退出机会，看公司能不能上新三板或者新兴板："他们以前只玩二级市场，但觉得二级市场太贵了，一级市场便宜，就想来一级市场找机会，却又完全没有研究一级市场的能力和操作的经验，这类投资机构会有麻烦。"以券商为主的这一类投资机构，因为同时参与一级市场和二级市场投资，受到二级市场情绪影响比较明显，也放慢了投资步伐。

于是，一级市场公司估值紧跟着跳水。"目前项目的估值都降低了一半以上，签了初步协议的项目都在重谈估值。"吴世春说。

在过去一年挑投资人、挑美元或人民币的创业者，现在都得调整心态了。峰瑞资本创始合伙人李丰说："创业者的心理预期要开始往下调，因为投资人的整体心态已经改变了。"李丰曾是IDG的明星投资人，过去两年，因为专注投资"90后"创业者和"二次元"项目，成为年轻一代创业者看重的投资人。

吴世春给创业者的建议则是："加速拿钱，小步快跑。即使估值降低30%也应该快速把钱拿到手。"这意味着，对于急于融下一轮的公司，其新一轮的估值可能紧贴上一轮。

"市场里比较极端的例子正在出现——要求估值砍掉三分之二，这是两周之内发生的变化。"王冉说。易凯资本担任过多家公司的财务顾问,手中有大量项目正在走融资流程。美股暴跌后,王冉做的第一件事就是让所有正在法律文件准备阶段的项目,尽可能抓大放小,不要纠结细节。

"尽快把钱拿进来,把钱捂在手里。现金为王。"王冉说。

私募市场2015年年初曾经盛行的"C轮死"之说,也开始变为"B轮死"。谢峰认为,除了天使轮和A轮的估值比较有差距,现在很多公司B轮的估值已经和A轮没有区别,"很多项目都是A轮钱烧完就没有了,根本等不到B轮"。

IPO去哪儿了?

就在投资市场一片风声鹤唳时,2015年8月30日,外卖平台饿了么宣布6.3亿美元的F轮融资,中信产业基金、华人文化产业基金等上一轮的领投公司再次成为投资主力。按融资规模计算,饿了么的整体估值可能高达30亿美元。此时,团购领域第二把交椅大众点评的估值也才40亿美元。

这样的案例本应提振市场信心,但在创投圈里却激起一片质疑声。多位市场人士在朋友圈转发饿了么的新闻,并附带评论"笑而不语""这次牛是不是吹得太大了?"国内咨询公司艾瑞咨询在9月1日发布的《中国独角兽公司估值榜》中,饿了么估值显示仅为10亿美元。"独角兽公司"指的是估值超过10亿美元的初创公司。

事情在上述新闻发布几小时后出现戏剧性变化:饿了么F轮融资的财务顾问华兴资本发布公告,将融资额表述改为"6.3亿美元F轮系列融资",称融资项目负责人为严谨起见要求修改。

很少有公司在融资表述上使用"系列"一词。近来,因为O2O等领域烧钱补贴用户,需要大量资本支持,相应新创公司各轮融资的间隔越来越短,估值差距越来越小,还出现了"A+轮"等各类表述。

饿了么就"系列"一词给出的解释是：本轮6.3亿美元融资已经敲定，但不排除后续还会引入其他投资人的可能，因此采用"系列"之说。

一位主投O2O早期项目的投资人认为，饿了么作为餐饮O2O领域的三大山头之一，对已经入场的投资人来说是输不起的项目，"只能继续烧钱帮他们杀出来"。

饿了么成立于2008年，从校园送餐起家，逐步成为国内最大的餐饮O2O平台。2014年，在一级市场融资连创新高时，饿了么于当年5月完成8000万美元D轮融资，并引入同城的团购企业大众点评。2015年1月，其E轮融资3.5亿美元，腾讯和京东加入。饿了么背靠大众点评，也在微信入口获得了流量支持，被划入"腾讯系"。

当饿了么引入各类投资人的时候，阿里和百度都于2014年强势切入外卖领域。阿里的淘点点、百度的百度外卖和饿了么旋即展开补贴大战，其力度直追租车市场的滴滴与快的。百度外卖独立后，5月放出消息计划融资2.5亿美元——百度作为上市企业，不愿意让持续烧钱扩张的新业务拖累财务数据。2015年6月，阿里集团将淘点点剥离出上市资产，和蚂蚁金服投资10亿元共同成立独立的口碑平台，支付宝钱包为其开通一级入口。阿里投资的另外一家团购网站美团，从早年的"百团大战"中拼杀出来成为行业老大，仍在持续烧钱补贴。"美团目前每个月的补贴总额高达2亿元。"中信一位投资人说。

对于BAT这样的巨头，外卖作为小额高频付费场景，是其推广移动支付、布局线下的一枚棋子，但饿了么全部身家都在外卖。上一轮融资时饿了么的单日订单量为70万单，到本轮融资已暴增至200万单，公司同时还在持续扩张白领市场，其每月的补贴花销可想而知。

面对持续的资金注入需求，财务投资者望而却步。"这轮融资领投的投资人没换，仅此一点，可以看出（饿了么）融资并不顺利。"国内一资深投行财务人士分析称。

多位投资人都指出,二级市场暴跌和IPO窗口关闭,使得类似饿了么这样已经完成多轮融资就等着上市的项目面临尴尬。

"大家要接受现实——这场源自股票市场的剧烈调整,其最直接的后果是,私募市场的估值体系以及高位融资会遇到比较大的障碍,尤其是以前针对Pre-IPO的项目,这类上市之前临门一脚做催化剂的项目,会被搁置。"贝塔斯曼创始合伙人龙宇说,原来的项目都是对标已上市公司的估值体系,现在失去了方向,直接后果是一级市场企业估值下降。

即使二级市场仍有IPO在,投资方的退出也仍是问题。全国可能有10万家企业拿到了各类投资基金,IPO作为其投资方主要退出通道能够容纳的企业每年不过300家,大量企业根本不可能有IPO的机会。

2015年8月下旬的"黑色星期一"之后,新一轮救市方案陆续出台。9月1日,证监会、财政部、国资委、银监会四部委联合发文鼓励上市公司兼并重组、现金分红及回购股份。文件显示,2015年1—7月,上市公司并购重组交易金额达到12685亿元,为2014年全年的87.5%。为了鼓励并购,四部委给出了包括取消行政审批范围、简化程序、允许可转债支付、鼓励国有控股上市公司注资并购、银行解决并购授信等各类利好政策。

然而,国内二级市场公司前期的投资热情已经降低,大量并购案被搁置。王冉说,8月的大跌之后马上就有项目搁浅,"创始人从一个城市飞到上市公司所在的城市,就等着签约了,然后被告知,上市公司的董事长(因为股票大跌)心情不好,签不了,下周再说"。

私有化、拆VIE要不要继续?

前期在美国市场宣布私有化的中概股,也进退两难。

截至2015年9月初,宣布私有化的企业中,市值最大的奇虎360备受关注。从公司宣布私有化后,其股票价格一路从66美元跌至50美元,直接后果是其私有化的溢价从16.6%增至55.4%。在美国上市不足一年的陌陌宣布启动私有化后,公司股价下行,溢价从20.5%暴增至62.1%。还有中国信息技术,其私有化报价,溢价已高达235.6%。其他如当当、易居中国、航美传媒、人人、世纪互联、空中网等的私有化报价,溢价均为30%左右。

财新统计,截至2015年9月初,在已宣布私有化的28家中概股企业中,有23家仍在董事会收到私有化要约阶段,这些要约还不具有约束力。按流程,接下来公司需成立特别委员会进行评估,以确定买方是否有能力实行私有化。如果特别委员会批准,私有化要约将提交董事会讨论。董事会讨论通过后,才与买方签订具有约束力的私有化协议。在此之前,各方都还有调整或反悔的余地。

重山资本投资副总监张文泽认为,多数已经启动私有化的项目恐怕不得不继续——中介费已经给了,私有化要约已经发布,未来的投资人也已确定。"现在说重新报价,很多股东就不愿意,我为什么要在最低迷的时候把手上的股票贱卖给你呢?"

一旦调低报价,在美国市场难免引发集体诉讼。中概股过去几年的私有化案例最终几乎都是"花钱消灾",以至于市场在考虑私有化成本时,会将集体诉讼的赔偿作为其重要组成部分。

但放弃私有化的代价可能更大。"之前的成本打水漂就不用说了,私有化失败,股价会有比较大的波动。"张文泽说。

迈瑞医疗的私有化在技术层面遇到了贷款融资难题。6月,迈瑞医疗董事会发起私有化要约。迈瑞私有化的全过程需要35.6亿美元,其中约需22亿美元贷款为私有化提供支持,包括15亿美元五年期或七年期贷款,以及6.5亿~7亿美元的过桥贷款。这一案例成为中国企业在美国上市的案例中金额最大的私有化贷款案之一。

与国内市场的对标公司鱼跃医疗(002223.SZ)相比,迈瑞的市盈率低很多。即使在A股已经暴跌后的2015年9月2日,鱼跃医疗的市盈率约为48倍,而迈瑞则为16.6倍。这种巨大的估值差别,是迈瑞想要回归国内市场的重要原因之一。

随着国内A股下调,IPO窗口关闭,大多数企业都需要再等待两年才能重启上市计划。等待的过程中,财务成本是不得不考虑的因素。"私有化本身伴随着财务风险,如果不能很快再上市,每年的财务费用会比较高。"一位不愿具名的投融资方面财务顾问说。

作为首家从美股回归的传媒类中概股,分众传媒的借壳上市之路走得十分坎坷。2012年8月,分众传媒发起私有化要约,历时9个月完成私有化,在纳斯达克退市,市值约为27亿美元,按当时汇率折合人民币约165亿元。拆除VIE结构后,分众传媒试图通过宏达新材(002211.SZ)借壳上市。根据宏达新材2015年6月2日公告披露的交易协议,分众传媒估值达457亿元,与2013年退市时相比,增幅高达176.97%。

分众传媒大幅增加的市值,常被业内拿来说明中概股回归的必要性。然而,2015年6月17日,宏达新材及其实际控制人朱德洪因信息披露涉嫌违反证券相关法律法规,被证监会调查。重组进程因此暂停两个月。8月31日,分众传媒决定,终止借壳宏达新材,用七喜控股(002027.SZ)替换。

值得注意的是,分众传媒是以广告企业而非互联网企业的身份回归的。对于很多互联网企业,特别是尚无稳定赢利的互联网企业来说,回归中国通常只能选择新三板,或者寄望战略新兴板。但前者流动性未起,后者政策未明。

上市企业谋求私有化陷入尴尬,体量更小的企业则在拆不拆VIE上踟蹰。贝塔斯曼创始合伙人龙宇认为,很多拆VIE的项目都是雷声大、雨点小。

对于企业而言,拆VIE让美元基金退出需要找到国内给得起价的人民币基金接盘,在市场情况较好的2015年5月和6月,大量人民币基金入场,希望抢下早期在美元基金手中的项目,甚至有美元基金也发起人民币募资计划,为企业回归做准备。但7月之后,人民币基金承诺的倍数和资金开始无法兑现,许多刚刚启动拆VIE的公司不得不放弃。

易凯资本CEO王冉说,已经开始拆VIE的企业大多并未停下来,而计划要拆的正在观望。在他看来,中国市场和美国市场在零售领域的基础不同,面向消费者的"2C"型互联网企业在美国根本没有可对标的公司,市场并不理解这样的企业。"2C企业还是应该选择懂你、宠你的市场,未来回归A股是这些企业最好的选择。"王冉说。

几乎所有投资人都告诫公司,回不回来不能只看A股市场一时一势的涨跌,还要看公司是不是真的适合国内市场。

O2O危矣,下一个是谁?

投资人的心态已经发生变化,很多创业者还没有反应过来。一家做海外投资房产的创业公司在2015年7月谈妥了A轮融资,估值1亿元,临签约时投资者要求打六五折,创始人当即拒绝。他没有料到市场形势会如此急转直下。

最先被投资人抛弃的,是需要大量烧钱补贴的O2O项目。多位投资人都将这个领域视为2016年创业企业的死亡区。吴世春说,在他投资的100多个项目中有七八个O2O项目,目前已经"死"了一个,"2015年接下来的两个季度,O2O市场会'死'掉90%以上的企业"。

2014—2015年,O2O概念盛行,各类创业者蜂拥而上。北京、上海、深圳等一线城市,从周一到周日,每天都有各类O2O融资路演、创业大赛和论坛。在北京,一位徐姓美发店老板甚至在同一天连赶4个会场为O2O创业企业站台。

"概念听起来都差不多,让我们接入他们的平台,手机APP下单,或者微信下单,平台给首单用户补贴,用户免费享受服务,这样可以给我们带来新客源。"徐老板说。"还有平台希望直接对接美发沙龙的美发师,说是理发师可以入户作业,用户通过互联网支付费用,听起来像要和我抢人。"徐老板笑道。

这样的模式和之前的团购没有本质区别,唯一不同的是用户通过手机下单。在徐老板看来,补贴拉来的用户几乎没有黏性。在北京的望京SOHO和中关村创业大街附近,沿街都是各类O2O公司的推广人员,他们向路人派发传单、请求扫码,天气好的时候扫码送瓶装水、送水果、送玩偶;眼看要下雨时,扫码送的礼物马上换成雨衣、雨伞。

补贴,几乎是所有面向消费者的O2O项目起家的必经之路,甚至出现各家都在补贴、消费者已经麻木的状态。需要快速向投资人交代成绩的团队,转向了专业的外包推广团队,这类团队线下帮公司做扫码,线上帮公司刷单(虚假交易)做流量。一位去望京SOHO扫楼见创业者的投资人笑称:"投资这些外包团队,看起来比投资O2O公司还靠谱些。"

O2O深入的垂直领域越来越细分,竞争也越来越激烈。房产、汽车、美容、按摩,每一个领域都有几十甚至上百家创业公司在厮杀。

新峰创投合伙人谢峰称,几个月前,有创业者带着PPT坐到他的办公室,准备做一个"广场舞大妈"的创业项目,以满足广场舞大妈组团、上传视频、预订场地等需求。"公司都还没有注册,更谈不上团队,什么都没有,就一个概念,开口要价1个亿,怎么投?"

创业者带着PPT回去了,没过多久,谢峰得知有"内地土豪"按1亿元的估值投资了广场舞大妈项目。"然后呢?"谢峰哭笑不得,"然后就没有然后了啊,钱烧完就完了。"这并非个案。谢峰不知道的是,在腾讯手Q推出的移动社交平台的"兴趣部落"里,已有"广场舞大妈版"版主获得了天使轮投资。

高度依赖烧钱补贴、缺乏新的商业模式、无法改良线下流程、同业竞争惨烈,投资者对O2O项目的问题并非没有认识。"互联网时代,赢家通吃,大家其实都明白大部分项目会死。但O2O热,不投一两个就怕错过机会,也有LP问基金管理者说,O2O项目那么火我们为什么不投?"吴世春说,这样的市场氛围下,投资机构在资产配置时都会捎上一两个O2O项目。

大量项目在将早期资金烧完后就宣告失败或转型。在一份流传于市场中的16个领域千余家互联网公司"阵亡名单"中,各个垂直领域的O2O项目成为重灾区。其中,医疗领域16家,美发美甲7家,房产7家,出行打车11家,汽车后市场服务10家,旅游25家,教育26家,餐饮18家,社区11家,运动健身4家,殡葬1家。

O2O概念之外,2014年曾一度被市场追捧的"90后"创业概念和项目也受到了质疑。之前推出"90后"概念的峰瑞资本创始合伙人李丰,坦承投资者现在做决策会比以前慎重、比以前慢,看项目的时间也比以前要长,对于很多原来过度补贴的、烧钱烧得比较严重的商业模式就更慎重了,"有些基金已经只看不投了"。

2014年,脸萌攻占微信朋友圈时也带出了其背后的投资人李丰。除了脸萌,李丰投资的另一个主打年轻用户的项目B站(Bilibili网站),因为"发明"了在视频上互动聊天的"弹幕"而受到追捧。截至2015年9月,B站的估值已是李丰当年投资时的40多倍。

项目之外,李丰投资的"90后"创始人因为"特立独行"一度成为创业偶像:有人穿着裤衩拖鞋上台演讲,并称要以这样的装扮上市敲钟;有人开湖南米粉店,称要用伟人思想管理团队。其中一位创业者说:"我和李丰用一根烟的时间就确定了投资。"

但这几位"90后"的创业项目很快就没了消息。市场对"90后"创业的态度,从捧到贬不过几个月时间。

2013年开始,钢铁、化工、塑胶、农产品等大宗商品领域开始涌现一批对接供应线上下游的平台,包括中钢网、找钢网、找煤网、一亩田等等。这类公司在2014年的投资浪潮中或挂牌新三板,或获得高额融资,成为资本追逐的新对象。

因为大宗商品标品化程度高，短时期内市场价格相对稳定，所以有利于针对其搭建互联网平台。此外，过去大宗商品交易链条长、数据化水平低也成为互联网切入打掉其中间环节和渠道的机会。更重要的是，相比烧钱的O2O，此类企业大多可以盈亏持平，甚至赢利过千万元。

然而，一亩田这家农产品B2B平台在2015年八九月份爆出的刷单、裁员、传言撤资等消息，又给投资人们上了一课：即使有好模式，很多团队由于缺乏管理能力，资本压力之下往往动作变形。

一亩田成立于2011年，其创始人邓锦宏出生于1985年，大学毕业后连续经历两次创业失败、五次项目转型，最终选择扎根农产品领域。一位曾经看过一亩田项目的投资人透露，邓锦宏最初只是做农产品信息发布，2014年才开始涉足农产品交易。当时，一亩田的估值价格已经让他却步，"另一方面，一旦涉足交易，后续配套可能需要大量的钱"。

虽然引发资本市场关注，但一亩田真正开始被媒体报道是在2015年上半年。当时国内多个媒体相继发表一亩田的创始人专访、公司特写。据媒体报道，一亩田定位为农产品撮合服务，同时担任第三方资金担保平台。2015年3—7月，一亩田扩张速度惊人，员工从1500人迅速扩展到3000人。

然而，这一波报道油墨未干，一亩田日均3亿元的交易额就被多家媒体质疑，"老板采购了1073741.8235吨洋葱"的交易信息也引发调侃："单笔107万吨的洋葱采购量已经超过了洋葱盛产地区西昌每年30万吨的产量。"

2015年7月30日，一亩田召开发布会称，此前公布的数据只是测试数据。然而，如此解释显然不能让人满意。8月下旬，多家媒体报道一亩田裁员1500人，一名被裁员工给媒体写信，称公司交易数据"刷单"作假。前述接触过一亩田项目的投资人称，一亩田没有管理好投资人预期，在资本压力下，从管理层到下层业务人员形成了KPI（关键绩效指标）追逐的模式："一旦有这样的氛围,很难避免作假。"

更坏的消息接踵而至。媒体报道一亩田的早期投资人红杉撤资,一时间市场哗然。风暴中的一亩田不得不再发声明称,裁员是因为发现销售中有违规和不诚信的现象,反映了公司内部管理流程的缺陷。但是,公司拒绝透露裁员人数及其所占整体员工数量比例。一亩田同时强调,7家投资方并未撤资。如今,一亩田的风波还在继续,而这个案例在投资圈已被很多人视为教训。

投资人等待"价值回归"

虽然二级市场震荡,一级市场估值和融资额下滑,但投资人普遍认为,不会出现2000年纳斯达克科技股泡沫破灭的情况,离2008年的金融危机的严重影响也还远。很多投资者仍然看好中国政府力挺创业的政策,期望从万众创业中发现有含金量的公司,并回归基本的"价值投资"。

峰瑞资本的李丰认为,这次大跌是市场正常的回调,整个市场并没有往恶性的方向走。"市场在趋于理性,投资人的判断也会更加理性,其选择会更谨慎,但并不是大家什么都不投,好的项目还是会受热捧。"

王冉的看法更悲观一些,但也相信此轮回调有别于2000年纳斯达克科技股泡沫破灭。在他看来,彼时互联网对实体经济并没有实际影响,而目前在所有的垂直领域和市场,互联网对实体经济的影响真实而深刻。此外,大量的资本和投资人已经涌入,创业企业的价格主要取决于供需关系。在这样的情况下,可能是"泡沫"追着"蛋糕"走。"最终得看互联网对传统行业的重塑能力、改造能力和颠覆能力到底有多强。"他说:"如果线上对线下的重塑过程够快,泡沫就没那么多;如果没有那么快,只是靠纯粹的补贴拉客,并且没有对线下实体经济真实地促进,这边请全国人民干这个,那边请全国人民干那个,那泡沫肯定就会凸显。"

另一方面，真正影响境内外投资人信心的是中国经济的深层次问题：地方债堆积和企业的过度杠杆化，这使得债务比例在整体经济中比例过高；产能过剩，系统性浪费严重；房地产经济完成历史使命后，新的创新型经济蓬勃发展需要的法治环境还没有真正建立……"一边已破，一边未立。"多位受访的投资人认为，上述中国宏观经济遇到的问题，以及外界对于人民币贬值的预期，将使得美元基金的募集变得困难，最终导致市场上钱比过去紧。"只要中国在国家层面对于创投的利好支撑，以及各界对于互联网未来发展的信心还在，虽然创投潮在降温，但目前也还不会出现大规模退潮。"

因此，不少投资人认为接下去的半年市场上机会与挑战并存。在王冉看来，经过7月和8月两轮深度调整，一些个股的价值洼地已经开始出现。"我们还是要相信低买高卖的市场规律，敬畏市场的力量。"

启迪控股的副总裁杜朋，从1999年开始在中国做创投。他回忆，那时候做孵化，连天使轮、Pre-A的概念都没有，只有所谓种子基金；也几乎没有退出概念，投资就是拿收益，因为没有退出机制。直到创业板推出，启迪才开始有了批量退出项目的可能性。

在新三板和并购兴起的过程中，启迪几乎都是吃螃蟹者。在杜朋看来，过去中国市场都是外资活跃，因为人民币是有进无出，这一轮波动更多的是影响价格。只要市场仍然开放，就是好市场。

"增长无非是快一点、慢一点，但开放性是中间最关键的要素。"杜朋说，很多投资人在等跟风的企业和资金撤退，"冬天肯定是来了，但我觉得这个冬天不像以往那么冷。"

2007年龙宇回国进入贝塔斯曼筹建投资基金时，美元基金仍是中国投资市场的主力。但转眼，人民币基金入场，美元基金过了最好的时期。2014年，龙宇的美元基金甚至"备受歧视"。就在几个月前，她投资的一家国内IT企业提出要拆VIE，称人民币基金可以给很高的投资溢价，态度傲慢，不容商量。

就在龙宇答应退出条件时,企业找的人民币基金却退缩了。

从唱衰美元基金到唱衰人民币基金,市场情绪在一年之内急剧变化。对此,龙宇很淡定:"一年是一个太短的历史维度。如果说人生如戏,2014—2015年这一段小小的折子戏,实在是戏剧化因素太多了点,正好让人性的天真和脆弱都暴露出来。"她认为,经过这一轮洗礼,企业对金融市场会回到一个相对客观的判断。资本的马太效应不会变,会向更知名的、过往业绩更好的基金集中,无论是人民币基金还是美元基金,无论是中国的资金还是海外的资金。

"世界上只有一种好企业,就是企业本身是好的,而不是说更适合在美国或者在中国上市的企业。"龙宇说,"好企业是用同一把尺子来衡量的,好基金也是一样。"

第二章

O2O 之变

2.1 美团、大众点评火线合并

资本市场寒流来了，多米诺骨牌一张张倒下。

从2015年8—9月，用美团融资部门和公关部门的话说："美团被黑死了。"美团在7月底启动新一轮融资，然后相继被传融资失败，急得美团又发公告又报案。

但市场终究没有等来美团融资完成的消息，等到的是中国O2O第一阵营的两家公司——美团和大众点评的合并。

"2015年互联网的主旋律是爱情。"竞争对手外卖订餐平台饿了么投资人朱啸虎这样评价。在此之前，打车软件领域的滴滴和快的、分类信息网站的赶集和58同城，都通过合并成为遥遥领先的市场第一。但比拼烧钱的同业竞争并未停止。

这桩合并也大抵如此——即使号称合并后占据80%的市场份额，但前有百度糯米，后有阿里砸下50亿元拓展的新口碑，此时要结束烧钱大战并无可能。

入冬之际，所有人都在抓紧拿钱。启动新融资是为了在资本寒冬前储粮过冬,对此,美团副总裁王慧文直言不讳。已经到来的资本寒冬对于O2O行业而言尤其残酷,由于烧钱快、同业竞争激烈、行业壁垒建立困难等原因,投资人普遍认为这个行业将首先被资本冷眼相待甚至抛弃。

美团和大众点评宣布合并前,多位投资人评价称,美团完成融资不是问题,就看最后的估值和融资额了。市场普遍的另一个看法是:随着美团融资完成,"大众点评也必须得融"。大众点评2015年3月底完成第五轮8.5亿美元融资,估值40.5亿美元,但如果美团融到20亿美元,将在这轮资本寒冬中对大众点评形成碾压式的攻击。果不其然,大众点评投资人在国庆节之前已经启动新一轮融资,同时准备在国内上市的工作也已提上日程。

然而,仅仅一周的时间,美团和大众点评就宣布在一起了。这从另一个角度显示:这一次的互联网冬天可能比想象中还要冷。竞争企业希望抱团取暖,投资人也对越来越高的估值、越来越快的融资节奏和短时间内看不到的上市窗口感到绝望,希望尽快终结烧钱大战的愿望比任何时候都强烈。

这宗交易完成得很快,在宣布前三四天火速谈定,但投资人其实早在2015年1月美团融资、3月大众点评融资的时候就"幻想"过双方的合并。这次两家再启融资时,市场环境已经改变。两家的融资体量巨大,市场里能给出那么多钱支持双方继续烧钱的投资人不多。而一旦合并就可以减少竞争,所以投资人支持。这次合并主要由腾讯推动,TMT投行华兴资本负责沟通和合并技术细节。

此轮合并后,双方估值突破170亿美元,经历多轮谈判,各自占比最终定局6:4,美团为6,大众为4。

与此前滴滴快的、58赶集合并不同,美团和大众点评合并后,公司依然面临百度O2O和阿里口碑的激烈竞争。此外,美团和大众点评合并,是双方创始人在面对资本市场情况时做出的决定,并要共同出任合并后的联合CEO,这使公司的下一步整合存在不小的挑战。

合并背后,是O2O行业融资"僧多粥少"的局面:各家公司都已经历多轮融资,深入了解O2O行业的投资人基本站队成型,其他有资金实力的投资人在看不到明确退出预期时,不会贸然杀入危险的O2O行业。

百度和阿里的阵势已经拉开。2015年6月,李彦宏宣布未来3年向百度糯米投资200亿元;7月,百度外卖融资2.5亿美元。阿里的口碑平台有阿里集团和蚂蚁金服两个钱袋子,60亿元启动资金后,口碑平台于9月宣布其中50亿元用于支持线下商户,之后一个月不到,又拿出10亿元召集用户做地推。10月8日,美团与大众点评宣布合并当天,百度糯米又宣布发放10亿元红包。O2O之战,越来越走向惨烈路线。

互联网行业"赢家通吃"的逻辑依然成立,但公司的打法必须改变。多位投资人都强调,要成为最终的赢家,光靠烧钱拖死对手很难,建立行业壁垒才是关键。

如何建立壁垒?用户随时会随着补贴的变化"见异思迁",最可能形成的壁垒还在商家这一端。不过,精打细算的线下商家一边吃着补贴红利,一边却不会把核心的竞争力——会员体系拱手让给线上。在这场O2O大战中,所有公司面对的,不仅是与对手的厮杀、与投资人的较量,还有与线下商家的博弈。投资人要寻找的,是最有效率、博弈能力最强的选手。

融资阻击,朋友圈成前沿阵地

美团的这轮融资离上一次融资仅半年。2015年1月,美团CEO王兴对外宣布完成新一轮7亿美元融资。该轮融资由曾经投资京东等互联网企业的高瓴资本领投,融资后美团整体估值70亿美元。在内部动员大会上,王兴以"2015年是O2O大决战之年"为题发表演讲,为2015年的整体市场竞争定调。

美团对于即将到来的"冬天"相当警惕。王慧文说:"2015年7月第一次股灾时,我们还没有觉得资本市场的冬天要来,但后来股市继续下跌,我们开始预感到未来融资可能会变得困难,于是决定启动新一轮融资。"

在他看来,这轮融资的环境和公司2011年融资6200万美元时相似。2011年时,市场也普遍认为互联网投资降温。但不同的地方在于,美团的地位不一样了。2011年那轮融资的市场竞争也很激烈,正处于"百团大战"鏖战阶段,各家团购公司纷纷融资补贴。行业龙头拉手网已经完成3轮融资共计1.65亿美元,估值11亿美元,参投机构多达11家。拉手挟重资开始狂扫线下,其广告在地铁里随处可见。而美团当时在团购市场排在第三或第四,融资难度极大。

救了美团的是阿里和红杉。拉手的一位投资人说,拉手丢了阿里是其最后悔的一次决策:"当时定价太高,合同都摆在马云面前了,但最终马云没签。他们转头投资了美团。"

美团最终凭借更高的运营效率在资本寒冬中杀出重围,"百团大战"历时3年只剩下美团、糯米等几大巨头。而糯米被百度收编,王兴仍然坚持独立发展,拒绝完全并入阿里麾下。

正是基于2011年的经验,王兴决定启动融资。美团的地位已今非昔比,特别是经过"百团大战"一役,美团和王兴的"善打"已经给投资圈留下深刻印象。多位投资人认为,美团的这轮融资不会出现太大问题。但融资的难度仍然不小:其一,如王慧文所指出的,整个行业的融资额已较4年前大幅提升,而且市场上很多大型基金都已参与竞争对手融资,鉴于目前的竞争格局,这类投资人不太可能再投美团,客观上会加大融资难度;其二,市场正在迅速转冷;其三,有过多次创业经历的王兴不愿放弃控制权,也不会轻易接受估值降低。

一位美团的投资人则认为,在资本市场放慢速度的时候,资本会更倾向于投资像美团这样的后期项目,以控制风险。在他看来,美团唯一需要考虑的是价格,毕竟其年初估值已经高达70亿美元。

让美团及其投资人都没想到的是,这一次,暗潮涌动的融资战被搬上了台面。美团融资的消息在2015年8月被踢破,各类市场消息文章中,有两篇文章让美团非常恼火:一是《融资窗口关闭 全球团购网站生存成谜》,二是《国有资金洗钱式接盘 "股奸"疑似蔓延互联网投资》。这两篇文章最初来源不可查,大多发布在各类论坛和自媒体上。美团在之后的声明中称,造谣者伪装成投行人士先在知名网络社区匿名发帖,并以此为基础通过多重渠道传播。

从融资开始时间、融资金额、估值,再到投资人,市场消息和美团的说法一直莫衷一是。美团和竞争对手及其背后的投资人,全部加入了融资的"舆论阻击"。一位美团外卖领域竞争对手的早期投资人,对自己的立场毫不避讳,直言"融资阻击,朋友圈就是前沿阵地"。据他透露,美团此轮融资进展缓慢:"国外的基金见了一遍,但大的机构,比如老虎基金这些,都没兴趣。"市场消息则显示,美团计划融资20亿美元,目标估值150亿美元,"由于融资不顺不得不调低到100亿美元"。

这样的消息对市场的影响可想而知。美团2015年1月融资7亿美元时估值70亿美元,这一轮估值飙升一倍以上,各类分析文章纷纷不看好这样的要价。

美团选择了正面回应传言。王慧文称,本轮融资确定开始的时间为2015年7月27日,为了证明所言非虚,他展示了隐去投资人姓名的邮件,邮件显示美团的融资开启时间为7月底,高盛为美团担任融资顾问。

在合并前的一个月,以王兴为首的美团高管几乎都在围着投资人转,融资进度每天都在变化。王慧文在9月初称,公司估值预期100亿美元上下,对融资金额未预设目标。两天后,他又更新融资进程称估值上调,将高于100亿美元:"已经有20多家有了初步投资意向,融资额超20亿美元,这样的融资速度在目前的市场环境下并不慢。"他预计9月即可完成计划。对于市场流传的估值150亿美元的说法,王慧文略显愤怒:"这是启动本轮融资之前同行造谣,目的是为了在我们正式融资时形成估值下降的迹象，以便唱空，也想吓退我们的潜在投资人。"

与滴滴快的融资时相仿，美团瞄准的亦是"国字号"投资人，国开金融被认为可能是这一轮的领投人。

美团的一位早期投资人，也确认了美团于7月启动融资、估值100亿美元的说法，他同时也是美团竞争对手的早期投资人。进入投资行业多年，他对舆论阻击融资早已见怪不怪："回头看当年，阿里、京东也都遭遇过，不仅是融资过程，其业务模式、资金链都遭到过质疑，也挺正常。"

2008年，京东曾经遭遇融资失败、资金链断裂等传闻困扰。金融危机中的资本市场都不敢碰京东，最终，刘强东以大比例股份稀释为代价，拿到雄牛和今日资本的2000万美元。阿里巴巴在经历上一轮B2B退市之后启动的唯一一轮融资，也曾在资本市场遇冷。彼时淘宝仍未赢利，市场观望态度强烈。

即使见过风浪，美团本轮融资战殃及投资人的舆论攻势仍让这名投资人担忧："这次的手段有点过了，我个人很难认同。"在他看来，在市场情况不太好的时候，各种舆论对潜在投资人都会有潜移默化的影响："毕竟，投资人的圈子还是很小的。"

投资人看什么？

估值、融资额只是技术层面，投资人关心的是市场地位、运营效率，以及最本质的问题：商业模式是否可持续。目前，各家除了烧钱补贴冲各类数据，仍然未能给出更好的模式故事。

美团选择了大平台模式，除了早期团购之外，还有外卖、电影票和酒店业务。每个业务都在烧钱，前述竞争对手投资人称，每个月美团在补贴上花掉7亿元，其中外卖3亿元、团购2亿元、猫眼电影票1.5亿元、酒店0.5亿元。

对于具体的补贴数额,美团并未给出正面回应。王慧文指出,外卖确实是目前最烧钱的业务,但他强调,美团过去在地推方面的经验与O2O的消费场景足够丰富,反而会提升运营效率。"目前移动端用户倾向于少装APP,最好能在同一个APP下实现不同应用场景,因此美团各个业务线拉的新用户都可能转化为其他业务的用户,从而降低拉新用户的成本。"

公司的市场地位是投资人判定要不要投的最主要因素。过去几个月美团和饿了么争相宣布自己是行业第一。外卖领域进入门槛低,但用户积累需要时间,砸钱补贴做高行业排名很重要。过去的经验让美团明白:市场不好时,只有进入前三才能确保拿到钱;真打起来,第三也很危险。

一直在第三位徘徊的百度外卖,于2015年7月完成2.5亿美元融资,估值8亿美元。投资人是圈内并不出名的两家机构。"一个是李彦宏的朋友,另一个基金背后的LP是味千拉面。"一位熟悉行业的投资人透露。对于百度在团购、O2O和电影票行业发力,他称市场普遍比较谨慎:"百度过去拓展主营业务之外的新业务都没有成功,百度做线下需要给市场更多的成绩看。"

前述大众点评的早期投资人则认为,市场对百度的观望更多来自"看不清公司的整体战略"。阿里提金融和数据,消费场景是必然路径;腾讯在线下业务拓展上,基本采用投资战略,给端口接外部;而百度过去对外一直以技术公司的形象示人,跟着谷歌等国际公司探索机器学习等领域。"从机器学习到O2O,看不出百度战略的延续性。本来是BAT里技术最强的公司,为什么要来做O2O这样最没有技术含量的事呢?"

这位投资人从一开始就不看好外卖领域:"在校园外卖兴起的时候,我们项目经理就去看过,学生对补贴价格很敏感,在各平台间几乎是零成本转移。"在他看来,互联网公司把线上能力夸大了:"大家烧那么多钱进去,最后发现,补贴没了之后,学生们还有食堂啊,这才是校园外卖过去几十年铁打不动的壁垒。"

从校园外卖起家的饿了么,当然明白其中的道理。2015年1月,饿了么创始人张旭豪,在拿到E轮2.5亿美元融资后就对外宣称饿了么将转向白领市场,因为这个市场对价格不敏感,但对配送要求高。7月,饿了么公布新一轮6.3亿元融资的同时,也公布了目前线下的配送能力:"饿了么已在上海、北京、广州等25个一、二线城市拥有超过4000人的专职配送团队,以及超过20万人的兼职配送团队,为2万余家连锁品牌商户、10万多家本地中小商户提供即时配送服务。目前饿了么的开放配送平台已覆盖全国260多个城市,日峰值配送订单突破80万单。"

发展线下配送是否使平台变得更重?投资人的观点较为一致,认为O2O变重是必然,其逻辑和京东发展自有物流最终形成行业壁垒类似。"以前大家都说京东太重了,今天回头看,就是'重'才成为它最高的门槛和资产。"美团的一位投资人说。

但物流配送和外卖配送的业务流程并不相同,外卖配送的需求大多集中在中晚和夜宵时段,高峰时段对配送需求激增,闲时配送能力冗余。因此,外卖平台对订单的预估和协调能力直接影响其庞大的配送团队的效率。

线下要什么?

餐饮行业是外卖主战场,这个行业从团购开始,已经厌倦被裹挟进无休止的互联网平台之争。

"互联网总是夸大自己的能力,但大家知道,餐饮行业的核心竞争力一定是线下,是东西好不好吃。互联网是一个放大镜,事情做好了,看起来更好;做不好,看起来更差。"2015年9月29日,在全国餐饮竞争最激烈的广州,一场名为"中国餐饮创新论坛"的会议上,主办方的一段开场白引发了全场400多人一片掌声。参会者中不乏广州甚至华南地区知名的餐饮企业。

国内最大的O2O行业智能收银台供应商客来乐的创始人王伟表示,过去几年和餐饮业的接触让他发现,不同类型的公司对互联网的需求并不相同。实力强的大餐厅通常对自己需要何种线上能力非常清楚。"是要支付,要券的发放,还是要互联网的核销,他们的目的很明确。"王伟称,对于规模较小的机构,互联网带来的客单量和硬补贴是关键,但还有一类企业是需要提升效率、改造流程、实现自动点餐等。

对于以美团、糯米等为代表的团购类餐饮O2O平台给行业带来了什么,雅座CEO白昱言辞激烈:"首先是价格越来越低,但距离客人越来越远。优惠越多,代价越大,一地鸡毛。"白昱的雅座是一家专门为餐饮行业搭建会员体系的公司。

他总结平台做的四件事是:用商家优惠抢占入口,和餐厅抢夺消费者的影响力和控制权;让餐厅去品牌化和特色化,价格因素成为关键;通过合作获取用户数据;在资本推进下,利用舆论攻势让餐厅认为只有O2O才能有出路。

"O2O平台把餐饮店变成自己的通道和加工厂。携程初期对酒店分文不取,现在如家每个房间平均一晚上营业额198元,给如家创造的纯利才3元,而其中从携程拿到的订单,酒店用在支付上的费用是21元。携程不用开一家酒店,赚得却比如家要多。"在白昱看来,如果餐饮行业认识不到危机,酒店的今天就是餐饮行业的明天。其实,餐饮和酒店不同,除了新店开张的优惠打折,看不到持续补贴打折的必要性。"大多数用户出门就餐不会走路超过1公里。慢慢你会发现,来店的都是老用户。"

大型餐饮公司已经认识到问题,他们对平台的使用方式已经改变,对接各类平台也并无黏性。九毛九山西手工面馆总经理罗晓军认为:"互联网平台一直只是工具,在企业初创期、小品牌时期管用。比如我们在南京开分店,知名度还不高,那就跟平台合作,邀请星级会员试吃,做优惠券,做T恤衫。"

九毛九已经开始建立自己的会员体系,其微信公众号从2014年4月建立以来,已经积累了20万人的会员体系。对餐饮企业来说,O2O平台更多只是一个流量口。广州部分餐厅已经开始采用新的策略,他们使用团购优惠引来新用户,用户到店后再告知其需要扫码成为会员。

罗晓军说,大型或者已有口碑的餐饮机构,对互联网平台的议价权很高。九毛九和大众点评、美团和糯米都有合作,3家接入九毛九都需要给餐厅预付款,补贴还需要对半分。以这种合作模式来看,未来O2O平台要从金融数据上赚钱也不容易。

总体而言,线下商家对O2O平台目前能够提供的服务和工具并不算满意,也几乎不可能对单一平台形成流量依赖。美团们如果不能解决这些问题,平台的价值就无法得到体现,也无法支撑资本市场目前的估值。

阿里退出美团点评

2016年1月19日,美团点评宣布完成33亿美元新一轮融资,由腾讯、DST、挚信资本领投,国开开元、今日资本、Baillie Gifford、淡马锡等跟投,华兴资本担任此次交易的财务顾问。美团点评表示,融资完成后新公司估值超过180亿美元。单笔融资33亿美元也突破了滴滴快的上一轮融资30亿美元的互联网单笔融资纪录。

实际上,美团和大众点评的合并正是在融资过程中敲定的。此次美团点评新一轮融资消息公布,距离美团点评2015年10月合并仅3个多月,距离美团上一次宣布融资的2015年7月不过半年时间。

美团点评成立后宣布双平台、双CEO的运营模式,但此次新一轮融资的前提条件是大众点评张涛管理层团队退出,腾讯和另外两家主要投资人支付了管理层退出溢价。2015年11月10日美团点评刚成立时,新公司确定张涛任董事长,王兴任CEO,公司的运营权主要交给王兴掌管,张涛变相退出。

多位投资人称，美团与大众点评合并后的股权占比为6∶4，美团点评估值达到150亿美元。合并启动的融资规模可能超过30亿美元，而本次合并主要的推手腾讯领投10亿美元。但美团点评并未公布新一轮融资中各个投资方的投资数额。

阿里一直是美团点评融资中的变量，其是否跟进投资也成为各方关注的焦点。在美团点评公布的投资方名单中，阿里并未出现。事实上，从2016年1月开始，阿里方面开始陆续折价出售美团点评股票。

阿里曾经在美团的"生死关头"的2011年投资5000万美元，使其能够熬过最艰难的"百团大战"，跻身行业前列，但王兴并未因此进入阿里阵营。2015年下半年，资本寒冬突至，最烧钱的O2O模式开始被投资人质疑其商业模式的可行性。

在拉拢王兴失败后，阿里也在2015年开始斥重金打造自己的O2O平台——口碑，并且定下发展O2O的战略。美团点评与口碑在O2O领域短兵相接。2015年11月，双方的地推团队一度爆发冲突，美团点评阻击口碑的"闪电计划"，双方的矛盾已趋白热化。

两个月后，阿里巴巴董事局副主席蔡崇信终于在财报会议后宣布：阿里将逐步退出美团点评。

美团点评合并架构调整后，各个垂直行业仍处于补贴市场的惨烈竞争状态，资本支持成为各家杀出重围的关键。美团点评获得33亿美元融资后，将在各个业务线，尤其是目前补贴投入最大的外卖业务上和竞争对手比拼资金实力。

餐饮行业方面，就在美团点评本轮融资期间，阿里口碑平台宣布引入了海底捞、外婆家和西贝3家大型餐饮连锁机构参与投资。但此后被曝投资人反悔。

外卖领域，2016年4月，阿里以12.5亿美元控股最大外卖平台饿了么，饿了么在完成6.3亿美元系列融资后不足3个月,再次储备超过10亿美元"弹药"。

与此同时,百度也在2015年宣布重金加码O2O领域,李彦宏称以200亿元现金支持百度糯米。百度外卖在完成上一轮2.5亿美元融资后,已经开启新一轮融资,本轮拟融资3亿~5亿美元。

对于美团点评的酒店业务,因为OTA(在线旅行社)行业携程和去哪儿合并坐实行业老大,其竞争空间势必被挤压。

美团点评的猫眼电影票业务,其最大的两大竞争对手微影时代刚完成15亿元C轮融资,并以70亿元估值成为垂直行业独角兽公司,阿里电影票业务也已经通过装入阿里影业这一上市公司获得融资平台。

目前美团点评各项业务中,真正赢利的只有原大众点评的广告业务。

2.2 "独角兽"的冒险之旅

"我不谈商户、不写代码，主要工作是思考、读书、与人交流。"2016年10月，美团点评CEO王兴，在美团和大众点评合并一周年之际接受了财新专访。

王兴一路创办过校内网（人人网前身）、海内网、饭否网、美团网等网站，被喻为"职业创业者"。他现在把自己打造成一个"闲人"，寡言低调，减少公开露面。

王兴的办公室就是通往会议室过道上的一张桌子，桌上摆着一台老旧的台式电脑和一堆书。在这张办公桌之外，美团和大众点评合并后的美团点评公司（外界通称美团点评），在员工、组织架构、产品策略等各个层面，正经历着错综复杂的整合与聚变，也面临着新的战略转型挑战。

成立6年的美团网和成立13年的大众点评网于2015年10月8日宣布合并。一个月后，组织架构调整方案出炉，双方业务条线归拢。大众点评创始人张涛担任美团点评董事长，但实际不久后即"拿钱退出"，主事之位交给了更擅长搏杀的王兴。

张涛的出局,为王兴放手整合美团点评创造了前置条件。王兴在诊断盘面的基础上寻找新方向:一方面,以切入C端(消费者端)为主的团购模式逐渐式微,虽有外卖、酒旅及电影业务加持,但流量入口仍需拓宽;另一方面,互联网巨头不断从线上向线下渗透,涵盖吃、喝、玩、乐等消费场景的O2O领域是其必争之地,美团点评的对手不再是本地生活或团购类同行,而是更巨大生猛的BAT——从股东反目为敌的阿里巴巴(对标旗下口碑网)、既是股东但也自成O2O生态体系的腾讯、搜索流量口百度及其背后的OTA霸主携程系。

王兴在2016年7月抛出了"互联网下半场"的观点,断言中国互联网产业发展进入下半场,行业竞争模式从外部竞争升级为打造企业核心竞争力,这将决定各家的成败。紧接着,王兴宣布美团点评将以商家IT化为切入点,从过去的C端转向B端(商户)战略。美团点评为此进行第二次架构调整,聚合为餐饮平台、到店综合以及酒店旅游三大事业群。

为什么要做商家IT化?美团2014年起陆续投资了一些第三方ISV(独立软件开发商)。IT化最先在电影行业进行实验,其内部孵化的猫眼电影于2016年5月作价83亿元并表装入光线传媒(300251.SZ)。用合并消除之前贴身肉搏的劲敌大众点评之后,王兴终于腾出手来做细、做深业务,他想在餐饮、酒旅等行业复制猫眼的成功,用IT手段改造行业,占据新风口。

但各路豪强都清楚,商家资源是争夺的核心,美团点评想打B端谈何容易。支付宝口碑、百度糯米虽然起步相对较晚,但各有一套拉拢商家的生态能力,甚至微信开放平台接入的餐饮商家数量都蔚为可观。

"下半场"概念抛出后,美团点评的第一步是建立餐饮生态平台,开放API(应用程序接口)接口,吸引第三方ISV接入。然而更多的餐饮商家和第三方ISV在摇摆。其中尤其是大型餐饮品牌将IT系统视作命脉,轻易不依附互联网平台,比如海底捞每年不惜在自主打造的IT系统上花费亿元,这使得餐饮品牌商纷纷效仿。ISV们更是骑墙在各大餐饮平台之间,美团点评不过是"其中之一"。

合并后估值180亿美元(约1200亿元),拥有2.2亿活跃用户,日订单量1300万,凭借这一串数字,没有人怀疑美团点评是一只O2O"独角兽"。但它的面前仍是冒险之旅。王兴说:"我们在尝试。没有人能百分百确定做成什么样,不过我们已经明确目标。"

张涛让位

时光倒回一年前。"合并谈判只用了几天时间,10月5—6日签的合同。"美团点评餐饮平台总裁王慧文称。王兴给出了更具体的细节:2015年9月底双方开始接触,国庆期间,华兴资本CEO包凡、张涛和王兴三人分赴香港,最终在一家酒店里敲定了美团和大众点评的合并协议。

2015年的"小巨头合并潮"后,58赶集的联席CEO制度仅持续了6个月,最终赶集网创始人杨浩涌拿到4亿美元,带领瓜子二手车团队另立门户;携程合并去哪儿后,不仅付出高昂的补偿费,还在去哪儿宣布私有化过程中发生剧烈的人事动荡,包括CEO庄辰超在内的去哪儿高管人员几乎集体离职。合并暂时消灭了竞争,但创始人之间的摩擦和博弈也十分微妙。

在王兴看来,怎么样退出和交易如何安排都不是难题,最大的问题是要不要合。"我和张涛互相很了解,要克服的障碍就是要不要做(指合并)。无疑,合则两利。"王兴得出结论。

与58赶集等合并不同,美团和大众点评没有明显的强弱势,双方业务不完全重合,甚至差异较大。与此同时,张涛执掌大众点评12年必不肯退,王兴更是强势执着、不甘附庸。

张涛比王兴大7岁,他创立大众点评网也比王兴创立美团网早7年。"张涛是一个比较理性的人。"王兴说。

2003年，大众点评从商家点评等信息服务起家，十几年间扩展为信息平台、交易平台（团购、会员卡、在线业务等）、酒店旅游、结婚、推广、外卖、预订等多个事业部，到2015年年初其员工数突破8000人。

美团则从最初的团购逐步拓展至电影、酒旅及外卖等多个领域，覆盖1000多个城市，2015年其员工数达到1.7万人，仅地推团队（地面推广）就超过1.4万人。用王慧文的说法，就是靠地推把BAT挡在外面。

两家真正的对标交锋始于2010年。彼时大众点评转向平台电商，美团团购业务则以月复合增长率71%的速度迅猛增长，大众点评随即也上线团购业务，两者均定位为本地生活服务商。

不过，除了外卖和团购业务，两家公司的架构差异极大。合并一个月后，王兴宣布第一次组织架构调整：设立平台事业群、到店餐饮事业群、到店综合事业群、外卖配送事业群、酒店旅游事业群、猫眼电影全资子公司、广告平台部等业务板块。在这轮调整中，美团和大众点评的原高管团队按照1:1的比例安置成为新公司的管理层，不过餐饮、酒旅两大业务板块是由美团系主导。

"除了大众点评联合创始人龙伟、大推广事业群负责人李璟在合并之前离开，张涛在合并后转任董事长，其他大众点评的核心高管基本没走。"王慧文称，两家整合并未造成外界猜测的管理层动荡。

调整架构、人员调动无非一纸命令，而深度整合则面临着更复杂的问题：从竞争对手变成一家人，心理门槛如何克服？重合的业务线要不要裁员？地方的业务推进以谁为主导？

最难整合的是文化

在美团点评高级副总裁姜跃平看来，从对手变为同事，除了心理上的转变之外，文化的差异、彼此的认知才是他们最担心的整合难题。

"2016年第一季度的主要工作就是梳理两家公司文化的异同,我们请专业第三方咨询,对高层、中层到基层员工都进行了访谈。"美团点评到店综合事业群总裁吕广渝调研之后发现,两家覆盖的用户群和城市有所差异,大众点评偏重一、二线城市,美团则在三、四线城市中拓展较广,不过双方对价值观的表述高度一致,在企业文化上没有本质差异。

但吕广渝仍花了很长时间在内部宣讲愿景、目标,统一思想;又用了3个月的时间来理清双方平台上的商户、用户信息,将底层数据打通。"比如过去两个平台商户是不同的POI(即商家基础信息点,包括门店名称、品类、电话、地址、坐标等),整合后要让用户看到一致的信息。"

美团点评合并后,员工直逼3万人。划分各个事业群之后,人员分配成为不小的难题,姜跃平把握一个原则:稳定餐饮主战场,同时发展其他业务。"仅人力资源层面,就在半年多时间内做了100多个项目。"

更重要的是双方的数据系统、企业办公系统、财务报销系统、业务系统等都要完全打通、融合。IT系统上的整合更加费劲,大项目几十个,小项目又是将近100个。

"最大的融合项目是餐饮。"姜跃平称,两家公司过去在餐饮领域重兵布阵,做IT开发的人员就有100多人,各自销售系统差异极大。"客户拜访、奖金系统、上单系统、结算系统等都不一样。有的打通就行,有的融合起来很复杂。不过,人累但心不累。"

过去两家公司把主要人力放在团购、外卖等业务上火拼,导致合并后中低频业务人员奇缺,大量人员冗余在餐饮主战场。2015年年底架构调整之后,很多员工转岗,大部分流向到店综合、酒店旅游业务部门。美团点评公司内部这样描述新业务架构:外卖和餐饮是根据地,大量投入,做B端(商户端)改造;到店综合是"奶牛",在中低频行业变现,为其他事业群提供现金流;酒旅则需拓展更多出行场景,实现异地服务需求。

两大 APP 的差异化定位也开始明晰：点评 APP 承担的是消费升级之后，用户对品质生活的需求，图片较多、UI（用户界面）美观，更强调 POI 之间的流转；美团 APP 是生活服务全平台，是所有中高低频用户的消费平台，拥有更丰富的 SKU（商品种类）、优惠信息等。

"点评用户集中在一、二线城市，经过大量数据研究后发现，中国已快速进入消费升级和品质革命的时代，涌现出了一大批中产阶级，他们要寻找更有品质、方便和个性化的生活。"姜跃平解释了上述定位的原因，于是点评 APP 聚焦在发现生活上，在用户评价体系上强化优质点评，强调关系链，加入了好友点评和好友去哪儿，以增强用户黏性。

以餐饮为中心、到店综合和酒旅为两翼的阵势初步整合完成，美团点评现在面对的劲敌是百度、携程和曾经的股东阿里巴巴。

股东的博弈

"我们跟阿里是一个直面竞争的关系。"王兴端起水杯轻呷一口，顿了顿又说，"阿里在做我们股东期间还是不错的，我没有任何怨言。"

在 2011 年"百团大战"战况最激烈之际，阿里在拉手网和美团之间选择了估值更便宜的美团。在当年 7 月美团完成的 6200 万美元融资中，阿里领投 5000 万美元，正是这笔钱帮助美团撑到了战争结束，稳住了团购老大的位置。

在美团和阿里的蜜月期，为解决销售团队的管理问题，王兴曾 6 次南下杭州，向阿里 B2B 业务副总裁干嘉伟请教，最终拉他加入美团网担任 COO（首席运营官）。干嘉伟将自己多年的销售经验用在美团销售团队建设上，通过设立 8 个大区、明确销售管理制度、执行"狂拜访、狂上单"业务策略等，打造"地推铁军"，迅速提升美团的市场份额。

不过阿里投资风格强势，而王兴性格执拗，并不愿归入阿里麾下，双方关系不久之后产生裂痕。王兴说:"我希望公司能有最好的发展,而不是满足某个股东的需求。"

2015年上半年,王兴看到了资本趋紧的态势,为储粮过冬,迅速展开新一轮融资。阿里和王兴曾就新一轮融资中阿里的角色进行过讨论。结果是阿里激活了2010年关停的口碑网,宣布投入60亿元扶持O2O业务,直接对战美团。

此后双方关系剑拔弩张。美团点评宣布合并后不久,支付宝和口碑网在北京召开商户大会,宣布海底捞、西贝莜面村、外婆家等餐饮连锁企业投资口碑,直接从商户端入手"挖墙脚";次日美团地推团队即接到KPI指标,要求线下商户关闭口碑门店,双方地推人员甚至爆发冲突,彼此抢砸宣传物料等。随后美团在产品设计调整中,将支付宝折叠进二级选项,为微信支付和银行卡支付留下更显著的位置。

同时,阿里斥资12.5亿美元投资外卖平台饿了么,公开以八折价格四处兜售其持有的美团股权。"阿里对美团的态度市场看得很明白。"一位接近王兴的人士透露,"支付宝给了美团6%的费率,而微信费率只有2‰~3‰。王兴最终在支付工具选项上将支付宝折叠到下一层菜单。"

随着美团点评与阿里的矛盾公开化,干嘉伟的位置变得尴尬。2016年7月30日,在原有组织架构调整基础上,王兴将到店餐饮事业群、外卖配送事业群和餐饮生态平台合并为餐饮平台,由王慧文担任总裁,干嘉伟则转赴"互联网+大学"。王慧文对此解释称,两人职位的变化缘于"下半场"战略提出后,明确了餐饮要做商家IT化的方向。

阿里口碑则几乎贴着美团点评打。口碑最新官方数据显示,"复活"一年后,其日交易笔数超过1000万笔,商户数量超过140万。与此同时,在美团涉足的中低频丽人、婚纱等领域,口碑也积极布局,通过分佣体系、精准营销等方式吸引更多商家入驻。靠着百万浙商起家的阿里,在拉拢商户上有着独特的经验。

美团和大众点评完成业务整合和系统打通后，官方公布数据称：合作商户450万，覆盖超过1200座城市；截至2016年6月30日，活跃用户2.2亿，APP活跃用户1.8亿，每天订单数超过1000万笔。

和阿里相比，领投10亿美元并促成合并的腾讯与美团点评越走越近，比如腾讯系的郑志昊在猫眼独立后出任CEO，其人事负责人刘琳也有腾讯背景。"腾讯是一个比较开放、好合作的平台，这跟公司业务和人的性格两个方面都相关。"王兴说。

腾讯的投资历来奉行"不控制，支持独立发展"的"亚马孙森林"战略，以微信和手Q作为流量口，吸引各类垂直领域的平台加入。大众点评2014年拿到腾讯的战略投资后，就成为少数能获得微信二级入口的公司之一。然而从支付端切入消费场景、与支付宝在商家层面争夺激烈的微信支付，在过去两年也悄然建立起了自己的商家服务体系，并不断向更广、更深的层面延伸，甚至开始提供定制化服务。

"我们内部梳理过这件事，美团点评的优势是拥有消费场景，用户来这里通过交易场景最后落到了POI、SKU，但支付宝、微信则是偏工具化和底层服务，这是一个不完全竞争的局面，不同层面提供不同价值。"吕广渝表示。

在O2O布局上醒悟较晚的百度，突然从2015年开始猛推百度糯米和外卖。但一年后经历了重重监管危机的百度已绝口不提O2O，转而强调人工智能，百度外卖独立后的B轮融资也并不顺利。

2016年国庆节前，百度糯米和外卖打包出售的消息在市场上疯传，美团点评被认为是最有可能的"接盘侠"。"你觉得刘强东现在会考虑收购当当吗？"王慧文并未直接回答，但他也认为百度糯米和外卖肯定会被卖掉。

知情人士告诉财新，顺丰快递、百胜中国等也在洽购百度糯米和外卖。不过从当下局势来看，将百度糯米和外卖打包卖给美团点评，以股东方式不失O2O领域布局，或许是百度最希望看到的结果。

王兴并未否认这种可能性。"我们从来不认为百度是核心的竞争对手,我们要做连接人和服务的事情,不管是百度、携程还是其他人,只要交易能够让我们更快推进这个目标,就有可能。"但他强调,"我暂时没有这个预期,不能只看这一块资产、单一标的,还要看整体收购效应。"

商家想的不一样

美团点评进入 B 端的目标非常明确,因为几年来在 C 端的广泛构建仍不能实现大规模赢利,需要转变思路,从 B 端改造入手提升效率、刺激需求。

8月29日,作为"下半场"的第一步,美团点评宣布推出餐饮开放平台,与餐饮 ERP(企业资源管理)服务商共建餐饮生态系统。"高管团队没有一个人真正开过店,首先要转换意识理解行业,而不是简单做一个互联网公司。"B 端解决方案主要由王慧文的餐饮生态平台和吕广渝的商家事业部承担,吕广渝认为此次转向对高管团队挑战不小。

王兴仔细地琢磨商家需求:"商家的需求越来越复杂,以前是单纯的要客户,现在还要管理收支,掌握房租、人力成本、食材采购、营销等成本。改造餐饮业不是简单地做会员体系,需要打造一个价值网络。"

彭雷在团购最激烈的年代创立24券,一度是美团的竞争对手,从2012年年底转做第三方 ISV 客如云。"餐饮和电商的本质都是交易,淘宝、京东因为标准化、互联网化打通了闭环,但餐厅等线下服务业很多数据和信息并未互联网化,比如菜单 SKU、桌台状态、产品估清情况等,没人知道。"

彭雷认为,要打通 B 端和 C 端需要构筑三个核心壁垒:"首先,能做出极致的软硬件产品满足商家需求,就像 iPhone 取代诺基亚;其次,要有面向几百万用户、跨城市销售和服务的能力,餐饮行业有四五百万商家,需要庞大的地推团队,这是很高的壁垒;第三,C 端入口资源要打开,美团点评等 C 端入口 APP

要能接入B端系统,使B、C端都智能化、实时化,才能提高效率,提升体验。"

截至2016年第三季度末,在开放平台接口上,王慧文负责的到店餐饮已开放外卖、团购、闪惠、信息(评价)等API;而到店综合因市场窗口期、竞争激烈等因素开放速度稍慢。"2016年第四季度主攻平台开放能力的建议。"吕广渝表示,到店综合目前所有品类统一使用的是商户通系统,与到店餐饮一样是通用商户平台,但会将不同的模块开放给各个业务单元(BU)自己做研发,"我们计划在两到三年内帮商户做好存量市场的IT化"。

美团点评的理想化场景是:接入第三方ISV,与商家的ERP(企业资源计划)等系统打通,用户可通过APP实时查看周围餐厅及店铺营业情况,实现线上点单、选座等,也帮企业建立采购、营销等体系,将B端和C端彻底打通。

王兴已做出"all-in"(全部押进)的姿态,无论如何要拿下B端市场。"但不是砸钱。"他认为过去在C端的打法并不适合B端,更不会立竿见影。"开放平台2017年上半年会有一个雏形出来,短期没有KPI目标。"

B端的竞争激烈异常。2016年上半年,在美团点评整合之际,百度糯米、支付宝口碑先后发布商家成长解决方案,尤其口碑全面对标美团,从流量、内容和会员三方面切入,甚至提出商家入驻平台3年免费。阿里11月2日公布的2016年第三季度财报显示,口碑平台交易额达到480亿元,环比增长55%。

尽管有股东渊源,但微信也开始加码B端,对美团点评不失威胁。微信支付于9月开展定制化培训,"支付+会员"体系的拉新、摇一摇、打赏等功能全面开放。微信甚至放下平台身份,将接口、流程一并简化,商户无须开发即可使用微信埋单功能。

但是过去对团购、现在对外卖的依赖,让商家对互联网企业充满了警惕,IT系统的重要性也让大型餐饮品牌更倾向于自建或定制,而不是交由互联网平台来解决。

海底捞一位高管指出,过去一直在商家店外打转的美团是想要进店服务,能不能成,仍需经过激烈的竞争。而商家侧的趋势是,越来越多的品牌正在自建IT体系。

"现在很多餐饮企业20%～30%的收入来自外卖,原来以为是零成本,但跟美团一分,就没赚什么钱了,最后发现还不如自己单干。"上述海底捞高管透露,海底捞从2011年开始自建IT系统,后端供应链及财务系统则由思爱普(SAP)提供。"每年都在迭代开发,人力加上技术需要上亿元的投入,因为用户需求在变化,IT技术可以帮助增加顾客黏性,达到增收效果。"

"如果互联网企业掌握了80%的流量入口,改造了整个价值链的成本结构以及利润分成方式,或者掌握了整个产业链最关键的节点的话,就可以改造整个产业……毕竟海量入口和平台是真金白银堆起来的。"西贝餐饮副总裁楚学友认为,IT化是一个至少影响企业5～10年发展的战略规划,不是用美团就解决得了的,餐饮企业的IT化需要内部驱动,而非外部强势协助。

"3年之内,如果要做IT化,我宁可花两三亿元自己去做这件事。"国内一家大型餐饮连锁品牌负责人说。

随着连锁品牌增多,ERP等系统开始流行,SaaS化(软件即服务)的云平台也开始出现,加之团购、外卖等互联网模式的冲击,还有各种支付端口的出现,都让餐饮企业的IT化改造越来越急迫。

"一个最简单的例子,如果商家的ERP系统没有跟支付系统打通,客户通过微信支付、支付宝、银联等不同方式付款,商家的收银系统就无法显示各种收入对应的账单,只能由财务人员一笔笔对账。"第三方ISV天子星公司创始人杨洪认为,餐饮商家ERP、财务等系统来自不同第三方提供商的局面需要改变,只有在一个平台上集成、打通,才能解决越来越多的痛点。

天子星和客如云都接入了美团餐饮开放平台。"C端的入口还是点评和美团的APP,B端是我们来做,帮商家IT化,并对接餐饮开放平台。"在彭雷看来,客如云做最贴近商家的服务层,C端入口多多益善,所以客如云还接入了微信、口碑、糯米等APP建立的第三方开放平台。

"但谁都不知道美团会不会自己做,美团曾尝试做收银系统,再过两三年会不会渗透到ISV?"彭雷担心。

酒旅迎战携程系

"携程最大的挑战者将是美团。"国内一家OTA平台负责人说,彼时美团酒旅将被携程收购的传言四起,虽然双方都极力否认,但市场认为这并非空穴来风。

"两年前我就大声疾呼,同行之间没必要再斗来斗去,因为美团一天的日活是整个OTA行业日活加起来的两倍,但没有人听我的。"上述OTA平台负责人认为,美团通过中高频的餐饮业务向中低频的酒旅业务导流效果可观,但它的大股东携程还是重视晚了。

美团在2012年涉足酒旅业务,彼时采用的还是传统团购模式,随后猫眼电影的独立带来启发,酒店住宿业务成为美团内部T形战略的另一个孵化成果。2015年7月,美团正式设立酒店旅游事业群,由做移动端产品出身、王兴的中学同学陈亮担任总裁。在美团点评重组中,陈亮的职务也没有变化。

"2012年,我们发现很多美团用户有住宿需求,而大量单体酒店、经济型酒店还没有在OTA上线,地推去谈餐馆时顺便就谈了附近的酒店住宿。"陈亮透露,单体及经济型酒店高度依赖线上导流,美团酒店业务一开始就赚钱,在各业务条线中毛利最高、签约成本最低。

2012年时OTA领域的竞争激烈程度不亚于团购领域的"百团大战"。但陈亮发现,OTA基本从客单价较高的商旅用户切入,酒店价格偏高,而大量年轻用户群体的住宿需求没有被满足,美团以团购轻模式切入,逐步转为OTA在线预订模式。据官方数据,2016年前5个月,美团点评酒店消费间夜量达

4600万,其中第一季度消费间夜量2600万,同比增长80%,营收同比增长近100%。陈亮还透露,美团酒旅60%以上的用户是85后。

去哪儿从2014年开始在中低端阻击美团酒旅。去哪儿现任COO张强是原美团酒旅业务大区经理,他到去哪儿后,也通过建立地推团队、砸钱补贴的方式抢夺市场。去哪儿宣称2016年"十一黄金周"期间其单日间夜量超过100万。"去哪儿大住宿酒店事业部已实现季度赢利。"张强说。

携程在2016年9月1日公布的第二季度财报中称,住宿预订营收18亿元,同比增长61%,环比增长10%,主要得益于住宿预订量同比增长以及与去哪儿合并财报。美团点评也不甘示弱。"酒旅业务7月已经整体赢利,8月赢利加速。"陈亮说。

各家数据虚虚实实,不过携程系行业老大的地位仍难以撼动,合并艺龙、去哪儿后,携程已占据OTA领域大半壁江山,而百度作为其股东,也将百度糯米的入口接入去哪儿和携程的酒店、机票、火车票等资源,互相导流。

2016年9月7日,携程通过"新股+可转债"方式完成了26亿美元配资,引来市场关注。按照携程以往规律,融资之后就是收购竞争对手,这一次携程会买谁?

"我不排斥酒旅业务未来独立运作,引入外部投资人,但是卖给携程,不

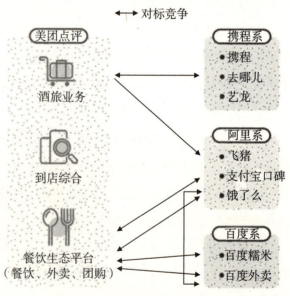

资料来源:财新记者根据公开资料和采访内容整理

美团点评的内外格局

可能。"在王兴看来,美团点评有自己的流量和场景优势。

市场观察人士认为,美团点评在短期内还需要酒旅业务,如果卖掉酒旅,只剩餐饮和到店综合业务,撑不起此前180亿美元或将来想要的更高估值。"估计和携程系还要再打一打,一年以后不好说。"

陈亮认为,与OTA客群不同、定位不同、业务模式不同等特点决定了美团酒旅能走出自己的路。"2015年70%～80%的酒店收入来自团购,但从第四季度开始基本转成了预订。"陈亮认为,OTA正从前台现付模式往线上转,而美团的订单流、资金流和用户信息流都在线上完成。

但在间夜数的统计上,美团酒旅常被同行诟病钟点房比例高。不过陈亮明确表示:"这一比例非常小。"

携程也不得不重视竞争对手的快速成长。一位业内人士分析称,携程此次26亿美元募资部分用于去哪儿私有化或行业并购,但也必须储备"弹药"与美团酒旅正面竞争。

携程与去哪儿合并后已明确差异化发展路径,去哪儿专盯中低端市场,携程专注高端商旅用户。与此同时,携程还收购了旅游百事通,拿下全国线下5000家门店资源,并将公寓、民宿等非主要业务剥离,交给垂直领域盟友途家运营。

尽管线下商家不满OTA的高分佣而时有反弹,但OTA几年深耕下来,不仅是单体酒店,连锁酒店也都高度依赖OTA导流。"携程这几年对酒店的掌控力度不断加强。"五星级酒店集团君澜酒店品牌总监王芳认为,美团拢住的是年轻用户群体,而这一群体的消费增长也不可小觑。

"酒旅业务的下半场是酒店住宿、机票、门票等全方位地供给。"陈亮踌躇满志,言下之意是全面对标携程系。

支付闭环的关键一步

微信支付和支付宝近两年在商超、餐饮等领域积极拓展交易场景,将用户账户与支付体系绑定,从而为其基金、理财等金融业务铺路。美团点评在金融领域布局相对滞后,背后的一个重要障碍是缺乏支付牌照。

"美团点评从2016年二三月开始推预付,在上海、北京进展最明显。"前述大型餐饮连锁品牌负责人透露。所谓预付,是指消费者使用大众点评的闪惠功能进行结账,每单便宜几块钱,这些费用美团点评会提前给商家,类似团购包销模式,"每个季度给商家3000万~4000万元"。

2016年上半年,美团试图从消费场景延伸到支付场景,但很快被人举报无牌照从事第三方支付结算业务。事实上,"用户—平台方—商家"的团购模式一直存在资金池的问题。

美团APP早在2015年即上线"账户余额"功能,用户可以通过绑定银行卡、设置支付密码、充值、提现,使用账户内资金购买美团平台服务。如此形式上已是标准的第三方支付结算业务,但美团却没有任何支付牌照。6月,美团支付果然被央行叫停并限期整改。

一位知情人士透露,早在两年前就有人提醒王兴申请或收购第三方支付牌照,当时牌照公司收购价格大约为3亿元,但王兴正忙着与各家打仗,对此事并未引起重视。

2015年,央行停止发放第三方支付牌照,想要通过交易形成闭环的互联网公司只能通过并购方式获得牌照,所以京东收购网银在线、万达收购快钱、小米收购捷付睿通。

被央行叫停3个月后,9月26日,美团点评宣布全资收购第三方支付公司钱袋宝,从而拥有网络支付、移动电话支付、POS(销售终端)收单支付和跨境外汇支付 4 张全牌照。钱袋宝成立于 2008 年 11 月,是国内首批获得央行第三方支付牌照的企业之一,2015 年平台交易额超过 1000 亿元,营收 2 亿元,净利润逾 5000 万元。

高榕资本合伙人张震投资了钱袋宝,并深度参与了上述并购。在他看来,美团收购第三方支付公司,很大程度是因为和口碑、饿了么等阿里系对手的竞争:"交易数据完全暴露在竞争对手眼前,这是任何互联网平台都不愿看到的。"

外界猜测,王兴此次付出的代价必然数倍于前。钱袋宝创始人孙江涛透露:"收购报价还有更高的,但我们基本按照平均价来跟美团点评谈,最终是以现金加股票的方式卖出。"

孙江涛表示,2015 年 11 月,他曾主动找王兴谈过,彼时是希望引入美团点评作为钱袋宝的战略投资方,但两个小时畅谈之后合作并未推进。美团支付被举报后,美团点评高级副总裁穆荣均主动联系孙江涛推进收购事宜。"前后谈了十几次,最终 5 月谈好各项事宜,但由于牌照 5 周年到期续签,又等到 8 月 12 日续签成功才正式签合同,9 月完成交割并对外公布。"孙江涛说。

为何要全资卖出钱袋宝?孙江涛说是因为看到了支付行业的深刻变化,在微信、支付宝近两年大推二维码支付的背景下,没有背景和用户量的独立第三方支付公司很难找到放量上行的空间。据艾瑞咨询统计,在 2016 年第二季度第三方互联网支付交易规模市场份额中,支付宝占比 42.8%,财付通占比 20%,银联商务占比 10.9%,剩下 200 多家第三方支付公司抢夺不足 30% 的市场份额。

尽管美团此时以不菲代价购买支付牌照,但王兴仍然认为:"支付不是平台发展的核心障碍,收购第三方支付公司的目的是优化用户支付体验。我们不做纯线上支付,而是将支付嵌入交易场景。最好的支付是不要支付。"

在孙江涛看来,美团收购钱袋宝一方面在于支付合规,另一方面是"支付＋场景"正成为各方角力的要塞,拥有商户资源的美团点评如将场景与支付结合,金融业务就具备了想象空间。"京东金融一拆分估值就有460亿元,百度、滴滴都想做金融,即使短期赚不到钱,光是估值和故事就很吓人。"

支付是美团转向B端战略的关键一环。第三方ISV天子星创始人杨洪称,美团支付体系已在系统中进行连接、测试。"美团要成为所有商户在支付端的唯一入口,银联、微信支付、支付宝等支付通道都接入,用户支付时只需扫美团的二维码即可,这变相解决了商户的对账难题。"

"所有动作都是围绕消费者和商户做闭环打通。"王兴说。

第三章

专车逆生长

3.1 滴滴、Uber全面开战

2015年国庆长假刚过，10月8日，上海发出了两则业界关注已久的消息。

其一，上海市交委宣布向滴滴快的专车平台颁发网络约租车平台经营许可。这是国内第一张专车平台的资质许可，滴滴快的也成为国内第一家获得网络约租车资质的公司。

其二，Uber宣布正式入驻上海自由贸易试验区。Uber建立的这家企业名为上海雾博信息技术有限公司，注册资本金21亿元。Uber同时承诺，在中国的投资总额将达到63亿元。

第一条消息意味着滴滴快的在最重要的市场上获得关键的政府认可。第二条意味着Uber中国公司正式亮相。

两家出行服务O2O公司的战争，进入全新阶段。

就在国庆节前夕，为参与中国国家主席习近平访美的西雅图之行，中国最大的出行软件公司滴滴快的总裁柳青，临时决定延长自己的美国行程，在习近平美国之行的中美企业家论坛上发言。滴滴快的创始人、1983年出生的程维,则成为8家被邀请的互联网巨头中最年轻的中国代表。

参与同场会议的美国互联网巨头中,有程维和柳青当时最大的竞争对手Uber的创始人特拉维斯·卡兰尼克(Travis Kalanick)。当天,西雅图全市用户打开Uber的APP,都会看到一个欢迎习近平主席访美的弹幕。

卡兰尼克在这段时间频繁往返于中美之间。为了打开全球最后的这块大市场,卡兰尼克不但将中国专车业务命名为"人民优步",甚至不止一次告诉财新和潜在的中国投资人,自己正在认真考虑加入中国国籍。

挟中国市场之威,迅速成长的中国小兄弟与全球老大的竞争正在白热化,不仅业务层面是双方交战的重要领域,对资本的争夺也已变成了战争的最前沿。几个月前,滴滴快的和Uber几乎同时启动了新一轮的融资,Uber给投资者的选择是:可以投Uber全球,也可以单独投Uber中国。从那时起,双方就开始了对投资者的激烈争夺。

"对公司,这是一场融资战;对于投资人,这是一个站队的问题。"复星昆仲资本的管理合伙人王钧说。这场战争因为正在到来的互联网冬天演变得格外残酷,没有人知道冬天会持续多长时间,这次融资决定的或许就是最后的生死。对投资人,这犹如一场德州扑克进入最后一轮:不跟,前期的所有投入将成落花流水;跟,前途叵测。

就在习近平访美的几天前,柳青和程维在美国宣布以1亿美元投资打车软件公司Lyft。过去几年,Uber在美国正是通过一系列残酷竞争将Lyft抛于身后,继而成为全球最大的出行行业互联网公司,其500亿美元估值创下当时未上市公司身价新纪录。

此前一个月,滴滴快的也完成新一轮30亿美元融资。因为有Uber这样的国际对标公司在,其估值摸高165亿美元。这是柳青和程维拿到钱后首次对外宣布投资项目。1亿美元投给Uber的本土竞争者,金额不大,业界将其解读为对Uber的示威。

宣布当天,滴滴快的新一轮融资引入的"国字头"投资者中投集团也到场"助威"。中投不但给了程维和柳青3亿美元,还带着他们投资了有"东南亚滴滴"之称的Grabtaxi,成功阻击Uber在亚洲的拓展脚步。滴滴的新支持者中,还包括平安保险,它旗下的平安创新投资基金投了约2亿美元。

合纵连横的格局已经拉开。在高度政策依赖、涉及民生信息的出行行业,争夺市场就是争夺信任和资源,投资人则是其中最重要的信任背书和资源依靠,卡兰尼克深知其中要义。程维和柳青找过的投资人,Uber都见过。

在这场全球性的融资战中,以中投为代表的国有投资机构成了双方争取的重点。但在中国,投资人需要顾虑的因素太多:国家政策和安全层面对美国公司的顾忌,以及滴滴快的背后的腾讯、阿里这"二马"。在几度传出Uber中国融资失败的消息之后,卡兰尼克公开宣布Uber中国最新一轮融资完成,但是除了Uber全球和Uber中国的另一股东百度,并未公布中国机构的名字。可靠消息证实,此前传言的中投和中国人寿并未跟进。

包括平安、复星在内,很多中国机构都曾收到投资邀请并接触过这两家公司。前述大型机构投资人士透露,2015年年中以来,国内三大出行项目——滴滴快的、Uber和神州专车,他都深度接触过,最终决定放弃这个领域。"投资人怕错,也怕错过,但这类公司的体量已经超出我的射程。"

决定放弃的原因很复杂,除了前述美国和"二马"因素,另一个担心是:在疯狂的估值之下,更明朗的行业市场格局和可持续的商业模式尚未出现。

滴滴和快的过去3年背靠腾讯和阿里输血,上演了中国互联网历史上最夺人眼球的补贴大战。每月砸下数千万元补贴争夺市场,仍难分高下,最终双方于2015年3月选择合并走到一起,坐实市场最大,给投资人交代。

然而,补贴战并未就此结束。就在两家公司整合时,Uber在中国发力,加大补贴力度,其市场份额猛升。老牌租车公司神州租车在2015年1月28日上线神州专车,更被投资人形容为半路杀出的程咬金,其专车业务上线仅仅几个月,已经完成两轮融资,估值达到35.5亿美元。神州专车两轮融资共计8亿美元,也刷新了中国互联网A、B轮融资纪录。

一时间市场呈现7:2:1格局:滴滴快的占7、Uber占2、神州专车占1。高补贴路径短时间内无法改变,但资本市场的冬天已经逼近。2015年第三季度,随着中国二级市场两次股灾、美国中概股市场疲软,投融资市场流动性吃紧,投资者的信心遭受打击。

在市场一片储粮过冬的声音中,很多公司不得不放低估值和融资心理线,或临时启动新的融资。中国互联网行业曾经上演的"百团大战""京东险些融资失败"就是经验,各家都明白,没有备好粮草的公司在冬天可能被拖死出局。其中,最烧钱也最危险的O2O领域,融资战争尤为惨烈。

在网络车、O2O这两个比拼"烧钱"的领域,小公司都已被踢出局,剩下的大个子里,只有拉到足够多融资并且能更高效地运用这些资金的人,才能成为最后的幸存者。

这是资本入冬前的最后一场融资战。投资人已然置身战局中央。

"亚洲区小组赛"的第一轮融资阻击战

"原来我们以为滴滴、快的之间的竞争就是总决赛了,我们合并之后就可以好好建设家园了,后来我们才知道那只是'亚洲区的小组赛'。"在2015年夏季达沃斯论坛上,滴滴创始人程维回顾了和快的的合并,也首次表明了要和Uber打国际战争的态度。

程维的说法,在滴滴、快的合并时几乎是市场的一致判断。在双方启动所谓"情人节计划"的合并之前,这两家公司已在市场惨烈拼杀3年。

程维的作风被滴滴竞争对手的一位投资人戏称为"土狼"。"这不是贬义,这是滴滴的竞争力。"他特别强调。

2012年,程维从工作8年的阿里巴巴离职创业,选择了刚刚兴起的打车软件行业,滴滴的天使轮投资程维自己出资10万元,阿里同门王刚出资70万元。这样的启动资金在行业内很寒碜。这些钱快速烧完后,滴滴迫切需要资本支持,但程维见了20多个投资人后也没能完成A轮融资。

朱啸虎此时正在行业内选择投资标的。他通过微博找到了王刚,并很快决定投资200万美元,分期进入,其中100万美元作为搭建VIE架构的过桥资金很快到账。延续早期公司大股份换A轮资金的惯例,程维为此付出了20%的股权。

"回头来看,2012年冬天下的三场雪帮了程维。"朱啸虎称,给钱之后自己没特别当回事,马上就去滑雪度假了。"一个月后回来,滴滴起来了。"

彼时,滴滴并不占优势。竞争对手摇摇招车比它更早拓展北京市场,当时也已经完成了A轮融资,包下了整个北京机场。在摇摇招车A轮融资时,一个资深投资人见了其创始人张涛一面就决定不投,理由是"打着领带怎么去搞出租车的地推"。

"土狼"的作风要凶猛得多,程维把所有的钱都砸到了地推和补贴上。朱啸虎后来知道,程维的地推团队凌晨4点守在北京西客站让出租车司机下载软件。三场暴雪过后,滴滴订单暴增。

冬天一过,让朱啸虎和程维没想到的是,腾讯创始人兼CEO马化腾亲自上门了。

"马化腾当时在北京开'两会',自己找来说要投资滴滴。"朱啸虎说。在朱啸虎另一半100万美元到账的第二天,腾讯的B轮融资敲定,1500万美元随即到账。对马化腾来说,出租车是微信支付通过红包起家后又一个战略性支付场景,微信直接开了一级接口支持。滴滴由此稳住了北京市场,而微信支付则通过滴滴实现了二次爆发。

远在杭州的马云坐不住了。2013年3月腾讯投资滴滴后3个月,阿里巴巴投资了杭州的打车软件公司快的,联合经纬为其A轮融资砸下1000万美元。

"请全国人民打车"的补贴大战拉开。财新获得的数据显示,从补贴大战开打到2014年年底,双方投资人共烧掉24亿元,背后提供支持的是激烈的首轮融资阻击战带来的大量资金。

2013年年底,抵不住资金压力的滴滴开始新一轮融资。程维感受到了压力,据称,有阿里巴巴高层直接给中信产业基金打电话,希望对方不要投资滴滴。最终,中信产业基金还是投了滴滴6000万美元,腾讯再次跟投3000万美元。"腾讯必须跟,烧的补贴的钱比投资的钱还多,股权必须要拿一些。"滴滴快的另一位投资人说。

补贴战和融资战就此进入肉搏。滴滴拿到近1亿美元后4个月,阿里带着一嗨租车和新天域又给了快的1.2亿美元。烧钱不到半年,2014年10月,全球资本杀入快的,老虎基金领投,快的又完成1亿美元融资。

2014年年底,融资战已经白热化。滴滴刚刚宣布获得6亿美元融资,投资方包括淡马锡、俄罗斯"土豪基金"DST(数字天空科技)等。快的则称完成了7亿美元融资,投资方包括阿里和软银。

据财新了解,到2014年年底,滴滴合计融资8.7亿美元,快的合计融资9.85亿美元。滴滴融资额略逊,但截至合并前,其市场份额占有微弱优势。

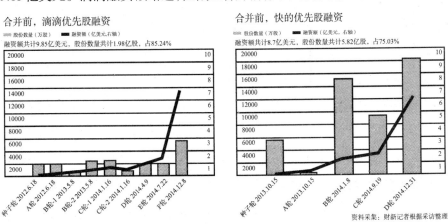

合并前,滴滴和快的的融资情况

资料采集:财新记者根据采访整理

程柳之盟

滴滴之所以在市场份额中略微占优,不仅有程维之力,有微信这个超级入口之功,还得益于柳青的加盟。程维因为融资认识了当时在高盛负责投资的柳青,虽然高盛最终并未投资滴滴,程维却成功说服了柳青放弃在投行的优厚待遇,加盟这家还在奋力打拼的创业公司。

程柳二人后来被外界视作完美的合作伙伴。柳青是被誉为"中关村教父"的中国知名企业家柳传志之女,2014年7月选择加入滴滴,2014年年底滴滴6亿美元融资即由她操盘。

柳青最大的贡献,还是促成了滴滴、快的的合并。多位双方投资人向财新证实,为了说服双方投资人,特别是腾讯和阿里,柳青曾多次打电话甚至直接到杭州找马云沟通。

虽然此前马云和马化腾在多个场合都表示出要放弃补贴的意愿,但新一轮融资再创新高给市场的信号正相反:补贴力度有所减少,但仍在继续。就在外界以为双方备好资金准备打持久战的时候,2015年2月,滴滴、快的同时发出宣布合并的新闻稿,市场和舆论都"惊呆了"。

合并的商业逻辑很简单:一旦合并同业竞争消除,两家就成了遥遥领先的市场第一。这个合并让原本起步很早、一直专注于专车领域的易到用车非常不安,易到用车向商务部正式申请发起反垄断调查。

柳青接受财新专访时,透露了当时说服双方投资人,特别是腾讯和阿里的理由:"最核心的工作是分享对行业的理解,打还是合?更多的是凭我们多年的经验。目前的出行行业市场只能说是后院的小池塘,我们一直在后院的小池塘里打,但整个市场是大海,如果合作,就能把行业推到更高的位置。"

在多次沟通之后,最终合并的细节只花了一天时间坐下来讨论就决定了。柳青称,马化腾和马云都是有视野、有远见的企业家,看得到合并后的好处。

在投资方解开心结后,合并最难克服的还是团队的心理门槛,双方团队拼杀三年,无论是公司员工还是投资人或多或少都形成竞争心态。接下来的工作就是说服双方团队。"我们在内部确实花了很多精力,做动员工作。合并速度很快,但大量工作是在合并后做的。"柳青坦承。

滴滴、快的合并之时,滴滴的估值是偏高的。一位业内资深人士透露,原打算合并后滴滴占股55%,谈判后让步到52%左右,合并后双方估值总额达到70亿美元。经历几个月磨合,柳青称,快的高层团队融入滴滴,形成了11人的核心高管层。

不过,投资人还没有来得及享受一统江山的快感,新的战役又开始了。

Uber空降,神州背袭

滴滴、快的刚刚合并,Uber的卡兰尼克找到了程维。程维在达沃斯论坛上总结了卡兰尼克来的意图:要么接受Uber投资公司,占40%股权,要么正面开战被打死。程维拒绝了卡兰尼克的提议。

2014年7月,Uber进入中国,首先在京、沪等大城市落地。当时,滴滴和快的都只有出租车服务,尚未进入私车领域,国内也只有少数几家小型拼车公司。Uber的共享经济模式正在横扫欧美,中国是卡兰尼克看中的最后一块大蛋糕。

"卡兰尼克频繁到中国来,说明对Uber来说,目前只有两个市场,中国和中国以外的市场。"Uber中国一名已经离职的高管,向财新如此描述卡兰尼克对中国市场的重视。

Uber前脚进中国,滴滴和快的就在一个月后分别推出了自己的专车服务,都是启用私家车载客和公司分成的模式。当时,滴滴和快的主要是彼此对标,外国互联网公司在中国鲜有成功案例,尚未被它们纳入竞争视野。

竞争局势在2014年12月起了微妙变化。就在滴滴和快的各自宣布完成融资拿到超过13亿美元时,Uber全球的新一轮融资受到追捧,预计300亿美元的估值最终被追高至410亿美元,Uber全球最终完成15亿美元融资。

通常情况下,国际互联网公司的全球融资,除了给出资本市场对新兴模式的估值模型外,对中国市场影响不大。但这一次,百度投资了Uber 6亿美元,紧接着,中国移动端LBS(基于位置服务)最大入口百度地图接入Uber的后台。中国互联网BAT(百度、阿里、腾讯)三大巨头各自牵手一家互联网出行服务公司,敏感的投资人感受到了市场变化。

3个月后,滴滴和快的合并,阿里、腾讯言和。卡兰尼克飞到中国,见了程维,给出了程维所称的两个选择。

双方不欢而散的直接后果是,Uber开始以高补贴在中国扩张。

卡兰尼克在2015年6月发给投资人的邮件中称,Uber计划2016年扩张至50个人口超过500万的中国城市。"我们的中国客户每天完成100万次行程。在Uber业务量最大的10个城市中,有4个是中国城市。这让中国成为Uber美国之外的最大市场。"

前述先后接触过Uber、滴滴快的和神州的投资人透露,滴滴、快的合并一个月后,Uber一次性预备了10亿美元补贴资金。

他曾经算过一笔账,按一个司机每周85单、工作6天计算,仅一个司机,Uber每周就支出6000元。司机的整体收入比原来扩大了2~3倍。在北京、上海等几个大型城市,Uber订单量峰值,一度超过滴滴快的的专车订单:"2015年5—6月,Uber的平均日单量有小几十万单了。"

Uber在中国的激进策略,迫使滴滴快的无法收缩补贴,2015年5—6月价格战再度开打。一位看过Uber的投资人称:"4—5月,Uber的订单量上升很快,峰值时一单30元,Uber对司机一单最高补贴到80~90元,也就是按车价的2.5~3倍来补贴,订单增长非常快,同时刷单也很严重,占所有订单的30%~40%。这是非常疯狂的。"

前述Uber中国离职高管表示,为了激励司机多接单,Uber的司机会获得一个城市内的司机业绩排名,不同梯队的司机获得不同额度的奖励。"这样的激励机制和国内公司不同,会形成司机间相互比、相互取乐的好氛围。"

滴滴快的则拿出了大促绝招,推出周一全免单、1000单免费等各种补贴方案。财新获得的一份小桔科技(滴滴快的运营公司)的审计报告显示:按照1美元兑换6.3元人民币换算后,滴滴快的2015年前5个月的GMV(gross merchandise Volume,交易总额,这里指已完成订单总额)是13.55亿元,滴滴亏损3亿美元,快的亏损2.66亿美元,合计每个月烧钱超过1亿美元。

投资人也各自加入了战团。腾讯从3月起陆续封杀了Uber在微信上的各地客服账号,封杀先从快的的总部杭州开始,第二天,Uber北京客服服务号遭禁。接下来的几个月,Uber从拥有4.8亿活跃用户的微信上销声匿迹,不能公开发优惠券,也不能开展客户服务。前述Uber中国离职高管称,被微信封杀后,Uber整个市场推广策略不得不有所改变。

在双方杀得难解难分之际,2015年1月,国内用车市场"老江湖"的神州租车CEO陆正耀正式杀入。神州专车采用租赁汽车、雇佣司机,而非与司机分成的模式,上线后即推出五折优惠打市场,后上调到五五折。几月不到,神州拥有专车约2万辆,单日订单超过20万单。这种重资产模式,相对于滴滴快的和Uber的最大优势是政策上合法,没有涉及私家车参与商业运营这一灰色地带。

陆正耀在租车市场上拼杀近10年,对价格战再熟悉不过。接近神州租车的人士透露,神州专车每天一辆车的成本包括租车费、司机工资、油钱、营销费用等共计约600元,每个司机平均日接单接近10单,按照平均每单实际价格40元计算,每车日均收入400元,亏损200元。以此计算,神州专车的2万辆车一个月要亏掉1.2亿元。

半年内三家公司各自烧掉了数亿元,换来了新的市场格局。前述接触过三家的投资人称,目前"专车＋快车"的市场格局是7∶2∶1∶滴滴快的占7,Uber占2,而神州租车占1。

补贴战还得继续,这意味着融资战也得继续。不管是要继续留在7∶2∶1的格局里还是要突破这个格局,资本的支持都至关重要。在最烧钱的行业,只有拿到融资才有活下去的可能,而且不仅要拿到融资,还要比对手更快地拿到更多的融资,或者拿到融资的同时阻击对手融资。

融资市场的竞争是一场你死我活的战争,这在面对即将到来的互联网寒冬时显得尤为关键。前车之鉴很多。同样在互联网投资进入低潮盘整的2011年,京东在关键时刻完成了高达7亿美元的第三轮融资,成功甩掉了当时还是强劲对手的凡客。如今京东已成为仅次于BAT的第二梯队互联网公司的领军者,凡客几经瘦身后努力向一家品牌服装电商转型。

"大家都知道冬天要来了,现在各家都在储粮过冬,只有粮草充足才能坚持到最后,成为胜利者。"一位资深投资人士表示。

抢夺"国字头"投资人

2015年6月,Uber和滴滴快的几乎同时启动了新一轮融资。

滴滴快的的这轮融资原本预计融资15亿美元,估值从70亿美元跃升至100亿美元。但两周之后,柳青对外宣布额度已被全部抢完,追加5亿美元融资,共计完成20亿美元。入股的公司包括CIPEF、阿里巴巴、腾讯、淡马锡等。

这轮融资此时尚未完成,柳青适时放出消息对市场的影响巨大。新一轮更重磅的"国字头"投资人即将登场。2015年8月初,财新从滴滴快的内部获知,中投海外将参与滴滴快的融资,滴滴快的再次调高融资目标至25亿美元,其估值可能超过150亿美元。

一位熟悉该行业的投资者称,滴滴在这轮融资中很强势,把投资前的估值一下就定在130亿美元这个天花板上,比合并时又翻了一番。先是腾讯要投资数亿美元,之后的10亿美元拼盘来自对冲基金COATUE、平安、中投、原股东淡马锡等。

9月,程维在参加夏季达沃斯论坛时,宣布了滴滴快的这轮融资的最终成绩:30亿美元,估值165亿美元。中投集团之外,程维还公布了另一家大型投资机构平安。

柳青随后在接受财新专访时称:“投资人很多,包括中投、平安、北汽集团、Capital资本集团等,都是国内外有影响力、顶级品牌的投资人。”但对于各家投资的具体数目,她称投资人会有自己不同的考量,不愿意对外宣布数字。

财新从多名投资人处了解到,“国字头”投资人中,中投投资3亿美元左右,平安创新投资基金出资约2亿美元,招商投资近2亿美元。对于“国字头”投资人参与投资带来的意义,柳青称:“‘国字头’机构带来的优势,第一是品牌,在品牌效果上,他们与一般的投资人还是有区别的。”她还特别提到中投的独特性,称作为国内外有经验的投资人,中投的国际视野、对全球领先行业的认知,对滴滴快的帮助很大。“我们在纽约投资Lyft的发布会,中投的人也来参加。”

滴滴快的投资Lyft 1亿美元,称双方要打通彼此后台,在中美两地共享司机资源。Lyft的这轮融资早在2015年3月已经开始,滴滴的投资也已经敲定一段时间。滴滴快的选择在这个时候宣布投资消息,业务布局直插Uber美国后院,外界一致解读为是对Uber的示威。

“国字号”投资人选择滴滴快的,业界流传的一种说法是:大量的乘车数据特别是公职和军职人员的乘车数据中,可以分析出很多重要信息,因此也涉及国家安全，这些数据不应由外资公司来掌控。这种说法有些市场，但一位受邀参加了滴滴快的融资路演的投资人称，滴滴快的在政策层面选择的是温和路线，以让投资者感到更安全和可持续。在这一轮的融资中，滴滴快的的"土狼"形象更多体现在公司管理层面，而在政策层面，柳青给滴滴快的树立了一个更富建设性的形象，这把它与Uber在全球的颠覆者形象区隔开来。

柳青也说，"土狼"指的是执行力层面，但滴滴的处世哲学是温和的，知道哪些事情可以做，哪些事情不可以做。"这里没有颠覆，我们希望以温和的、建设性的、合作的方式改造行业。"在路演中，她反复向投资者强调。

建设者的形象受到欢迎，颠覆者Uber在中国的融资却进展得很不顺利。2016年6月启动的融资，Uber全球估值的心理价位是500亿美元，Uber中国估值82亿美元。国外媒体称，Uber全球要完成25亿美元融资，其中10亿美元投资Uber中国。卡兰尼克新讲的故事里，中国专车业务"人民优步"成为重点，资金来自中国，用在中国。

卡兰尼克在给投资人的材料中明确指出，Uber中国计划在中国上市。Uber全球城市排名前20名的城市里，中国占据了6个席位，成都、杭州等地订单的增速超过了纽约。

卡兰尼克在美国作为新产业颠覆者，一直受到市场追捧，因此Uber全球此前一轮的融资非常顺利。一位接近卡兰尼克的投资人透露，Uber融资的财务等相关文件的明晰和规范程度几乎可以达到马上准备上市的标准。"全球那么多顶级投资人，呼呼啦啦都背书了，文件清晰规范：一个月，就融这么多，三周之后资金到账。投资人根本不需要质疑，只需要决定投还是不投。"

但中国市场的玩法和规则有所不同。在这里，舆论战几乎与融资一起开始。2015年7月7日，一份所谓包含Uber全球F轮融资进展和财务数据的文件在网上传开，其中显示，Uber全球也接纳个人投资者的投资。互联网公司融资时，利用融资中介向小型投资人介绍公司的做法，在业内并不鲜见，但这样的事情过去很少被媒体公开报道。但这次文件被曝光,以自媒体为主的舆论普遍将此分析成Uber融资不顺的例证。更糟的是,这份文件称,参与本轮融资的机构包括美国JP Moorgan、高瓴资本、欧洲的Bertelsmann、中投集团和中国平安。被文件点名的公司中,平安、中投、高瓴等先后以公开或者私下方式向媒体澄清并未投资Uber。中投集团内部人士表示,中投从一开始就没有准备投资Uber,而是更看好滴滴。

随即,融资失败、融资搁浅的消息,就伴随了Uber的整个融资过程。彭博社更援引市场人士的话称,Uber全球正计划向Uber中国输血3亿~5亿美元,之前已经参投的百度也将继续跟投2亿美元。到8月,不利的舆论逼得卡兰尼克公开了在中国的融资进展,称已经完成了12亿美元融资,投资人包括百度,未来可能会有"国字头"投资人加入。

接近卡兰尼克的投资人说,卡兰尼克奔走于国内各大投资人之间,甚至出现过一周见同一个国内投资巨头3次的情况。卡兰尼克一再向投资人重复着中国市场的重要性:Uber在全球的扩张已经初步完成,目前新兴市场只剩中国和印度,中国的乘用车市场前景远超印度。Uber在东亚的日、韩两国都遭遇高政策壁垒:韩国虽然没有阻止Uber进入,却阻止韩国公民使用;日本则对其定价做出规定,使得Uber在日本的价格高于出租车,竞争力减退。

"卡兰尼克曾告诉我,相比其他市场,中国是非常友好的市场。"上述接近卡兰尼克的投资人表示,他给卡兰尼克的建议则是,要在中国做生意,必须有翻天覆地的变化,"白人脸换黄人脸"。

2015年4月,柳甄加入Uber中国,负责中国区整体战略。和柳青一样,柳甄也是资本市场"老人",加入Uber之前曾在美国硅谷做了10年律师,参与了很多互联网科技公司的并购和上市。更巧的是,柳青是柳传志的女儿,而柳甄是柳传志的侄女。

柳青加入滴滴成为总裁,有滴滴的投资人认为,仅此一点可见1983年出生的程维有胸怀。柳甄在Uber中国组织架构中的地位,并不能与柳青相比,她向亚太区汇报,但日常并不直接和各城市区域经理业务对接。Uber以城市为单位拓展的组织架构,在中国并未改变。

伴随融资,还发生了Uber中国的一轮离职潮,其北京、上海两地的负责人很快先后离职。一位离职的中国区高管解释说,自己离职是因为创业项目的吸引力太大。大区负责人则称离职主要是能力原因,并非公司问题。

Uber中国的经营情况,并不是投资人主要考虑的因素。多位投资人都表示,因为涉及出行等民生交通数据,政府对外国公司的业务不可能没有顾虑,也因此阻断了"国字头"投资人参与Uber新一轮融资的路。

"投资人还要考虑的关键是,真的要站到马云和马化腾的对立面吗?"前述接触过三家公司的投资人反问。他甚至直接跟阿里高管通过电话解释称,投Uber是投Uber全球的股份,并不是投Uber中国。得到的回复是:"你投全球,钱还是注入中国,有什么差别?"

滴滴快的也成功阻击了大型机构投资Uber。"据我所知,招商接触过双方,最后被成功'策反'。"一位投资人说。财新当时了解到:最早华泰保险曾打算发行2亿美元理财产品,最后放弃;参与上一轮Uber全球融资的中国人寿,在新一轮融资中也已经退却;中信银行发行投资Uber理财产品的计划被广为传播,最终能否成功还在未定之天;而高瓴资本只会提供部分过桥资金。

"滴滴快的这次在融资中很强势。Uber中国融资前的估值是70亿美元(融资后是82亿美元),滴滴融资前是135亿美元(融资后是165亿美元),大家觉得滴滴不到Uber的2倍,将来市场会做得更大,毕竟外资公司在中国提供本地化服务取得成功的先例还很少,所以选择了滴滴。"前述熟悉行业的投资人称,"但是也有不少基金看过滴滴快的之后都没投,比如复星、光大,真正的美元基金只有红杉投了1亿美元。因为觉得太贵了,合并后的价格就很高,而且烧钱太快,一时看不到赢利的前景。原本大家以为滴滴快的合并后会有协同效应，结果杀出来神州和Uber。"

在两大巨头贴身肉搏之际，神州专车悄悄完成了B轮融资。2015年9月17日，神州专车完成B轮5.5亿美元融资，估值达到35.5亿美元。此轮投资由华平投资领投，陆正耀本人没再跟投。神州专车的这次融资距离上一次仅两月，A轮加B轮共计8亿美元的融资金额，也创下互联网早期融资纪录。

滴滴快的、Uber中国、神州专车最新一轮融资数据（截至2015年10月）

	滴滴快的	Uber中国	神州专车
融资额	30亿美元	12亿美元	5.5亿美元
融资前估值	约65亿美元	—	12.5
融资后估值	165亿美元	约82亿美元	35.5
主要投资人	腾讯、中投、淡马锡、平安、招商、对冲基金Coatue、高瓴资本	Uber全球、百度	华平等
此前的投资人	阿里、DST、金沙江创投、中信产业基金、红杉、创始人程峰、王刚等	Uber全球、百度等	华平、创始人陆正耀等

资料来源：财新记者根据采访整理

一个月烧掉1.5亿美元，也许还不止

烧钱速度有多快？很多投资人在考察项目时都要对市场的真实情况进行调查，包括访谈消费者、公司内部不同层级的员工以及业内专家等。不止一位投资人透露说，据他们了解，滴滴快的一个月的亏损是1.5亿美元。以这个速度，30亿美元够烧20个月。届时，滴滴快的能否冲到盈亏平衡点上市？毕竟在美国上市的、估值数百亿美元的大型公司中，亏损的极少。Uber在美国是赚钱的，原本预计2015年年内能上市，如今在投资人看来也很悬。

从现在开始到上市前，争夺市场份额仍将是各家的主要任务，不管拿没拿到钱，补贴仍是必然路径，竞争只会加剧。

滴滴已经摆开阵势,中国市场的"巨大"是基调。在给投资人的PPT中,柳青反复提到两个数字:中国有8亿多城镇人口,以每人每天出门两次算,每天有16亿次出行。"其中坐出租车的大概只有几千万人,大部分是选择公交、地铁、走路。以此计算,所有机动车出行,打车软件或出行平台,加在一起每天大概有千万单的量。"柳青对财新说。

柳青认为,投资人之所以选择滴滴快的并接受其165亿美元的估值,除了其业务增长强劲、市场份额第一外,还因为经过此前积累,滴滴快的已经有了竞争门槛,其商业模式相比国外公司的更为复杂,不仅仅是所谓共享经济的专车部分。"中国和美国不一样。美国的阶层很清楚,坐出租车的和坐公交的是两个人群;中国不一样,消费者随时在不同的交通工具之间转换。专车市场只占全部市场的15%~20%,所以中国需要更复杂的方案。我们的愿景是解决8亿多城镇人口的出行问题,能解决多少就解决多少。"

继2014年8月推出专车服务后,滴滴快的在合并后加快了业务拓展的步伐,于2015年4月底放出顺风车车主的招募接口;5月,滴滴快的又在杭州开始推出定价比出租车更低的"快车"服务——0起步价,0.99元/公里＋0.3元/分钟,最低只需5元。一周后,全国八城快车上线。几乎和顺风车同时,滴滴快的开始在北京试运营巴士项目。7月,巴士业务正式上线,紧接着,代驾业务正式上线。

9月,滴滴快的重新整理品牌定位,将APP从滴滴打车更名为滴滴出行,全品类平台概念浮出水面。

滴滴快的的一位早期投资人说,新的业务布局各有作用:"出租车主要是流量入口,专车是收入来源,巴士、顺风车这些业务就是清场。"他透露,因为APP有了流量,巴士等业务推出不足两月已经对垂直领域的创业者构成威胁。"就前几天,创新工场投资的一个巴士项目卖给了滴滴,价格几乎相当于白送。"

对这样的分析,柳青本人并不太认同。她的观点是,滴滴在大数据上的积累,才是其价值最高也最具竞争优势的地方。"上周某一天我们平台有1200万的需求订单、700万的完成订单,这是中国市场的纪录,也是全球纪录。每天平台处理50T的数据,50亿次的连续定位数据,比全球最领先的技术公司连续定位数据都多。"50T有多大? 以一部120分钟电影1G算,50T相当于5万部电影的数据量级。

在柳青看来,推出巴士等业务正是基于数据反映的用户需求。她举例说:"我们从后台看到,在高峰时期的北京大型社区天通苑,有很多用车需求未能得到满足,我们正是基于这些数据才推出了巴士。"

不过,滴滴快的的主要收入都来自专车。柳青承认这一点,她称专车通过前一阶段的积累,已经过了从0到1的积累期,但所有新增业务、拓展品类仍需要很多资金的投入。"每一个市场都需要更多人了解我们的服务,在0到1的启动上需要补贴。"柳青称。

全线拓展背后是高昂的补贴代价。前述小桔科技财务报告显示,2015年前5个月,滴滴平台完成订单3953万单,平均单价34.4元。但实际上滴滴只能按照20%提成拿到大约7元,但每单给客户的补贴是11.8元,约占平均单价的34%,给司机的每单补贴是8~9元,加上租车、司机劳务等成本,平均每单亏损19元。而2015年前5个月,平台的送券、广告、市场推广费用共计1.7亿美元。照此计算,滴滴快的不包括顺风车、代驾、巴士等新增业务在内,平均每单亏损约30元。

在出租车领域,因为没有收取服务费,几乎是纯投入补贴模式。报告显示,2015年前5个月,出租车的GMV是7.97亿美元,已经完成的订单近2.24亿单,均价为22.4元,给出租车司机的补贴为5650万美元,平均每个订单补贴1.59元。

滴滴对外的数据称,每天专车(包括快车)的订单完成量达到400万单,但滴滴未披露专车与快车的占比——快车的均价只有十几元,滴滴对司机和用户的补贴更大。有投资人问过占比问题,得到的回答是滴滴的快车订单量至少是专车的4倍。

作为主要收入来源的业务仍在亏损,新增业务又是纯投入。有投资人分析称,拓展新业务后,滴滴快的的烧钱速度会比之前更快,滴滴最新融到的30亿美元可能只能维持一年。至于补贴何时能结束,柳青没有给出明确时间表,但给了两个指标:司机端只有每天单量达到一定数量才能停止,用户端则是形成稳定的用户需求。

显然,这两个数据并不完全取决于滴滴自身。Uber中国和神州的也都是奔着相同目标而来。

一位了解神州专车的人士分析,滴滴快的的烧钱速度要比神州快得多,如果神州专车一辆车补贴20元,规模大得多的滴滴快的要多补几倍的钱,未来它如果还追求单量,投入只会更大。在他看来,神州的模式比较清楚,2万辆车,平均每个司机每天10单,一天20多万单,均价徘徊在75~80元(打折后约40元),每个月烧2000万美元,再增加2万辆车的话每个月烧4000万美元,刚融到的8亿美元也就是烧20个月。但只要这一年半里能让司机做到日均13单,同时提价到六五折就可以赢利——当然,在激烈竞争中提价很难实现。

另一位投资人分析认为,Uber在美国市场发展很好,已经赢利,正准备上市,其中国市场则完全不同。美国的私家车很多,出租车不多且价格很高,司机人力成本也高,Uber按照出租车的八折收费还有赢利空间。Uber在美国也正是以比出租车更低的费用获得用户。

数据显示,在美国48个大城市中,Uber在两年内做了6次降价,其费用降至出租车的40%~50%。卡尼兰克在此前接受财新专访时称,比出租车低的价格是通过效率提升获得的:"如果他们接的单比出租车多,那么每单价格更低也能获利。"

但在北美、欧洲能行得通的降价策略,在中国执行则代价大得多。前述投资人称,中国出租车多,司机人力成本低。"据我们测算,如果司机是带着和出租车同等级别的六七万元的车来的,价格到九折还可能赚钱,但如果是带着20万元的车,就得达到出租车价格的1.1倍,这意味着得给司机补贴。"

根据2015年7月份被曝光的Uber财务文件,预计2015—2017年,Uber在中国需要投入30亿美元:2015年亏损11亿美元,2016年和2017年每年亏损9亿美元左右,2018年赢利1亿美元。

2015年4月,就在滴滴推出顺风车业务时,Uber开始在美国旧金山总部实验Uber Pool项目。滴滴顺风车的产品逻辑很简单,司机在获得首个用户后,仍然可以在线路中接单,最终定价由后台测算后给出。新业务在中国落地首选杭州和成都,价格比Uber中国便宜30%。虽然业务增长数据有待观察,但前期投入已经开始。为给新业务造势,8月初,滴滴在中国地区调整政策,从"新老用户各获得30元乘车优惠"调整为"新老用户各获得50元乘车优惠"。

三家公司各有难题待解,但无论是滴滴还是Uber中国,补贴竞争背后更糟的是刷单。根据补贴政策不同,车主也会向用户提出不同需求。在北京地区补贴最猛的时候,有司机称,只要在7点前完成20单,就能一次性获得1050元奖励,他因此会要求乘客帮忙刷单,乘客则可以当次免费搭乘。

这类利用真实用户进行虚假交易其实还算不上什么,更有甚者,很多车主相互刷单之后,甚至不用出车就能获得补贴。柳青认为,只有补贴降下来,刷单才能从根本上被遏制。

独角兽公司会倒掉吗?

在中国,滴滴、Uber中国、神州和它们的投资人首要考虑的并不是市场,而是政策。柳青直言,这个行业第一位是政策,第二位是技术,第三位才是市场竞争。

打车软件推出专车服务后,各家都面临和出租车市场的直接竞争。各地针对滴滴快的、Uber中国的出租车罢工事件此起彼伏。交通部公布的数据显示,截至2015年3月,全国共有130万辆出租车,从业人员260万人,其中企业8000多家,个体户13万,每天承担的运载量为400亿人次。

出租车的管理权限主要在城市一级交管部门下属的车管所手中。庞大的运营人口意味着国家相关领域的政策突破在"互联网+"的大势下,也必须考虑现有出租车公司和司机的利益,至少不能出现罢工上街之类的恶性事件。整个市场的格局变化将导致蛋糕重分,这是民生问题,也是政治问题。柳青透露,公司和各地政府都保持了日常沟通,并且积极参与各项新政出台前的讨论。

各大互联网公司都明白其中利害。"谁都不愿意一个刚刚起步的行业出现任何风险。"柳青称。滴滴快的的温和路线并不仅止于形象,它已经开始和出租车公司讨论各种合作方式。而降低空驶率、收入与服务挂钩、通过拼车提高运力、高峰时期根据市场供需调整价格等,成为互联网公司跟出租车公司和各地政府共同的利益关切点。

2015年6月,北京市政府约谈了滴滴快的后,给首汽集团颁发了专车牌照,首批500辆专车9月上线。这500辆专车和滴滴快的的合作,双方会定下分成协定。

相比滴滴快的对出租车的示好,Uber中国的单一专车模式看起来政策阻力更大。

Uber在全球拓展的过程中,在亚洲地区的政策压力最大。和欧洲国家司机罢工需要法院通过诉讼判定Uber违法不同,很多亚洲国家直接用行政力量阻击Uber的拓展:印度、韩国、日本及中国台湾等亚洲市场都在抵制Uber。相比之下,卡兰尼克认为中国内地的政策环境更为宽松。Uber最近在广州推出的海报甚至大胆呼吁所有出租车司机"投身优步,离开那个合法的'份子团'"。

前述接近Uber的投资人认为,市场普遍判断,中国政府对出行难的问题有基本共识,另外有滴滴快的等本土公司存在:"一锤子砸死专车的可能性不大。"

就模式而言,神州专车的模式政策风险较小:专车平台租赁租车公司的车辆,再通过一家劳务派遣公司聘用车主,签订一份由软件平台、汽车租赁公司、劳务派遣公司、司机共同签署的四方协议。

各家都不愿意挑明的是:中国的出行市场存在大量专门的运营车辆,而非普通车辆闲时补充运力。专车、快车等线下新利益群体获得收益,还拿补贴,而出租车司机需要缴纳"份子钱"。专车和出租车的收入差距太大,这两个市场迟早要抹平。

"政策是一个方面。从硅谷到中国,现在另一个投资者普遍担心的问题是,市场是不是真的可以承受独角兽公司的估值?"神州租车的一位早期投资人称。

所谓独角兽公司,是指估值超过10亿美元的初创公司,Facebook和Uber全球就是其中翘楚,而滴滴快的、神州租车等的估值都在这些标杆下一脉相承。

这位投资人说,过去几年,硅谷的科技公司受到全世界热钱追捧。其中以俄罗斯风险投资基金DST为代表的机构,改变了资本市场的玩法。过去,硅谷的互联网公司大多看不上俄罗斯热钱。但当DST创始人尤里以不要对赌、不要董事会席位等条件说服Facebook接受投资后,硅谷对俄罗斯投资人和热钱的看法改变了,公司轻松拿钱、估值高企。紧跟着改变的,是整个市场的估值体系和投融资速率。"你还在看公司的基本面,人家已经钱都给了,投资对家很轻松就获得了过百亿美元的估值。"硅谷作为全世界互联网和科技创新的风向标,其投融资模式也迅速在中国等市场被效仿。对于全世界的

"土豪基金"来说，像Uber和滴滴快的这样的明星初创公司，几乎已经成了不能输的案例，唯有以更频繁的融资和更高的估值，让它们撑到最后上市的那一天。

然而就在近期，美国主流媒体开始关注硅谷公司的问题。过去几年资本市场的支持已经将硅谷人才的价格推上顶峰。烧钱比过去更猛，特别是大量以共享经济模式出现的公司，其同业竞争加剧，退出机制却依然没有变化。对于独角兽公司，IPO似乎成了唯一出路，赢利则是横在面前的坎，公开市场对公司的信心只需要几次亏损的财报就能被消磨掉。现在市场担心的是，通过烧钱是否能真的建立竞争壁垒？在出行和餐饮外卖等领域，靠补贴赢来的消费者和商家都没有任何忠诚度，估值已经高达百亿美元，战争却似乎永远不会终结，平台价值还未显现。

"接下来我们真的可能会看到独角兽公司倒掉，美国、中国都不例外。"这位租车市场的早期投资人说。

3.2 "二生一"大合并

2016年6月21日下午4点半,即将飞赴巴西接力奥运火炬的滴滴出行总裁柳青,抽出间隙在北京接受财新独家专访。这也是一个半月后,滴滴与Uber中国合并前,她接受的唯一一次媒体专访。

过去一年多,专车市场已成为中国TMT(电信、媒体和科技)领域最大的"钞票焚烧炉",两大竞争对手滴滴和Uber中国因双向补贴乘客和司机,一共花掉了近300亿元。而在中国政府出台网约车新政、明确专车合法地位的3天后,滴滴吞并了Uber中国。

在这次专访中,柳青谈到对中国出行市场共享经济概念的理解,滴滴与出租车行业的竞合关系,以及如何看待包括Uber中国在内的竞争对手等问题。柳青彼时并没有向财新透露,她和滴滴出行创始人程维已经和Uber全球创始人特拉维斯·卡兰尼克(Travis Kalanick),就滴滴和Uber中国合并事宜展开了多次艰难的谈判,双方在收购Uber中国股权占比问题上一时难以谈拢,商战仍不能松懈。

几乎与此同时，柳青的堂妹兼好友、Uber中国高级副总裁柳甄，在北京面对"阿里巴巴是否可能投资 Uber 中国"的追问时回应："一切皆有可能。"当时引起外界如此猜测的背景是，支付宝接通的海外打车界面是 Uber 而非滴滴。

交叉的投资人与合作伙伴，均为来自 TMT 和投资领域的各大巨头，此时都簇拥在这两家专车公司周围，战局再度扑朔迷离。就在当月，滴滴和 Uber 全球分别宣布新一轮资本动作：滴滴完成 45 亿美元股权融资，3 亿美元债权融资和 25 亿美元贷款，估值超过 270 亿美元；Uber 全球则完成 60 亿美元融资，获 20 亿美元贷款，估值 680 亿美元。

在过去两年，O2O 领域"烧钱战"与"并购戏"纠缠并进。面对专车市场贴身肉搏的竞争态势，柳青坦承"很热闹"，但强调"两方巷战有演绎的成分，市场仍是蓝海"。而在滴滴快的"打合"之后，两家合并的消息经历了"否认—传闻—坚决否认"的反复演绎。

2016 年 7 月底，财新收到滴滴投资人方面的提示："请准备，会有动作。"

8 月 1 日，一篇来历不明的卡兰尼克博文疯传市场：滴滴和 Uber 中国要合并。滴滴一如既往地再次否认，连回应都沿用 10 天前的官方口径。

3 个小时后，滴滴和卡兰尼克相继抛出了宣布合并的官方声明和公开信。滴滴以换股形式收购 Uber 中国，后者估值 70 亿美元，整体权益按 AB 股（即同股不同权）的结构设计。Uber 拥有合并后公司 20% 股份的经济权益，成为单一最大股东，对应 5.89% 股份的投票权。滴滴再投 10 亿美元给 Uber 全球，同时占有后者 1.47% 股权。双方创始人程维、卡兰尼克进入对方董事会。

在几乎所有主流英文财经媒体的报道中，Uber 出售其中国业务都被看作滴滴的胜利。还有分析人士认为，7 月 28 日网络约车业新政出台时存在一条"口袋条款"——地方政府拥有对包括定价、网约车数量等在内的多项裁量权，这或许是压倒 Uber 中国的"最后一根稻草"。和本土公司滴滴比起来，Uber 中国差强人意的政府公关能力确实堪忧。

滴滴和Uber中国宣布合并之后,市场焦点瞬间逆变:这样一个市场份额超过90%的公司,已不止于寡头,难道不是彻底的垄断?

商务部新闻发言人旋即表态:密切关注滴滴和Uber中国合并产生的市场影响,"(反垄断)不申报的话,(合并)往下走不了"。一年前,滴滴、快的合并时引发的"垄断"大讨论被再度翻炒,但学界大多对互联网行业的垄断定义态度谨慎,支持新经济形态的言论盛行。

已经习惯了补贴的普通用户和司机,则开始担忧补贴减少。新政之后,业界预估各地政府或将干预网约车定价,使之高于出租车,这意味着一旦公司选择停止补贴,市场规模势必岌岌可危。

从滴滴、快的到Uber中国,从"三变二"到"二变一",专车行业在野蛮扩张过程中,通过不断地聚合来减少竞争,核心皆围绕"补贴"二字。实际上,滴滴实现"大一统"之后,如何从大规模补贴走向真正的商业可持续,仍是一个难题。据财新了解,各类融资中介已经给出新滴滴2018年上市的时间表,并透露滴滴还将在上市前再私募融资。

Uber全球在割舍其中国业务之后,终见赢利前景,上市可期。而滴滴、Uber在全球仍呈现复杂的竞合关系——在东南亚、印度,以及更多的海外市场,它们仍是敌人。

一年半厮杀:从40%股权到20%

Uber全球和滴滴谈并购从来不是新闻。早在2015年5月,滴滴快的合并之后3个月,卡兰尼克第一次找到了程维开出条件:要么接受Uber投资滴滴,占40%股权,要么正面开战被打死。当时,手握13亿美元的程维,拒绝了卡兰尼克的提议。

程维和滴滴被资本市场冠以"土狼"之名,在出租车市场已和快的拉锯近两年,两家合计烧掉腾讯、阿里等一众投资人的24亿元。合并之前,滴滴刚完成7亿美元融资,快的获得6亿美元融资,合计13亿美元。

"滴滴快的经历过那么血腥的斗争,刚合并,柳青从高盛过来管融资,滴滴不缺钱,这时候让程维放手? 你觉得这符合人性吗?"谈及Uber和滴滴首次就合并议题的接触,一位滴滴早期投资人说。

与Uber的正面战争,在滴滴与快的合并前已拉开大幕。2014年2月Uber进入中国,和网约出租车不同,Uber的商业模式是私家车共享运营,即专车。当时中国市场只有成立于2010年的易到用车(后改名易到)是类似模式。同年8月,滴滴、快的相继推出专车服务。

"程维做专车之前跟我打过招呼。"易到创始人周航回忆称,"出租车市场供给侧是固定的,要竞争必然进入专车领域。"

2015年2月14日,滴滴、快的公布"情人节"合并计划。一周之后,Uber中国开始了全面补贴。"2月20日,我记得很清楚,Uber的规模曲线就此开始起飞。"周航说。

卡兰尼克在2015年3月向全球投资人放了狠话,准备10亿美元支持中国市场补贴。一位先后接触过多家专车公司的投资人曾算过一笔账:按一个司机每周85单、工作6天计算,仅一个司机,Uber中国每周就支出6000元,司机的整体收入比原来提高2~3倍。在北京、上海等几个大型城市,Uber中国的订单量峰值一度超过滴滴快的的专车订单:"5—6月,Uber中国的平均日单量有几十万单了。"

3个月不到的强力补贴,让Uber在中国站稳了脚跟。滴滴单纯靠定价高于出租车的专车以及补贴来打Uber,节奏仍显得太慢。5月,在没有任何宣传铺垫之下,滴滴快的推出了新产品"快车",直接把客单价定在出租车价格之下,更多低价车辆被纳入平台。

"整个出行市场的体量被快车和人民优步(Uber中国的低端产品)撑大了

一圈。"周航说,"一圈是什么意思? 即日均单量末尾加一个'0'。"

水木清华研究中心的报告显示,滴滴出行(滴滴和快的合并后的品牌)在2015年全年订单量突破14.3亿,市场占比71.5%,而Uber中国订单量3.7亿,市场占比18.3%。

双方都为规模付出了巨大代价。财新获得的多份融资材料显示,滴滴出行2015年亏损高达122亿元,平均每月烧掉10亿元;而多位市场人士指出,Uber进入中国后烧掉了25亿美元,月均烧钱规模和滴滴旗鼓相当。

2016年新年刚过,滴滴一位高层人士透露:"我们可能真的会买Uber中国,现在就看它能值多少钱了。这么打双方都难受,但他们应该更难受。"

"烧钱"大战的背后,滴滴、Uber全球以及Uber中国身后的投资人名单拉长至超过50家,排他性站队条款、抢夺"国"字头投资人、Uber中国融资卖散户等各类消息层出不穷。

到2016年6月的最新一轮融资战,滴滴获得了45亿美元股权融资,招商银行安排了25亿美元贷款,还有此前宣布的中国人寿20亿元(约合3亿美元)的长期债权投资。在融资上从未失手的柳青高调宣布,滴滴对外可调用资金约105亿美元。而Uber全球在过去一年半的时间为,则以平均每3个月公布一次融资的节奏,从市场不间断地吸入资金。其6月公布的战果是:该轮融资整体超过60亿美元,外加20亿美元银行贷款,融资中的35亿美元来自沙特主权投资基金。

剧情渐渐演绎至类似滴滴、快的合并前的局面。有钱在手的双方创始人都在公开场合声称绝不服软,但实际上都在寻求下一秒结束火拼的可能性。

值得注意的是,此刻中美资本市场的风向正在转变。硅谷独角兽持续不断的高融资、高估值积压的风险,正令市场警醒。自2015年中国专车市场补贴大战开始后,Uber全球和Uber中国的整体融资已超过70亿美元,接近Uber全球过去6年的融资总额,其上市估值被推高至680亿美元。

"这是Uber Pre-IPO的一轮估值,沙特主权投资基金被认为是私募市场的最后一棒。"滴滴的一位国资背景投资人对财新说。

投资人的耐心是有限的。知名风险投资人比尔·柯尔利(Bill Gurley)投资了Uber,并担任公司董事,他在2016年6月接受《纽约时报》采访时直言:"这不是一场5小时棒球比赛的第2局或第6局,而是第14局。"棒球常规赛打9局,14局意味着超时过半。

卡兰尼克公布Uber中国的两轮独立融资额为12亿美元,Uber全球仍需持续输血中国市场。一位滴滴早期投资人表示,尽管Uber全球融了很多钱,但要一直输血中国,需承受极大的财务压力,卡兰尼克无法说服所有的股东,最终在董事会的压力之下,将中国资产卖出。

就公开的股东情况可知,Uber与滴滴共同拥有4家投资人:资产管理公司贝莱德、高瓴资本集团、对冲基金老虎环球以及中国人寿。多家媒体报道,高瓴资本和老虎基金是本轮交易的主要推动者。

Uber、滴滴此轮谈判的过程有如拉锯。前述滴滴的国资投资人透露:"最开始Uber全球想占股30%,但滴滴只给10%,最终双方折中谈到20%。"上述滴滴早期投资人也证实,柳青、程维6月中旬就开始与卡兰尼克谈判,没有谈妥,最终到7月底才确定交易架构。

2016年8月1日披露的交易架构显示,Uber中国估值接近70亿美元,和其B轮融资估值持平,滴滴估值约270亿美元不变。而滴滴投资Uber全球10亿美元,Uber全球估值680亿美元不变。

财新获得的一份融资材料显示,滴滴最新一轮融资后,其管理层股份已经稀释到8.4%,员工持股10%,腾讯和阿里分别持股11.4%和9.5%,余下股东无一持股比例超过5%。

Uber中国以20%股比并入滴滴,后者老股东的股份势必被稀释。一位最新轮跟进滴滴融资的投资人称,新公司尚未给出最终的老股东股权稀释安排。

"生而骄傲"的Uber中国：怎么整合？

合并后，卡兰尼克发出了创业7年以来最平静的一封邮件——此前，卡兰尼克在所有场合对中国市场的表态都斗志昂扬。他在内部邮件里写道：Uber中国经过两年多的发展，已扩展至中国的60多座城市，每周完成超过4000万次出行，团队已扩张至800多人。"可赢利是能够持续服务中国的城市、司机和乘客的重要前提，这次合并让我们与滴滴团队为一个巨大使命的合作铺平了道路。"

这样的邮件未能安慰Uber中国团队。他们也许是市场里最晚知道被收购消息的群体。2016年8月1日上午，Uber中国武汉区实习生李晗（化名）的朋友圈，突然被"滴滴与Uber中国合并"的消息刷屏。近半年来看多了类似传闻，李晗以为又是"谣言"，甚至当他打开电脑发现内部员工系统无法登录时，仍以为只是一时故障。

李晗在等待工程师修复系统的过程中，等来了地区经理"滴滴与Uber中国合并"的官方表态。"太突然了，所有员工都愣在那儿，情绪一下子就低落了。"李晗说。

此后，Uber全球给出了中国团队的合并补偿方案。合并后，Uber中国员工可获得"6个月基本月薪＋6个月可归属的股票价值"的合并完成现金奖励（close bonus）。具体而言：第一，所有Uber的中国员工逐步转成滴滴出行的员工；第二，Uber中国员工会获得"6个月的基本月薪＋6个月的股票价值（限制性股票）"的合并现金奖励；第三，现金奖励的一半在合并完成后一周发放，剩下一半将在合并完成30天后发放。

Uber中国的员工纷纷开始在朋友圈转发一组9张图："Born to be Proud，

生而骄傲""Champines Mindset,冠军意识""Celebrate Cites,为城市喝彩"。实际上,这是由Uber中国华东公关团队自发策划的一次文案推广,图片后写着:"一场合并,不过是高层们的金钱游戏,但背后,却是很多Uber年轻人关于热血与创造的一丝执念。"

一系列"生而骄傲"的传播立刻引发滴滴员工的反弹,大量留言反驳Uber中国团队的优越感。

"这样的情况在滴滴、快的合并时没有出现过,以前虽然打得厉害,但从来没有说谁感觉高人一等。"一位滴滴员工说。

对于滴滴的企业文化,柳青称:"我们才创立4年的时间,还不足以形成很强的文化标签,这样太过于自大。"在她看来,从各行各业转到滴滴工作的人,不是为了"证明自己",而是为了"突破自己"。

公司的文化基因成为团队整合的首要难关。柳青称,滴滴、快的合并后,双方高管进行了无数次沟通、"裸聊"(坦诚相待)、唱K,"我都喝醉了"。而这一次,如何让Uber中国的团队克服心理障碍、加入新团队非常关键。"神州、易到已经开始到处挖Uber中国的员工,我知道的好几个前同事也非常不甘心被滴滴收购,宁愿辞职。"一位曾供职于Uber中国上海站的人士说。

一位滴滴的高层人士透露,在和Uber团队做初步沟通的过程中,中高层对合并较为理解,反而是基层员工和实习生反应强烈。"很多人认为美国公司好,但最终美国人卖掉了中国公司,心态矛盾。"

一位已经从Uber中国天津站离职的员工说,他在职期间最多的时候带过几十名实习生,负责客户投诉、市场拓展等工作。"Uber中国在国内的大半壁江山基本是靠实习生打下来的,2015年最忙的时候没日没夜地加班。"

滴滴、Uber中国宣布合并不到一周,双方的业务整合已火速开始。李晗说,其原本与4S店、汽车租赁公司等合作的线下推广工作已遭暂停。"工作方向都转移到了线上。百度网页的'滴滴招聘司机'广告点入后,第一条和第三条都变成了加入Uber司机的条目。"

滴滴已经开始约谈部分原Uber中国员工。起初接受合并的一些Uber中国管理层人士开始有些不满,主要矛盾在于之前管理层拿的是Uber全球股票和Uber中国限制股,将被替换成滴滴的期权。而他们认为,滴滴估值过高,其期权并没有太大吸引力。

"三国杀"变阵:BAT全部卷入

滴滴与Uber中国合并的消息发布后,神州专车的运营主体神州优车公司CEO陆正耀当晚发朋友圈表示,"挺好的一桌麻将,你俩非要抱团斗地主",并评价称"三缺一了"。"麻将桌"四方本为滴滴、Uber中国、神州优车和易到。

神州优车诞生于上一轮网约出租车补贴战的2015年1月,一个月后滴滴、快的合并。资本市场对新入场者都持谨慎观望态度,即便是对在租车市场拼杀10年的"老江湖"陆正耀,当时也没有被另眼相待。

神州优车的首轮融资资金,几乎全部来自陆正耀原有的租车公司及其投资人。神州优车的专车业务选择的是重资产模式,司机为全职员工,车辆大部分来自自有租赁公司。陆正耀对财新称,当时投资者不乏质疑。"经过几次路演,我们认真拿出Excel表格来给大家算账,投资人最后非常看好。我们有严谨的商业逻辑。"

2016年7月挂牌新三板之前,神州优车完成了3次融资,募集资金58.09亿元,估值369亿元。最后一轮为了分散股权准备做市交易,神州优车一次性引入了11家投资人,其中包括阿里巴巴。

阿里巴巴于2016年2月29日参与神州优车新一轮融资,但最终在4月1日将股权原价转让给云锋基金和云岭投资,共计28亿元,占股约9.8%。阿里方面证实,因与滴滴已签署排他性投资协议,无法投资同业,因而转让。

"虽然阿里把股份转给了云峰,但归根结底还是阿里的。现在滴滴合并了Uber中国,感觉阿里对神州优车的投资要砸手里了。不过,陆正耀是经历过经济周期的,在租车行业浸淫多年,这一点其他人没法比,神州有自己的竞争力。"接近阿里高层的人士这样自我安慰。

上述接近阿里高层的人士透露,在阿里内部,对投资神州优车和滴滴有两派不同意见,阿里集团副总裁纪纲力挺滴滴,在转手神州优车股份后,说服阿里董事局执行副主席蔡崇信跟进滴滴新一轮融资,最终阿里集团和蚂蚁金服共向滴滴投资4亿美元。据财新获得的融资材料,腾讯和阿里在滴滴股权占比上的差距缩小至不到两个百分点。

滴滴和快的合并后,腾讯创始人马化腾在2015年全国"两会"上力挺专车合法化。腾讯旗下社交平台微信,则一直或隐或现地禁止各类专车竞争对手的卡券分享。滴滴快的在业务层面也倒向腾讯。

在阿里敲定跟进滴滴的融资后,滴滴接入了阿里控股的高德地图。在此之前,滴滴的"御用"地图由腾讯提供。柳青说,滴滴对两方地图都会采用,司机可以自行选择。

柳青在接受财新专访时表示,滴滴幸运地成长到足够大,同时出行领域有足够长的生态链,因而滴滴和投资人在谈判上讨价还价的余地较大。她说,作为投资人,腾讯、阿里不光在业务层面与滴滴有合作。"不管是马云还是马化腾,我们对他们相当尊重,他们对我们也相当认可。"

滴滴和Uber中国的投资人都有很多业务协同需求。柳青称,中国人寿投资Uber全球后又转投滴滴,主要是未来在车险领域有很大合作空间。

招商银行投资滴滴2亿美元后,其信用卡业务接入滴滴,专供海外叫车消费。滴滴和Uber中国两家的整车厂投资人北汽和广汽,则寄望能在新能源车方面和出行平台这样的用车大户建立联系。

场内还有另一家参与者易到,曾经历了融资不利造成的竞争失利。周航对财新称,他在第一轮专车大战中判断失误:"我厌恶补贴,也不希望稀释太多股权,第一轮融资太少。"易到于2014年8月完成了1亿美元融资,而本来可以拿3亿美元,这造成易到没有实力跟进补贴战,而且错失了引入百度的机会。

4个月后,百度以6亿美元投资了Uber全球,1个月后又支持了Uber中国的A轮融资。百度地图接入的专车服务旋即由易到改为Uber中国。不过,百度并不满意和Uber中国的业务协同。百度战略投资部一位人士抱怨称,投资Uber中国根本看不到其具体业务数据,其实就地图给了一个接口。

2015年10月,周航又找到一家愿意入场一搏者——以出让70%股份的代价获得乐视7亿美元D轮融资。此后,乐视控股首席营销官彭钢空降易到担任总裁,推出态势凶猛的充返活动。到2016年7月,易到数据显示,100%充返活动共有超过653万人参与,总充值金额超过60亿元,人均充值额918元,复充率67.4%。在滴滴、Uber中国合并消息公布后,易到迅速再推充100返50活动,外加大股东乐视的生态产品营销,摆出接力专车补贴战的阵势。

补贴战局部继续,融资成为必然。周航并未正面回应"易到将继续融资"的传闻。在他看来,市场不必担心易到找不到足够多的投资人:"当我们讲资本市场的时候,其实是两个市场——人民币和美元市场,过去滴滴、快的和Uber是在美元市场打,人民币投资人还没有入场,未来,这部分钱依然会流向人民币市场的行业领头羊。"

补贴"停药",如何赢利?

滴滴则宣布规模效应初显。柳青说,目前滴滴出行覆盖的400个城市中有200个已开始赢利。部分补贴未停是因为单量还不够大:"若一名司机一天只接3单,平台会继续补贴;但一天能接到10单,就无须补贴。"

滴滴的定价体系是从司机净收入出发倒推而得。"假如未来不补贴,司机的净收入能不能达到令他满意的程度？"柳青认为，补贴的主要原因是恶性竞争，而恶性竞争带来造假、刷单，这是所有互联网平台的梦魇。

财新获得的几份滴滴融资文件显示，滴滴提供专车、出租车、顺风车、代驾等不同出行服务，2015年平台交易额约347亿元，收入26亿元，净亏损122亿元。

文件显示，滴滴收入主要来自交易完成后的佣金费以及品牌广告费，但未来将通过司机服务费、巴士收费、汽车金融、汽车保险、汽车售后市场等扩展收入渠道。滴滴在2016—2018年的利润预计分别为5.4亿美元、10.2亿美元、15.1亿美元，目标是2018年在美国上市，届时整体估值将达870亿美元。

根据文件提供的简易赢利模型，假设取消补贴，滴滴公司2017年平均每日订单量达到390万单，平均每单价格35元，按平台佣金抽成20%的比例计，年总收入超过99亿元，约合14亿美元，扣除年运营成本与费用后，其测算利润可达10亿美元。而滴滴官方2016年6月公布的数据显示，滴滴已有3亿注册用户，约1500万注册司机，日完成订单突破1400万单。可见上述赢利模型是在滴滴取消补贴后，日订单量大规模下降的前提下进行的赢利预估。当然其中的一个重要变量——客单价的水平不得而知。滴滴竞争对手公司的一位高管此前曾透露，滴滴目前的客单价在20元左右。

周航对专车行业规模效应的维持能力深表怀疑："司机之所以愿意开专车，主要是因为工作时间比出租车短，赚的比出租车多。用户对价格也非常敏感，补贴一旦降低，规模怎么保证？"

上述滴滴融资文件援引腾讯智库的用户调查称，82%新加入的私家车专车司机的主要驱动力是补贴利益，若取消补贴，仍有50%的司机愿意继续运营，以此推算滴滴公司供给端的流失率为41%。但对于运营成本如何控制在5亿美元，文件并未说明。

实际上，滴滴自2016年上半年以来已经在陆续减少司机端和客户端的双向补贴,与Uber中国合并之后,部分地区的补贴迅速全部取消。一位滴滴、Uber双平台司机说,滴滴的平台佣金在25%左右,目前已收到取消司机端补贴的通知;Uber中国的平台佣金约在20%,合并之后奖励也直降一半,只剩10%的佣金。"主要用Uber,我已经辞了工作,只能做专车司机了。"

大量专职司机的诞生也伴随着对运营车辆的需求,汽车融资租赁业务应运而兴。司机以长期租赁的方式从经销商或租赁公司手中获得车辆的使用权,逐月支付租金,待租赁期满之后,可以选择按照车辆的残值购买或把车归还给汽车租赁公司,这一方式所需支付的成本远低于分期付款购车。

专车业务本为C2C,司机带着私家车通过网约车平台对接用户。但融资租赁这种类出租车公司的B2C形态,在中国市场更为流行。2014年年底,易到联合海尔融资租赁公司成立海尔易到汽车金融服务公司,面向入驻平台的中小型汽车租赁企业提供融资租赁服务,试图借此扩大易到的业务规模。

滴滴于2016年3月通过香港子公司快富控股有限公司在上海自贸区设立全资子公司众富融资租赁(上海)有限公司,注册资本10亿元,法人代表为滴滴出行创始人程维,监事为滴滴CTO张博。同月,光大金融租赁向神州优车提供总额200亿元的授信,用于支持专车车队的扩展。

重庆一家小型汽车租赁公司的一位工作人员说,公司旗下拥有几十辆车以及几十名司机,滴滴平台会根据司机的交易金额返给租赁公司1.5%的佣金,加上每个月固定的车辆租赁费用,租赁公司活得还不错。滴滴、Uber中国合并后,他收到了滴滴方面禁止其和易到合作的通知。

商业模式不同的神州优车有另一套赢利测算模型,新三板招股书显示神州优车2015年营业收入17.44亿元,净亏损37.23亿元。但是,陆正耀在2016年4月宣布:"神州专车业务3月份单月实现赢利,预计第三季度整体实现赢利,神州已经跳出补贴坑,专车大战已经结束。"

陆正耀算了一笔账,其专车业务成本结构主要包括汽车租赁费用、司机工资以及油费,前两项为固定成本,油费作为变动成本随着订单量的增加被不断摊薄。他举例称,车的日租金为200元,人员日工资为300元,跑一单油费10元,从一天跑一单到跑12.5单,单均成本从510元降至40元。

而神州专车业务有机会实现赢利的状态是日均14单、单均21分钟。

"上个月的单均成本是48元,日均是12.8单。出租车行业在单双班的情况下,平均每天是28~30单,我们按照对半的工作时间,14单是有机会达到的。"陆正耀表示。

陆正耀认为,神州专车业务的B2C模式导致其客户定位与滴滴等有很大不同。"我们的客单价达到80元,比出租车贵20%,客户更看重安全、标准化体验,专车并不是出租车、公交的替代品,而是其升级版。"

陆正耀总结神州专车业务的适用场景包括三种类型:一是替代出租车;二是替代公务车,包含2B(对政府机关)和2C(对公务员);三是替代私家车,尤其是取代家庭第二、第三辆私家车的购买需求。

神州专车在离"共享出行"越来越远的维度上奔跑。它在筹备二手车买卖平台,与阿里签署战略合作协议,计划到2017年6月,在全国所有地市级城市开设超过500家门店,建设类似于4S店的体系,满足用户的买车及后续服务,投入资金不低于100亿元。

"目前神州买卖车线下网点的布局约120个,覆盖了120个城市。未来会在合适的时间进一步披露和阿里的具体合作方式。"陆正耀透露。

合法了,但垄断吗?

"这个行业,政策是第一位的,其次是技术,最后才是市场。"早在2015年9月柳青第一次接受财新专访时,就这样定义。在网约车新政出台前夕,柳青谈到政策时指出:"政策的重点是如何处理网约车平台和出租车公司的关系。"

2016年7月28日,专车新政历经10个月修订最终落地。国务院办公厅下发《关于深化改革推进出租汽车行业健康发展的指导意见》(下称《指导意见》),交通运输部等七部委配套公布《网络预约出租汽车经营服务管理暂行办法》(下称《暂行办法》),从11月1日起开始实行。

新政确立了网约车的基础合法身份,尽管《暂行办法》还需落地细则。但北京大学国家发展研究院教授周其仁认为,在争议四起的环境里,此次监管者能够广泛听取、吸收各方意见,在各相关利益方参与下形成政府管理办法,这一做法值得肯定。

程维也在公开信中表示,滴滴4年来30多次被叫停,诸多司机被扣车罚款。"今天终于看到改革的曙光,怎能不备受鼓舞?"

但专车公司的政府事务部门无法"松气"。新政给了各地方政府较大的行政裁量权力,地方政府可根据自身情况执行政府指导价,并可对从业人员、专车数量规模细化规范。

"这意味着我们得花更大的精力去和地方政府沟通。"周航说,各地的政策会各有不同,"如果它的底线是不要冲击出租车行业,那可能会有很多不利于这个行业发展的措施"。

滴滴政府事务部门的人士也表示,地方政府可以规定专车数量规模,意味着可能实施配额制。"企业之间必然会为牌照竞争。滴滴此前和一些地方政府达成共识,争取到试点,就可能会优先照顾滴滴。"

Uber中国则一直受制于政府关系能力。虽然卡兰尼克竭尽所能表达了对中国政府的友善,比如在2015年国家主席习近平访美期间,西雅图全市Uber用户打开APP,都会看到一个欢迎习近平主席访美的弹窗。再比如2015年5月底,卡兰尼克亲自飞到贵州参加数博会,称要学习怎么和中国地方政府合作。

但是,Uber的中国政府公关并不到位。"有好几次,地方政府要约谈Uber

却发现找不到人,居然还来问我们。"前述滴滴政府事务部人士说。

在网约车新政颁布后仅仅3天,Uber中国卖给了滴滴。

但该交易是否涉嫌垄断的质疑,迅速成为行业关注焦点。第三方数据研究机构中国IT研究中心(CNIT-Research)发布的《2016年Q1中国专车市场研究报告》显示,2016年第一季度专车整体市场规模保持了高速增长,其中滴滴专车以85.3%的订单市场份额居行业之首,Uber中国、易到及神州优车则分别以7.8%、3.3%和2.9%位列第二、三、四位。若从市场份额看,滴滴与Uber中国合并后,成为中国专车市场的绝对寡头。

根据中国的反垄断架构,对于经营者集中的合并、收购等行为,符合一定申报标准的,就应提出反垄断申报,由商务部反垄断局负责审核,未申报的不得实施集中;而对于涉嫌操纵价格、限制甚至排除竞争等垄断行为,则由工商部门等给予查处。8月2日、3日,商务部新闻发言人、发改委内部人士先后公开表态称,将密切关注滴滴和Uber中国合并产生的市场影响,商务部新闻发言人甚至强调"不申报的话,往下走不了"。

北京大学国家发展研究院教授薛兆丰认为,判断是否垄断,有是否具有网络效应、行业入口是否有限制及用户层面切换不同的服务成本高低3个标准。根据网约车新政,行业入口没有限制,任何人都可以到政府部门报备,上线打车软件,参与竞争,用户不使用打车软件而切换到出租车服务的成本也相差不多。"如果有关部门强制要求滴滴进行报备,报备即可,通过的概率是99%。"薛兆丰表示。

经济学家周其仁也认为,只要市场准入是放开的,在当今技术条件下,定会有后起之辈来颠覆,无人可以长久垄断。

一位熟悉美国监管及资本市场的人士分析称,美国作为自由竞争市场,主张由市场决定企业生存,所以对公司补贴消费者的行为并不干预。政府会严格执行行业巨型公司并购是否涉及市场垄断的程序性审核,而审核的重要观察点是，看公司是否有侵犯消费者利益的潜在风险，比如具有市场支配性地位的定价权，可以随意提价。像Uber这样的出行公司，政府会更关注其保险、安全等风控体系。

滴滴官方则回应称，目前滴滴和Uber中国均未实现赢利，且中国Uber在上一个会计年度营业额没有达到申报标准，所以不用申报。针对近日政府部门的表态，目前滴滴亦未修改其"不用申报"的对外口径。

"2015年滴滴和快的合并时，我们曾去商务部举报，但等到现在滴滴和Uber中国都合并了，商务部也没有给我们任何答复。"易到政府事务部人士认为："政府只是迫于各方压力表态，反垄断就是走过场。"

易到针对滴滴、Uber中国合并案暂不打算提起反垄断申诉。原因在于乐视控股集团创始人、董事长兼CEO贾跃亭以及乐视空降易到的高管，对互联网垄断的看法和易到原团队有所差别。

贾跃亭在一封公开信里说："共享专车世界不需要垄断者，也不会有垄断者。"专车之战远没有结束。

3.3 网约车监管冲击波

在学界、出行业界和资本市场掀起轩然大波的中国网约车新政,于2016年11月1日开始实施。网约车平台或公司、全国8500家出租车公司、各地此前爆发性增长的数千家汽车租赁公司、260万出租车司机以及近百万网约车司机,都在等待"宣判时刻"。

截至11月1日晚12点,仅有浙江省的杭州和宁波两地出台了地方细则,核心是对网约车行业过渡到新政监管给予4个月的缓冲期。备受关注的北、上、广、深等地的细则,仍在酝酿之中。

过去两年,在中国网约车行业无相应法律规范的情况下,网约车司机和警察常常上演"猫鼠游戏"。2016年7月28日,国务院办公厅下发《关于深化改革推进出租汽车行业健康发展的指导意见》,同时交通运输部等七部委配套公布《网络预约出租汽车经营服务管理暂行办法》。两份"红头文件"的颁布,让已经烧掉300亿元投资的网约车行业终获合法地位。但3个月后,北、上、广、深各地配套细则征求意见稿出台,突然露出了严格监管的"牙齿",市场不禁一片惊呼:"一夜回到解放前。"

事实上,上述"红头文件"给各地政府留下了极大的自由裁量空间,北京、上海两地遥相呼应,在地方细则《征求意见稿》中给出最严监管的信号:要求网约车司机必须拥有本地户籍,对运营车辆要求本地牌,还对车辆给出具体轴距、不可转让等细致规定,根本目的是限制网约车数量,对其监管向出租车监管模式靠拢。

仅控人、控车两项,就几乎让目前各大平台注册的司机和车辆数量削减过半。多位平台和租赁公司人士告诉财新,京、沪两地符合《征求意见稿》规定的网约车司机不足十分之一。

据财新了解,"依法规范、从严监管、维护稳定"是这次京、沪两地的政策基调。户籍政策过去多年一直是京、沪等超大城市"控制人口和城市规模"的重要手段,而此前网约车行业吸引大量外地司机和车辆涌入京、沪的现象,与城市相关控制目标相悖,再加上对其他综合因素的复杂考量,地方政府正好以网约车细则来下手收口。

舆论迅速发酵。不少专家学者严批户籍管制,认为京、沪细则暴露了政府的公共管理思维落后的问题:面对城市出行难题,没有给出切实可行的解决方案,而用"一刀切"的粗暴方式扼制新兴商业模式创新。刚刚习惯于网约车的便利与优惠的消费者,亦对网约车监管充满不解和反对,他们很难接受退回到打车难、出行贵的过去,认为这场管制带来的是"公众福利受损"。

各类出行平台提出,新政会造成网约车供给大幅度减少,司机成本增加,最终网约车提价,还是会将成本转嫁给消费者。

无论如何博弈和努力,网约车出行平台事实上已经触碰到了政府的底线。"户籍和车辆监管等政策很难再变,只能看能否获得更长的政策缓冲期,以及更松的执法尺度。"多位网约车公司人士称。

以上海大众集团、北京首汽集团为代表的出租车公司,过去两年被网约车高补贴竞争打得晕头转向。此前两家公司已将手中闲余出租车牌照转为网约车,欲集结各地出租车公司和汽车租赁公司之力,形成新的网约车平台以抗衡滴滴等互联网公司。网约车新政与细则的落地,势必为传统出租车公司反击互联网公司争取了宝贵的时间窗口。

传统出租车公司反对网约车平台的一个重要论据是,后者的商业模式与"共享经济""没有半毛钱的关系"。他们认为,各类汽车租赁公司已成为网约车的主要车源,汽车融资租赁让网约车迅速插上规模经济的翅膀,与巡游车的职业运营模式日益接近,离其宣称的共享精神越来越远。在收购 Uber 中国之后,滴滴一度退出补贴战,司机和用户端同时感受到压力,也重新燃起了滴滴有无滥用其市场支配地位的反垄断议题。

一位观察人士认为,网约车招致监管风暴的背景,是由于滴滴们扩张太快且无边无界,触动了中国城市出行市场的深层利益和监管体系。各地交管部门和出租车公司围绕牌照早已形成固化的协同模式和行业链条,而网约车大肆闯入,以互联网的打法轻松突破了牌照门槛,不仅动摇了出租车商业模式的根基,也带来了一系列争议,诸如出租车司机与职业网约车司机的冲突、不同程度的道路资源占用和安全问题等,因而直接引发监管部门对权力和责任的危机感。

地方裁量权

滴滴出行创始人兼董事长程维,曾在2016年9月底主动找上海交通委沟通。然而,政府相关负责人对滴滴过去一年的表现并不满意,认为其放松了对外地车辆的管控,致使大量外地车涌入上海进行运营。此外,在上海交管部门整治网约车期间,滴滴不但不配合政府工作,还向司机发送通知,称若被罚款,可以拿罚款发票向平台报销。

　　程维无功而返,政府的态度已预示政策将对网约车严加管束。果然,10月8日,国庆节刚过,京、沪两地同时公布出租车、网约车和合乘车3个配套细则,仅限制司机户籍一条,就让滴滴方寸大乱。

　　2016年7月底全国性"红头文件"出来后,滴滴就有心理准备,只是京、沪等地方细则的严厉程度仍超过了预期。据财新了解,上述两份全国性文件的出台,是相关部门调研了全国21个城市,参照全球多个国家的监管思路和政策,召开超过100多次相关会议后的结果。其中,在征求意见阶段,主管部门和滴滴、Uber、神州、易到等网约车平台沟通了14次。

　　两个文件从征求意见稿到最终定稿,征集了五六千条意见。最终确定了3条思路:首先是以网约车平台等新业态"倒逼"传统出租车行业升级转型;其次对于网约车,要管住底线、放开创新;最后,对于两种业态要分类管理,逐步融合发展。此外,对于顺风车、拼车等合乘车要严格管理。

　　这两份文件虽然解决了网约车的合法性问题,但显然不是"定心丸",因为文件中的"口袋条款"给予了各地政府在价格、司机、车辆等各个层面进一步细化规范的权力。Uber从中敏感地嗅到了危机,及时抽身退出。

　　"现在回过头看,Uber当时的决断极为明智。"一位市场观察人士说。

　　网约车平台公司易到创始人周航,也在全国性文件出台后对财新称:"未来公司的政府事务部门必须以地区城市为单位来协同。"仅此一点,网约车公司将变得和出租车公司很像。

　　全国性网约车新政文件一出台,7月30日,交通运输部即召集各地交通委赴北京培训解读新政。8月,交通运输部又再次组织全国各地交通委分片区开会指导各地细则落地。交通运输部专家在培训中列举了各国和部分城市管理巡游出租车、约租车公司和合乘车业务的模式,认为加拿大、美国、莫斯科、中国台湾等地的实践都证明巡游出租车不可放松管制,而美国对Uber的管理也证明约租车必须纳入监管范畴。

北、上、广、深及杭州、成都6个城市,是网约车的主力阵地。多位业内人士估计,这部分城市的订单量约占全国订单总量的六成。10月8日开始,这些城市相继公布了地方细则,但对司机、车辆资质等方面的规定差异较大。

据接近政府的人士透露,上海和北京两地政府在出台细则征求意见稿之前曾"通过气,相互参照",最终按照从严管理原则制定,两地在网约车平台、车辆、人员准入标准和条件上基本一致,户籍和本地车牌是管制核心。"京、沪两地管控户籍的初衷是限制超大城市人口规模,此外对外牌车辆限制则是延续此前的城市交通管理方法。"这位人士称。

"上海滴滴平台目前有40万注册车辆和司机,其中活跃司机和车辆约在4万~8万,一旦新政落地,只有不到十分之一的车辆和司机能够合规。"一位滴滴内部人士说。

令人意外的是,网约车发展并不迅速、城市人口压力较小的天津,也跟进京、沪,对司机户籍和车辆做出了严格规定。可见京、沪示范效应之强。

深圳和广州两地的细则也在10月8日发布,均未规定户籍,但对本地车牌和车型做出了严格规定。另外,深圳的细则给了两年的缓冲期,这一首创的弹性设计,后来成为网约车平台对京、沪正式细则的残余"幻想"。

此后,杭州、成都、贵阳等二线城市相继出台政策,管控相对宽松。成都对是否本地户籍、是否本地驾照、车辆所有权是否本人、车辆轴距,均不做限定,只在排量上规定大于等于1.4T或1.6L;而贵阳则连排量都未限定。

成都、贵阳两地对网约车平台历来友好。"新政出台之前,成都当地的滴滴快车已经和出租车打通,出租车可以在网约车系统内接单,地方政府和滴滴的沟通很顺畅。"一位接近滴滴的人士认为,贵阳的网约车细则甚至可以算是"在滴滴指导下完成的"。

监管层厘清定位

京、沪细则政策信号释放明确：通过管车、管司机，从严管控网约车。

过去两年，滴滴通过和快的、Uber的两次合并，变成引起垄断争议的互联网巨头。滴滴已经具备互联网"赢家通吃"的特质，目前仅有的两个对手易到和神州专车，与其市场份额都相距甚远。

在美国，Uber模式的网约车平台，被称为Transportation Network Company (TNC)，联邦政府将其监管权限和具体政策制定权下放给各州和郡市。而随着Uber在英国、澳大利亚等国家普及，各国都出台了相关政策，英国对车型做出限制，并且要求司机车辆必须挂靠租车公司、购买相关保险，还要求司机符合驾龄、年龄和无犯罪记录等规定。在英国一些城市，网约车不可以进入火车站和机场相关路段。

Uber在进入欧洲大陆后，更是遭遇前所未有的抵制。德国、法国、意大利、西班牙和匈牙利的法院判定其违法，德国禁止了Uber服务，法国对Uber提出80万欧元的罚款，Uber在法国的负责人被判定违法。而在比利时和荷兰，相关诉讼仍在进行中。亚洲地区，日本、韩国和中国台北市设定了不同限制，拒绝Uber进入市场。

过去一年，欧洲各大城市爆发多起出租车罢工抗议Uber事件。各国对网约车放开还是管制，其最关键点在于网约车和传统出租车行业的利益平衡。

政策到底应该倾向哪一种业务模式？一份交通运输部对各地交通委的培训材料显示：出租车和网约车（约租车）企业重资产和轻资产各有利弊，出租车企业重资产，易于规控、便于监管、行业安全性高，从业人员收入有较好保障，可避免过度竞争，缺点是高峰时段运能供给不足；而约租车企业（即滴滴平台等）的优点是运能供给较为充足，乘客体验较好，缺点则包括规模难以控制、不利于城市综合交通系统发展协调、不便于监管、行业安全性较低、无法保证从业者收入水平、易造成过度竞争等。

基于上述认识，监管层对两种模式的最终定位是：配套新政需要"以巡游出租汽车为主、约租车（网约车）为辅，在价格上要层次分明、竞争有序"。

在交通部看来，网约车平台为了寻求投资回报，借助互联网经济之名，通过烧钱圈地等手段，尽可能扩大"专车"在出租汽车市场中的比例，形成新的利益集团，达到企业扩利的"估值"。上述材料显示，监管层还认为"相关公司"存在藐视规章、冲击监管体系、非法运营的问题。在对两种模式的监管上，不能差异太大，网约车的市场化程度必须与巡游出租车监管放松的程度相协调。

但户籍和车辆规格管理在第一时间引发争论，焦点已超越单纯的出行行业，扩大至公共政策和法理讨论。很多学者专家直言地方细则放弃改革。上海金融与法律研究院研究员傅蔚冈撰写多篇文章指出，目前出租车行业因为数量和价格管制造成服务质量降低等问题非常常见，网约车新政出台本是一个极佳的改革机会，但地方政府最终选择以老的出租车管制方式管理网约车。

与滴滴休戚相关的是资本方，滴滴的股东中既有腾讯、阿里这样的互联网巨头，亦有中投、中国人寿、中信等国有资本。自新政公布后，相关的游说一直未有停歇。

网约车平台和出租车公司的利益阵营针锋相对，以至于专家学者发言都需自证清白，表明利益无涉。国家发改委城市中心综合交通规划院院长张国华在10月30日举办的一场讨论会上指出，现在讨论网约车首要的问题就是选站队："你是为某个部门讲话，还是说你是为市场讲话，也有专家被指责是为资本家说话。显然，这样的语境下，我们没有办法达成共识。"

曲线打破牌照壁垒

汪国平在深圳拥有一家汽车租赁公司。2015年4月,汪国平购置了19辆车,租赁给司机做专车生意。司机只要支付1万元押金,驾龄满3年即可租车。两种车型租金分别为5000元/月和7000元/月。除了租金收益,汪国平的公司每月八成收入来自滴滴平台,作为其管理司机的酬劳。

生意初始,每天汪国平的办公室尚未开门就会有二三十个司机等在门外租车。"按照每天12小时收入1000元来算,当时司机每月收入可以超过3万元,一个司机有1.5万元的纯利润。"

2015年最高峰时,汪国平的公司配有专职司机的网约车达到190辆,除了最初自购的19辆车,其他车都转租自大型汽车租赁公司。随着竞争加剧,平台补贴下滑,目前汪国平公司的专职司机减少到100名左右。"专职司机中六成是从出租车司机转做网约车司机的。这类司机最稳定,更容易管理。"他说。

此外,汪国平的公司还有自带车辆的加盟司机3000名,这些司机多数运营快车。但在他看来,专职司机才是网约车的核心运力,"500个加盟的兼职司机才能抵得上两个专职司机"。

汪国平坦承,深圳新政要求车龄不超两年并限制排量,致使其加盟业务遭到重创,他的公司约有60%～70%的车辆不符合规定,而他如果退回融资租赁车辆,还需要偿付最少5000元一台的违约金。

在网约车模式中,新政影响的不仅仅是滴滴这样的平台。网约车目前已经形成产业链,特别是在汽车限牌的城市,汽车租赁公司已成为重要一环,即通过"以租代售"方式吸引司机进入网约车行业。它们手上拥有车辆牌照,负责提供车辆、招揽及培训司机,并且负责市场运营,实际是滴滴等平台的供应商。

这意味着各地租赁公司通过接入网约车平台,彻底打破了出租车的牌照壁垒,和出租车公司直接竞争。

围绕网约车,一种新型关系被构建起来:滴滴平台、司机、劳务公司、租赁公司签订四方协议;司机和劳务公司签订劳动合同;租赁公司管司机及培训;滴滴则通过租赁公司管车、管司机。

很多小型汽车租赁公司就是靠网约车平台返点过活。滴滴的快车业务,其分成模式被业内称作"360"政策:汽车租赁公司管理的司机中,若有30%的比例获得A级,那么平台按照公司的流水情况返点20%;如果60%的司机获得了B级,返点5%;剩下的则没有返点。专车市场则是按照投诉率进行划分,返点在1%~9%之间。仅深圳一地,和滴滴合作的各类公司高峰时超过300家。

与此同时,围绕网约车的金融产品也花样百出。有的融资租赁公司甚至将网约车的收益权做成P2P产品融资,承诺投资者年化收益率可达14%。亦有公司将车辆做成投资产品,投资人拥有车辆所有权,投资期限结束后,由融资租赁公司回购并转让给网约车司机。投资人赚取收益,而融资租赁公司则靠卖车赚钱。网约车司机则交首付和月供。

上海和广州两地,以租代售模式发展迅猛,已经出现数十家融资租赁公司。2016年4月,滴滴更是推出"伙伴创业计划",首批面向北京、广州、深圳、武汉和成都五地招募10万车主,提出车主缴纳最高2万元保障金,即从滴滴合作的汽车厂商处领取一辆新车成为滴滴车主。这些司机与劳务公司签订劳务合同,与租赁公司建立租赁关系。

复杂的产业链条被各地新政撕开了口子。深圳的征求意见稿出现了一条特有政策:网约车经营者承担主要经营风险,不得通过以租代售、收取高额风险抵押金等方式向驾驶员转嫁或变相转嫁经营风险。

这条规定并没有限制融资租赁公司车辆接入网约车平台。但为规避新政,多家租赁公司人士介绍,滴滴正在推进司机与租赁公司签订劳动合同,取代目前的融资租赁关系，租赁公司给司机发薪水、缴社保，但实际上，这些人力成本最终还是会转嫁到司机身上。

对于北京的汽车租赁公司，司机的户籍则是最大问题。北京翰跃汽车租赁有限公司总经理贾国滨表示，公司2014年成立后跟滴滴合作，目前公司有1万多辆车，自有车辆几十台，但司机中拥有北京户籍的全职司机不足10%，算上兼职的本地户籍司机最多也就20%左右。

北京网约车征求意见稿出台后，贾国滨说，一旦新政落地，将不得不转做传统租车生意，"预计公司营收将下降40%"。

出租车公司"互联网＋"爬坡

在传统出租车业内，在"互联网＋"方面走在前边的有两家企业，一是上海大众交通集团，二是北京首汽集团旗下的首汽约车。2015年9月、2016年3月，两家公司一南一北分别上线了网约车平台，将手中闲余出租车牌照转为网约车，并在各地接入出租车和租赁公司，业务模式和滴滴平台趋同。

2016年9月，上海大众出租车在当地多年的竞争者上海海博出租车公司，选择了和滴滴合作，同期全国10多个城市的50多家出租车公司也选择和滴滴合作。滴滴总裁柳青2016年6月在接受财新专访时特别提到，网约车平台和出租车公司的合作，意义在于帮助出租车快速互联网化，"将出租车司机转为专车司机"。

首汽约车首席运营官魏东面对财新记者，将网约车平台和出租车公司提供网约车服务称为"双向爬坡"。"滴滴有很强大的快车、顺风车服务，包括接入微信等，我们擅长的是线下服务。我们都在爬山，滴滴从南边爬，我们从北边爬。"

首汽约车2015年9月上线，首批车辆包括首汽集团的500辆车和祥龙出租的100辆,其中首汽集团的500辆车实际均为京B车牌,即出租车牌照。按照目前的北京细则,首汽约车的车辆和牌照均无政策风险。

魏东认为,传统出租车行业,因为司机收入取决于公里定价,定价锁死后,司机没有在高峰期载客的动力,出现了"挑活"的情况,此外也缺乏对司机的激励机制。而开展网约车业务,一方面可以发挥过去管理出租车的经验,另一方面,如果不转型,只抱着传统巡游车,生存环境会越来越小。

魏东透露,截至2016年9月28日,首汽约车已经覆盖全国28个城市,年底将覆盖40个城市,接入1万多辆车。和网约车平台一样,首汽也将和当地的租赁公司合作。

1988年成立的上海大众集团是上海本地最大的出租车公司,旗下有9000辆出租车。2016年3月,上海大众集团推出网约车平台"大众出行",接入500辆网约车,均为沪A·M出租车牌照,车型符合上海在2015年10月出台的网约车政策规定。

这部分网约车司机并不需要上海本地户籍。大众集团内部人士透露,大众出行的网约车司机也并非雇佣关系,而是租赁或直接买车。租车方式中,司机需缴纳7500~8000元的月租金,签约期限为半年或一年,此外还需缴纳1万~2万元押金;而买车则是融资租赁方式,司机需要首付8万~9万元,其中包含一年保险、一年挂靠费和押金,每月再付6000~8000元,两年贷款付清后车辆归司机。

他透露,在上海网约车新政征求意见稿出台之际,大众约车已经停止办理外地司机业务。然而,对于未来如何清退已经交了首付款的外地司机,公司尚无明确方案。

合乘车如何保证"共享经济"？

在网约车的系列业务中，快车业务和出租车业务等传统出租模式类似，无利润可言但流量大；专车业务则定位高端；而真正体现"共享经济"特质的是合乘车（即顺风车、拼车）业务。不过，这一业务也受到了政策影响。北京规定拼车需为七座以下的车辆，合乘频次每天不得超过两次。

上海的多项规定与北京看齐，具体内容更为严格。首先，驾驶员必须是车辆所有人；其次，合乘者的上车地点应在出发地周边半径一公里的范围内；最后，合乘信息将被纳入平台及驾驶员的信用记录。

此外，上海对于合乘车的计价也做出规定，燃料等成本应按照合乘车辆车型在工信部登记的百公里综合工况油耗、燃油实时价格，以平均公里成本计费。多个城市的合乘车细则，都要求合乘车和网约车独立分为两个APP。

合乘车是介于私家车出行和公共交通出行两者间的模式。上海城乡建设与交通发展研究院交通研究所副总工邵丹在最近一次论坛上举例称，美国和欧洲提出了两类合乘模式发展的不同思路：美国城市交通以小汽车为主导，早期合乘是经济行为，目前逐步转化为交通拥堵治理方式，通过汽车的小规模集散分担公共交通发展不足的问题；欧洲的城市公共交通更为发达，合乘体现了基于环保和消费的生活理念转变，从20世纪90年代到21世纪初，欧洲城市汽车保有量出现拐点，开始下滑，无车家庭增多。

邵丹认为，以欧美案例对照中国，如果合乘车体现的是自驾车客流的集约化，则符合城市规划预期，但如果是转移公交客流则背离预期。目前上海道路资源利用里，小汽车占了60%，出租车占了15%，公交只占3%。小汽车和公交占用的道路资源悬殊，但承担的客流相当。

在邵丹看来，基于小汽车数量持续增加的判断，适度发展合乘车有助于降低城市道路占用量。但如何评判"适度",是由市场还是政府管控来实现适度,邵丹并没有答案。

在市场一侧,合乘车业务已从"公益"成为互联网公司介入的生意。滴滴顺风车之外,更早探索商业模式的是嘀嗒拼车——2014年上线APP,目前已覆盖349座城市,有5000万用户和900万合乘车车主。嘀嗒拼车创始人李晓帅称,从京、沪等地的合乘车细则分析,主要是作为配套网约车的方案,以预防运营性质的网约车被收紧后,车辆司机转投合乘车业务。

"要求网约车和合乘车APP独立,也是出于一样的考虑,怕平台让网约车大量转入顺风车拼车业务,最终无法监管。"李晓帅说。

在他看来,政府做了功课且规定细致。"很多思路和我们早期做拼车时很相似,但理解市场不够深入。"李晓帅认为,中国公益性拼车业务其实早在8年前已经有公司涉足,采用的正是地方政府规定的车主发单模式,定价也遵循油耗定价,但最终这种商业模式并不成立,无论是合乘车司机还是平台都没有积极性。

李晓帅认为,避免运营性车辆进入合乘车业务,最有效的手段就是找出合理定价区间。最终,嘀嗒拼车按出租车定价的50%～60%收费,在这一价格区间基本排除了运营性车辆进入。"利润太低,如果按照这样的价格仍有运营车辆进入,只能说明出租车行业太暴利。"嘀嗒拼车放弃了车主发单,而是采用了车主固定路线、由用户发单的模式,进一步确定车主并非运营性车辆。

滴滴和Uber在2015年分别推出了顺风车业务,业务模式几乎照搬嘀嗒拼车,由于流量优势明显,很快超越嘀嗒领跑行业。滴滴内部人士透露,其顺风车业务定价只有出租车的一半,对于出行平台而言只是业务补充,维持营收成本持平,不可能成为一个大生意。

但市场人士指出,此前伴随网约车补贴取消,滴滴顺风车也经历了一轮涨价,"如果涨价,就很可能吸引更多的运营车辆"。

新政靴子落地

全国目前已有58个城市公布了网约车实施细则征求意见稿,福建省泉州、莆田等地市则直接跳过征求意见阶段,发布了正式细则。

接近上海交通委的人士透露,上海细则或在2016年11月7日出台,将降低对车轴距的要求,使更多车辆符合网约车标准。但行业最关心的缓冲期恐无望改变。

在新政出台前,京、沪等地对网约车的查处从未停止,司机一旦被查,处1万~3万元罚款。曾经有上海交通委内部人士向网约车公司抱怨,在网约车发展高峰时,其一个月内查处的罚款比过去几年都多。罚款并非由司机个人支付,滴滴、易到和Uber都曾长时间为司机付罚款,司机只需要将发票交给平台,就能拿回被罚的钱。各地也会对平台罚款。而一位出行公司政府事务部负责人称,北京一度在查处网约车方面最为严格,目前则是上海最严。

各家网约车平台仍在和北京市有关部门积极沟通,希望获得政策缓冲期。上述人士预计,缓冲期落到纸面的希望不大,但在具体执行过程中可能会适当给予时间宽限。而若没有缓冲期,平台能够想到的唯一办法是对罚款提起行政复议,走法律程序,"这样的方式,平台和政府都不愿意看到"。

过去,外地车套牌本地车牌的违规情况屡禁不止,未来平台这方面的管理压力无疑将更大。而限制户籍必然导致网约车平台成本上升。市场普遍认为,如果按照目前的网约车价格,恐怕很难在京、沪两地招揽全职司机。而上海大众集团内部人士称,一旦严格执行政策,清退外地司机,网约车定价一定会高于出租车,否则难以覆盖雇佣本地司机的成本。

除去各地细则,网约车新政中还要求监管部门搭建统一管理平台。10月25日,交通运输部在官方网站推出了网约车监管信息交互平台。这意味着未来包括出租车、网约车等在内的所有城市交通数据,都将处于政府管控之下。

实际上,截至目前,网约车平台尚未真正拿到行业许可。根据全国性网约车新政,网约车平台获得许可首先需要获得线上服务能力认定,而认定部门是网约车平台公司注册地的省级交通、公安、网信等部门。

然而,目前绝大多数省级交管部门并不知道如何认定"线上服务能力"。一位行业人士感慨地说:"各方来回争论,实际上网约车平台到现在还是无证经营。"

滴滴赢利模式之困

2016年11月3日,交通运输部召开了网约车平台座谈会,滴滴出行、神州租车、易到租车、大众出行和首汽约车等企业负责人参加了会议。

交通运输部副部长刘小明在会上明确表示,将坚决执行网约车新政和各地方细则,并要求网约车平台企业规范经营,还点名批评了滴滴在11月1日后提高补贴的做法。

会上,大众出行总经理袁栋梁和滴滴出行总裁柳青针锋相对:袁栋梁指出滴滴应尽快停止对网约车司机和乘客的补贴;柳青则回应称,目前很难立刻停止补贴,因为公众会指责滴滴在达成垄断后涨价。

"即便没有网约车细则,滴滴也已经走到垄断和规模经济的艰难平衡点,很难实现赢利。"一位滴滴投资人指出。

柳青称,滴滴赢利靠的是规模效应,目前滴滴出行覆盖的400个城市中有200个已开始赢利。补贴未停是因为单量还不够大:"若一名司机一天只接3单,平台会继续补贴,但一天能接到10单,就无须补贴。"

财新获得的几份滴滴融资文件显示,2015年平台交易额约347亿元,收入26亿元,净亏损122亿元。

网约车平台需要规模效应，但维持规模则需要补贴，补贴太大不仅侵蚀利润，现在还容易引起同行举报和监管干预。表面上看，滴滴确实越来越难跳出这一循环。

易到创始人周航就曾质疑滴滴依靠规模的商业模式："司机之所以愿意开专车，主要是因为工作时间比出租车短，赚得比出租车多。用户对价格也非常敏感，补贴一旦降低，规模怎么保证？"

上述投资人表示，滴滴网约车业务中的快车定价比出租车更低，一直是其打击竞争对手的利器。和Uber合并之后，快车对司机和用户双向补贴减少，快车数量旋即受到影响。"这很致命，网约车是规模生意，一旦规模无法维持，就直接影响网约车平台的数据能力，没有了数据，派单准确性降低，网约车通过提升效率获得利润空间的基础又被动摇。"

在网约车新政细则之后，滴滴在主力城市的平台规模必将大受影响，或被釜底抽薪。有市场人士预测："政策的打击至少打掉滴滴近1/3的估值。"11月1日，滴滴顶着压力再启补贴政策，寄望运用定价杠杆维持现有规模。然而，上市前的赢利压力，亦是滴滴不得不直面的问题。

第四章

对决新零售

中国电商从无人问津到无商不电，再到传统零售业态呈现行业性衰败之色，不过短短十余年。2016年10月，阿里巴巴董事局主席马云却称，阿里从2017年起不再提电子商务概念，因为这个词将被淘汰。

马云何出此言？谁都知道，阿里起家于电商，目前电商的营收占比仍高达85％。实际上他的言下之意是：未来的10年、20年，线下企业必须走到线上，线上企业必须走到线下，线上线下和现代物流结合，利用大数据，新的零售业诞生，这对纯线下的零售业态会带来毁灭性的大冲击，而物流公司的本质就是消灭库存。

全球零售巨头沃尔玛CEO董明伦（Doug McMillon）2016年10月20日在接受财新独家专访时表示，这是他从业25年来见到的最剧烈变革的时代，互联网正在改变传统零售业的一切。他列举了"进店购买，在线购买、物流递送，社区提货"等多种交易场景，指出零售业需要通过更多的渠道来触及顾客。

阿里巴巴集团和京东集团是目前中国最大的线上零售巨头，前者以其平台模式为傲，后者以自营模式起家，但近年双方模式逐步演变趋同，价格战愈演愈烈。阿里巴巴以天猫对抗品牌形象为卡通狗的京东，这场巨头间的竞争也被业内戏称为"猫狗大战"。在两大巨头夹击之下，电商平台1号店运营8

年,作为线上超市的有力竞争者之一,两年前被沃尔玛中国收购,但遭遇了从2016年年初以来的增长乏力后,被沃尔玛断然出售。在竞购者中,最终董明伦弃阿里选京东,与后者战略结盟,以探索新的线上线下合作模式。

"巨头阵"的重新组合,显示出各方都看到了一样的趋势。

据国家统计局统计,2015年中国社会消费品零售总额达到30万亿元,同比增长10.6%,其中实物商品网上零售额占10.8%,同比增长31.6%。实际上,这一实物商品统计口径包括大量工业品。如以快速消费品口径计算,中国电商在整体零售消费中的比重已经超过20%。

今日资本CEO、京东投资人徐新认为,这个20%的比例正是零售新品类颠覆旧品类的拐点。过去数年间,阿里和京东轮次攻下服饰、化妆品、3C(家电、通讯、数码产品)、大家电等领域,在共同挤压线下零售的同时,彼此间展开激烈的城池争夺战。当下短兵相接的品类是网上超市业务(下称网超),仅2016年9月以来,双方在这一领域分别投入的补贴就达数亿元。

业界一般将京东商城对标阿里旗下的天猫商城,两者间规模差距正在缩小。2016财年,阿里包括天猫、淘宝、聚划算在内的零售平台交易总额是2.95万亿元,其中天猫交易额超过万亿元。京东同期全年交易额为4627亿元。从这个角度看,阿里系电商的体量是京东的6.4倍,而天猫约为京东的2倍。

不过,最新披露的财报显示,截至2016年6月底,阿里的商品交易总额(GMV)同比增长24%,至8370亿元,京东同比增长47%,至1604亿元。阿里的GMV是京东的5.2倍,但京东的增速是阿里的两倍。

"现在,京东已经进入阿里的射程。"一位接近阿里巴巴高层的人士如此形容两者的竞争形势。从2016年年初开始,阿里设置了细化到月的"打京东KPI":"势必把京东维持在现有射程,不能逼近。"

两家公司也正面临一样的发展难题:阿里和京东的年度活跃用户分别为4.23亿和1.881亿,近80%的订单来自无线,移动端迁移基本完成,但双方的活跃用户量的增速呈下滑趋势。

增长的压力，迫使电商巨头在战略定位上从电商升级到"新零售"，继续向线下进攻，抬升更高的行业"天花板"；另一方面，还要在稳固各自地盘的同时，从对手虎口夺食。

拿下1号店、联手沃尔玛之后，京东迅疾补位华东战场，加大抢夺商家的力度。阿里亦押注网超，将天猫超市从京东腹地北京，回马南下布局华东华南，通过菜鸟网络急补物流体系。两家都想打通南北市场，补齐业务短板，开启新一轮的流量和变现之战。

2016年10月19日，阿里和苏宁各投资10亿元成立"猫宁电商"，苏宁占股51%，阿里占股49%。这是双方第二次资本捆绑。在一年前的首次换股交易中，阿里以约283.4亿元收购苏宁19.99%股份，成为其第二大股东；而苏宁出资140亿元仅获阿里1.09%的股份。苏宁对过去一年的合作效果并不满意，在最新一季"双十一"大战前，苏宁需要更有利的地位，冲上前线"打京东"。

"猫宁"出笼的第二天，"京东＋沃尔玛"的O2O（线上线下）合作也宣告落地，沃尔玛全面接入京东及其旗下物流平台新达达，沃尔玛广州、深圳两个城市所有门店，在线下单后两小时即可送货上门。沃尔玛过去在中国多番尝试电商业务效果不彰，这次颇有痛下决心之势，以调低未来两个财年赢利预期的代价，2017财年预计新增投资110亿美元，目标直指在线业务和O2O布局。

一系列相互卡位的新动作，时机都指向即将到来的第一场大战——"双十一"，这个由阿里发起的促销节日被称为中国零售业的"黑色星期五"，其每年刷新的GMV峰值都是资本市场的一大看点，也可一窥行业未来的压力和趋势。

决战网超

"阿里和京东，这场仗是一定要打的。"天猫超市北方市场负责人程少雄说。他认为,网超是最后一个竞争品类,电商大战最终要回归最难攻克的快消品。

阿里高度渗透服饰品类,已让线下百货难受多年;而京东从3C和大家电切入,逐步超越线下对手国美、苏宁。网超品类迟早是电商的战场。京东投资人徐新认为:"如果拿下高频的超市,再拿下生鲜,线上就能做到马云说的50%(电商占整体零售消费的比重)。"

"除了蔬菜水果还有一些限制,现在线上超市的难点已慢慢攻克,替代线下有了可能性。"1号店营销运营部高级副总裁王春焕说。1号店是中国最早涉足网超的电商平台之一,已经运营8年。

根据1号店预测,到2020年,中国网超规模将超过1.2万亿元,相比现在还有近5倍的增长空间,远远大过服装饰品、生活电器等品类市场规模的预期。高频次、高毛利,一直是超市,特别是生鲜品类制胜零售业态的"法宝",无论是大型购物中心配置超市,还是超市提高生鲜业务占比,其商业逻辑都是提升人流和资金流。

早在2012年,阿里就在上海和杭州试水天猫超市,但并未着力。"没有仓储配套,平台做网超很难,物流成本太高。"曾供职1号店中层的一位人士如是分析。彼时,网超龙头电商是1号店,其在华东尤其上海地区占市场主导权。

在2014年的生鲜大战中,京东、天猫只是做些季节性营销,支持平台商家价格战。直到2015年7月,阿里巴巴集团CEO张勇正式宣布天猫超市成为继淘宝、天猫和聚划算之后的第四零售平台,由此才吹响了阿里全面进军网超的号角,天猫超市一出手就在北京砸下10亿元补贴,直插京东腹地。

天猫超市打破了阿里传统的平台模式,所有商品均使用菜鸟仓库,标上了极强的零售和直营"气质"。"2012—2015年,菜鸟的仓库逐步建立完毕,基本接入社会化物流,网超发力才具备了基础。"天猫超市内部人士称。

京东迅速接招,一直经营网超品类的京东,于2015年10月宣布单独成立京东超市,2016年年初开始全面发力。春节尚未结束,天猫即高调宣布从北京市场拓展至上海、杭州、广州、深圳4个城市,南下布局。

沃尔玛押注京东

互联网行业"前两位竞争,打死第三"的规律,在电商领域再次应验——天猫超市于2016年春节后回马华东,首先感到寒意的却是1号店。

沃尔玛控股1号店两年有余,并于2015年7月全资将其拿下。1号店以超市品类独树一帜,其志本不欲和一线电商竞争,却在新一轮电商寡头战中,成为防守的棋子。

据财新了解,2015年年底,1号店营业额200亿元;京东包括服装家纺、3C、家电和网超几大品类,其中网超营收约为600亿元;天猫作为平台,在线商超(商品超市)品类的总营收远大于京东,但新生的天猫超市(自营为主)营收不过百亿元。

2016年第一季度末,京东超市同比增长近七成,1号店总体增长基本为零,而天猫超市增长220%。"天猫来势汹汹,志在必得。在阿里、京东两个巨人面前,1号店必须做出选择。"一位了解1号店的人士说。

沃尔玛中国区第一季度财报数据出来后,董明伦决定卖掉1号店。事后看,沃尔玛在中国和京东结盟,随后2016年9月20日又在美国耗费33亿美元巨资收购电子商务初创企业Jet.com,显示了其战略布局,即押注外部团队或合作伙伴拼杀线上,自己专注线下。

在线下靠高效的成本管理一分一分赚利润的沃尔玛,很难像中国电商巨头这样不计成本地拼补贴、打价格战。市场明显感觉到,1号店近年来已从全国布局退缩至坚守华东。

"我要的是'婚姻'。"董明伦以1号店换战略联盟的想法迅速吸引了市场。最后到达谈判或投标地步的有阿里、京东、海航3家,其中海航报价最高,但沃尔玛"没有一秒钟的犹豫"就否决了毫无协同效应的海航。"从这个层面看,董明伦在意的根本不是1号店的估值。"上述了解1号店的人士称。

接近阿里的人士透露,张勇曾和董明伦见面,双方当场相谈甚欢,这两家全球最大的线上或线下零售公司,畅想将1号店、山姆会员店等沃尔玛中国线上下资产,以及天猫超市等阿里方面的网超资源,共同打包成立合资公司,再投数十亿美元巨资,打造成绝对的零售霸主,无缝连接O2O。然而,两家巨头最终未能在合资公司股比上谈拢,"谁都想占大股,怎么都过不了这一道坎儿"。

"如果天猫收了1号店,京东就别想过长江了。而京东收1号店,重在防守而非进攻。"另一位市场观察人士分析称。

深谙此理的京东创始人刘强东,早在2016年年初就和沃尔玛展开了积极接触。双方于4月初开始正式谈判,不过短短一周,合作框架就基本成型。一个月后,刘强东在微信朋友圈晒出一张在美国阿肯色州本顿维尔小镇(沃尔玛总部)和董明伦就餐的合照,暗示协议签署完毕。

在接受财新专访时,董明伦不吝对刘强东的欣赏之词,甚至说"他让我有点想起沃尔玛创始人山姆·沃尔顿(Sam Walton)"。最终,沃尔玛出让1号店全部股权,同时第一步先获得京东约5%股份。10月6日,沃尔玛增持京东股权至10.8%。据财新了解,沃尔玛计划增持京东到15%,进入董事会,进一步绑定盟友关系。不过,董明伦对此解释称,这方面计划"有一定灵活性"。

2016年10月20日,沃尔玛跟京东的合作真正落地:沃尔玛山姆会员店、沃尔玛国际官方旗舰店正式在京东上线,配送全面接入京东自营物流。与此同时,沃尔玛与京东联手启动为期10天的"全民开放日",在京东下单均可享受山姆会员价,这是全球山姆会员店"史上最大规模"的开放日活动。

同一天,沃尔玛宣布5000万美元战略投资"新达达",后者由众包物流公司"达达"和"京东到家"于2016年4月合并组建,京东持有新达达47%股权。京东称,新达达已成为目前中国最大的本地即时物流和生鲜商超O2O平台。董明伦称,投资新达达就是为了解决O2O的最后一公里配送问题。

不过,市场对"京东＋沃尔玛"的未来效果仍持观望态度。从过往表现看,沃尔玛在中国的电商业务从自营到收购1号店,效果差强人意;京东方面,2015年8月,其宣布以43.1亿元投资永辉超市,获得10%股份。永辉超市作为"南派"商超黑马,依靠生鲜品类连续多年获得超越同业的增长。但双方直至2016年8月才完成交易,目前合作效果未彰。

熟悉3家业务模式的分析人士认为,阿里放弃1号店,或许也考虑到菜鸟和1号店在仓储模式上过于一致,协同效应不强。京东的仓库是品类仓,单个品类仓在1万平方米左右,小家电仓、日用百货仓分开。1号店和菜鸟的仓库则都是标准商超仓,单个就有10万平方米,包括12万个SKU。

1号店交易敲定之后,阿里和京东的战事迅速升级。7月,天猫超市悄然完成了一次高层人事调整,江畔接替金诚出任总经理,兼任阿里集团副总裁。江畔此前曾陆续担任沃尔玛中国华西区营运总监、沃尔玛中国区副总裁,在大卖场营运方面经验丰富。

"20克三层的纸巾可以进货,15克两层的不要。"江畔对货品的细致程度令天猫团队震惊。"原来阿里所有业务都只制订卖货的规则,自身不碰货,但江畔带来了沃尔玛的零售运营思维。"天猫超市内部人士说。2016年7月,江畔在小型媒体沟通会上称:"几个月内,天猫超市把商家的库存周转天数从40天降到了20天。"

1号店归入京东后也快速获得了资金支持,旋即拉开补贴战,宣布3个月内投入10亿元。"京东要在3年内成为线上线下商超的第一。"京东集团副总裁、京东商城消费品事业部总裁冯轶,在京东超市战略发布会上放出豪言。

江畔迅速接招,宣布天猫超市投入"双20亿":20亿元补贴消费者,20亿元升级物流、供应链和商品结构。阿里方面还强调："对于消费者的补贴,不设上限。"

烫手的价格战

2016年9月,网超领域的第一次正面战争爆发。

9月1—9日,天猫超市在北京和上海两地每天补贴10万单,每单补贴100元,9天补贴了1.8亿元,这还没算上同时举行的生鲜"满99减50"的活动。京东同期则推出超市五折活动。

"网超的毛利不到20%,这根本是烧钱。"电商分析师李成东认为。事实上,京东、阿里在"烧钱"问题上各有掣肘。京东以自营为主,统一采销,加上为供应商提供仓配服务,使得其对上游和库存有强大的控制力。这意味着京东有定价权,价格战可以直接打到成本价。"价格战不是几天的大促,而是天天低价的长久定位。"冯轶说。

但是,持续的低价策略,意味着持续的赢利压力。一般而言,线下商超除了赚取进出货差价,还会收取商家的品牌管理费等,而像京东这样的自营电商,尽管发起大促有品牌支持,品牌方会进行一部分补贴,但是并没有来自商家的品牌管理费收入。京东2016年第二季度财报披露,其非美国通用会计准则(Non-GAAP)下净利率仅为0.6%。

京东成立12年,2014年5月上市,运营利润至今尚未转正。在2016年的"618大促"利好之下,资本市场却一反常态地看跌京东。彭博和Markit Ltd.汇编的数据显示,京东(NASDAQ:JD)的空头头寸在大促前一周达到4600万股,至历史高位。

2016年6月,京东股价下挫近20%,跌至19.51美元的上市以来最低价。直到8月京东发布2016财年第二季度财报,披露亏损大幅缩小、赢利状况改观,股价才重回25美元。业内普遍认为,京东的这一轮下跌主要受一份做空报告的影响。新加坡毕盛资管(APS Asset Management)高级分析师Sid Choraria发布了一份长达50页的做空京东的报告,称其股价被"极度高估"(wildly overpriced),认为像京东这样持续亏损12年的企业,其GMV就像2000年互联网泡沫时期的浏览量和点击量一样,没有实际意义。

阿里的天猫超市是平台模式,以客流变现,看起来是稳赚不赔的生意。但李成东认为,京东一般从商家以七折价进货,天猫则平均从商家收取20%的平台服务费,表面上阿里给予商家的利润更多,但商家还要在天猫投入运营和平台广告费用:"阿里自营店铺运营成本比京东高,人力成本和广告成本算下来,商家反而可能亏损。"

价格战考验着阿里和商家的协同能力。目前,天猫网超业务数据积累还不够多,商家选哪些货来做大促、放多少,都是问题。"商家要提前一两个月备货,备少了,难以支持大力度的促销;备多了,商家不愿承担风险。快消品一般对保质期要求高,风险更大。"李成东认为。

天猫超市目前采取商家、消费者双向补贴政策。"一旦做活动,天猫超市一边牺牲商家扣点,另一边还直补用户。集团有赢利支持天猫超市烧钱补贴。"接近江畔的人士称。

天猫超市北方市场负责人程少雄则一再强调平台对于商家打自有品牌的好处,"价格战要打到什么时候,主要看我们自己的投入和目标何时达成"。

线上共同的对手是线下。接近北京华冠超市总裁肖英的人士透露,华冠最近做了八折促销,这样的力度对线下超市而言已经非常大,但促销效果仍不及电商。

对攻优势战场

在网超新战场，两家寡头各有所图。阿里希望打造菜鸟，冲击京东自营物流体系的高壁垒，同时深入其优势品类3C和家电；京东则想自营和平台业务两条腿走路，打进阿里擅长的服饰和美妆品类。

冯轶透露，为了培养女性用户，京东超市试图挑战阿里强项服饰美妆。"目前美妆是核心品类，服饰还有待调整。"

在李东成看来，京东的3C和大家电业务客单价高，服务好，但用户黏性差，用户规模远不及淘宝、天猫。"京东需要用网超来提高用户购买频次。天猫手握购物频次相对较高的服饰家居，如再拿下网超，这些用户京东就很难抢走。"

双方一再进攻对方优势领域。比如2015年8月阿里和苏宁结盟，阿里看重苏宁的线下资源，包括供应链、售后和物流，而苏宁则希望得到阿里的大数据能力。但一年多过去了，这一联合体亦未能对京东的家电业务构成正面打击。双方对过去一段时间的合作效果都不满意，所以才会有后来"猫宁电商"的再度出发。

另一边，京东从腾讯接手电商业务，拿到微信引流入口，但到目前也未显著体现流量优势。上述两组并购案例，从后续整合的效果看，补位作用都强过竞争能力。

在新一轮网超之战中，阿里将天猫超市、大家电和手机三大品类定名为"一路向北"计划，天猫超市向后两者开放流量入口。

财新获得的一份内部PPT显示，"一路向北"计划背后，最大的支持力来自菜鸟：5个城市接入28个仓，11个城市接入45个仓，总面积超过120万平方米。

实际上，网超是菜鸟仓库和物流调配的首个试验场。"超市是整个天猫体系里最先做到完整服务的。"程少雄说。

天猫在网超配送上采用"仓＋落地配"模式。商家把货放在菜鸟仓库，仓储管理外包给心怡科技，之后对接当地的落地配。此外，天猫超市在天津武清和北京顺义各有一个面积约10万平方米的仓库，对接万象物流和晟邦物流。

天猫认为自己的物流体验已超过京东，因为所有商品可以在仓内打包成同一包裹送达用户。而京东的仓库区分品类，同个订单的商品来自不同的仓，经常需要独立包装、分仓配送。

京东坚持分仓。京东物流规划发展部总监章根云称，分包裹发货正是服务精细化表现之一。"我们试验过很多次，好的服务体验绝不允许食物和化学用品放在一个包裹。"

当然，消费者接受分包裹发货的重要前提是包裹能准时、同时到达。为了达到这一要求，京东对同一用户（收货地址）、同一账单的货品，要求达到同一时效，即所谓的"三同订单"。"系统会告诉配送员，这个顾客的包裹有几件，要把货找齐再一起配送，所以顾客体验实际没有差别。"冯轶说。

过去多年，马云和刘强东对于电商做物流的看法一直有差异，曾有爆料称马云说"京东模式养太多快递员，很难赚钱"。但随着竞争从线上流量拼至线下服务，物流体验对于电商的作用变得日益重要。对于高净值用户来说，价格并不重要，最重要的用户体验除了商品质量，就是物流。

阿里试图通过菜鸟的"线下仓＋线上服务"系统，调动包括"三通一达"等庞大的外部物流体系提高配送效率，甚至投资了圆通、百世汇通，以及专门的仓储管理公司心怡物流。"'三通一达'提速很快，但还不够快。不然为什么天猫超市和生鲜的仓配，阿里还是选择自己做呢？阿里现在对合作物流采用直接投资形式，类似自营，效果立竿见影。"一位业内人士分析。

在2016年3月完成近百亿元首轮融资后，菜鸟下力仓储建设、配送成本和时效。"菜鸟的目标是通过大数据串联，让社会化物流达到直营水准。但短期内,京东依旧在服务上占优势。"坚木投资合作人刘晓霞认为。徐新也判断,阿里在物流方面追上京东还需时日,"毕竟京东做了10年"。

争夺第三方商家

"双十一"临近,商家一年一度的站队时刻又来了。过去多年,在"双十一"期间,天猫都和商家签署排他协议,要求商家只支持自己的大促。但随着京东持续布局平台,大量有话语权的商家开始执行双平台电商的策略。

从在线直营零售出发,扩大第三方商家占比,引入非标产品做平台,是过去两年京东的布局重点。

2014年第四季度,京东第三方商家对GMV的贡献已达44%。当时刘强东透露,非标品的GMV占比实际超过了50%。

"从今年开始,我们逐步进入服装自营。战略非常简单,就是希望把最畅销的品牌转为自营,剩下的品牌交给第三方合作伙伴经营。"刘强东在2016年8月接受央视采访时说。

京东平台化,意味着资源和权力都要重新分配。这是其2016年下半年以来人事布局的起因。2016年7月,京东成立了新的营销平台体系。下设6个一级部门,前台是市场、公关、广告;中台是平台运营部、UED(用户体验)、平台产品研发部。而此前京东的平台体系只有仓配、售后等运营部门。

高层人事随之更替,"老臣"重握实权。2015年7月跳槽京东负责整体营销的前宝洁高管熊青云,入职不到一年就被调离,由过去负责无线业务的徐雷接替;京东"老人"、商城运营体系负责人王振辉晋升为高级副总裁;从京东内部培养起来的管培生,大批进入中高层。

徐雷统筹直营和平台业务的所有营销工作,一个重要的任务是拓展更多的第三方平台卖家,而自营和平台两个体系的平衡,是他的另一个挑战。目前，京东打算放开包括手机在内的部分核心品类给平台商家。比如 iPhone7 上市后，京东海外购第三方商家的售价比京东自营便宜，但送货周期长，国内没法保修。"消费者愿意买哪个就哪个。"徐雷说。

一些跟随天猫多年的商家，开始尝试京东平台。在天猫男装排名前五的一家商户的运营总监发现，近几年天猫的流量越来越分散。"近几年'双十一'大促的流量几乎没有变化，我们需要每天盯着天猫的公告，任何一点流量都得抢下来。"

天猫平台销售占这家男装品牌电商销售总额的七成，2015年其通过阿里广告系统"阿里妈妈"购买了1000多万元的各类服务，但前述运营总监明显感觉到从天猫获取新客越来越难。2016年以来，这家品牌商逐渐加大了在京东和唯品会上的投入，为避免违背天猫的独家协议，在"双十一"等大促期间，这家商户只得调整货品，分平台配货。

京东平台拥有的数据流量工具远少于天猫，但商家相应产生的推广营销费用也较少。棉制品品牌"全棉时代"电商总监丁黎明则看重阿里提供的数据工具。"天猫提供的数据细化到店铺图片的点击量，这些对我们的提升非常重要。"

在新疆干货、水果品牌"维吉达尼"创始人刘敬文看来，在商家层面平台竞争胜负的关键看能否帮助商家。他认为，阿里的运营比京东更细致，"工作人员会到新疆实地考察产品，帮忙做营销策划案，帮助店铺成长"。

虽然不同品类的扣点政策并不相同，但京东的扣点普遍比天猫高。服饰家纺类商家普遍反映两家平台的销售额仍有差距，但净利润率基本持平。

一位家电品类商家认为，京东平台商家数量少，有效减少了盗图、假冒伪劣等无序竞争，市场秩序相对较好。

无论商家还是用户，都认为京东只提供标准化的服务，缺乏用户互动体系，不利于用户在京东的 APP 内养成"逛"的习惯。而在整个阿里生态体系中,商家和用户的互动是其中最重要的环节,淘宝和天猫业已形成完整的客户留言和反馈机制,具备一定的社交属性。

一旦扩张平台生意,虽然商家和交易规模都有望上一个大台阶,但阿里在平台治理上面临的所有问题,都是京东必须迈过的坎:假货和侵权,串货和倒卖。

2015年4月,京东关闭对标淘宝的拍拍网,后者是腾讯在一年前打包卖给京东的。京东在拍拍上多次发力,皆无功而返。刘强东对外称,关闭拍拍的原因是无法打击假货。而原拍拍高层透露,关闭拍拍的另一个原因是,拍拍一直在商家拓展上进展困难,其交易量和风险不匹配导致了关门结局。

基于知识产权受侵害和串货的顾虑,高端品牌对电商一直保持距离。目前,除巴宝莉仍在天猫开设官方旗舰店外,大多数国际奢侈品牌并未选择进驻电商。2016年9月16日,一年前入驻天猫的轻奢品牌Coach(寇驰)被曝退出,而其上一次退出天猫是在2012年。此外,全球三大奢侈品集团之一的开云集团,对阿里的知识产权诉讼仍在不依不饶地继续。

抢夺外部流量

京东"618大促"结束当日,京东集团高级副总裁、京东营销平台体系负责人徐雷在深夜11点接到了刘强东微信群的消息,询问是否可以用某种方式跟今日头条合作,今日头条创始人张一鸣也在这个群中。双方迅速成立了工作组。

2016年9月27日,京东和今日头条对外宣布达成全面战略合作,共同推出"京条计划",今日头条用户可从阅读场景直接导向京东的电商交易平台。

具体而言,京东将在今日头条上开设一级购物入口"京东特卖",今日头条则将依托个性化的数据推荐能力,帮助京东及其平台商家实现精准的广告投放。双方还将共同开展基于兴趣阅读的电商合作,通过导购、分佣等模式,帮助更多的头条号(今日头条旗下媒体/自媒体平台)变现。

徐雷认为:"双方用户有一定重合度,但重合度也不是特别高。双方更多的是在数据和技术对接上进行了沟通。"

接近阿里高层的人士对财新透露,阿里在京东之前已和今日头条达成合作,但方向不同。"今日头条和阿里合作仅为广告模式,交易要跳转回阿里平台才能完成,因为阿里要掌握网购场景。"在他看来,京东和今日头条的合作放弃了完成交易环节最重要的因素——消费场景,京东只是做今日头条购物场景的后端支撑者。

2016年第二季度财报显示,阿里来自移动端的交易占比75%,京东来自移动端的订单达到总单量的79.3%,电商市场早已转战移动端。两家电商巨头开始从各类移动端场景中抢夺流量,场景争夺从新兴APP开发者打到传统企业。

2015年7月,阿里集团在上市后推出首个战略计划——百川计划,即无线端平台开放。张勇称,阿里将向APP开发商提供包括技术底层、商业和大数据在内的各项能力。

本质而言,百川计划就是将各类封闭APP中的流量导向阿里系统的商品库,一旦交易达成,阿里将从中抽取费用。

一家电商导购平台负责人分析了阿里开放的原因。在他看来,PC时代和移动时代的外部流量发生了变化:"在Web(网页)时代,淘宝通过大量的淘客以及购买各个网站的广告获取流量,用户一点击就跳转到淘宝商品详情页。而在移动互联网时代,淘宝却无法通过购买各个APP里的广告,然后让用户跳转到手机淘宝APP的商品详情页。"

面对各电商APP的蚕食,阿里意识到垂直电商、社区电商、媒体电商等更细分的电商APP,一定会抢占自己的市场份额。

通过百川计划,阿里给电商APP们提供交易的整套技术基础设施。"电商

APP只要做好拉客和接客就行,交易可以在自己的APP内完成,只是底层走的是阿里的交易系统。"

APP和阿里合作有两种方式:比较深入的一种是把整个服务器托管到阿里云,这样可以拥有通过读取淘宝商品的各种接口,来打造自己商品详情页的权限。另一种比较浅层,即跳转到百川版的HTML 5的商品详情页,再利用阿里系统完成支付交易。

实际上,垂直电商或导购都比较忌惮第一种模式,因为一旦采用,等于完全放弃交易,成为纯导购。"目前第二种模式带来的转化率很不错。"上述电商导购平台负责人说。

不过,美妆社区抹茶美妆CEO黄毅说,一开始抹茶美妆接入百川采用了跳转HTML 5页面模式,但消费者缺乏在HTML 5页面购买的习惯,转化率低。后来抹茶美妆选择直接跳转淘宝商品页,但问题随即出现:因为在美妆品类,消费者对淘宝并没有信任感,而天猫的美妆商品SKU又不够多。

抹茶美妆正尝试建立自己的商城,拓展与供货商和代发公司的合作。黄毅认为,那些主营非标品的APP可能和阿里百川有更多合作,因为阿里系的SKU足够多。

2016年年初,阿里手中掌握的最重要的场景——视频网站优酷土豆,接入百川。用户可以边看优酷,边购买阿里平台的商品;内容导购方则可通过百川系统提供的智能选品工具,选择阿里系商品在视频内推送。一旦完成交易,内容导购方和阿里平台都可抽取佣金。事实上视频场景在现实中很难直接导向交易,但作为内容渠道仍有很大的潜在价值,这方面还有待开发。

和阿里开放移动平台类似,京东希望通过外部场景导入流量,但京东的开放平台更像零售商。2016年年初,京东开始推进"开普勒计划",通过嫁接交易场景,输出自己的电商能力,把京东从采购、商城运营,发展为销售、物流、客服的能力全面菜单化。

徐雷认为,航空公司、运营商、银行等传统企业手中握有大量用户,其最主要的运营方式是积分兑换商品。京东希望逐步取代线下零售商,成为传统企业会员积分兑换的运营商。

目前,京东的开放平台尚未真正接入中小型APP。对于这类APP而言,京东平台体系的商品品类显然吸引力不足。前述电商导购平台负责人认为:"京东的优势是交易快,但我们要的是转化率。"

2014年,京东在上市前接手腾讯所有电商业务,换取了腾讯开放微信和手机QQ购物的一级入口,双方在资本层面实现绑定。"其实可以把这步棋看作是应对流量红利消亡的举措。"一位京东内部人士称。

在和腾讯结盟两个季度后,刘强东却在财报会上表示,腾讯两大入口没有带来明显的效果。"腾讯确实帮我们加速接触到了用户,而且在用户年龄、城市级别上都有了不同程度的拓展。"徐雷当下如此评价。

徐雷透露,目前京东和腾讯正在讨论,采用不同于京东中心化的卖场形式,而是通过包括微信公众号、服务号,以及最近推出的微信小程序等方式直接接触用户,未来京东可能向更多场景输出其电商的能力。

"BAT 3家产品形态不同,提供的服务不同,数据结构就不一样,优势也各不相同。而我们的基础判断是,他们所具有的优势都是京东所欠缺的。正是基于此,我们选择和腾讯合作。"徐雷说。

内容营销谁占优?

各类流量抢进来后,变现能力直接体现在GMV上,变现能力是电商的核心竞争力。

PC时代,阿里巴巴和京东的平台业务均是通过售卖搜索和各级页面的"广告位"(俗称"坑位")获得利润。商家通过推出"爆款"获得流量,从而带动其他商品销售,曾是电商运营的不二法门。

但移动时代的小屏幕,无论在搜索还是页面呈现方面,广告位成为稀缺资源,平台一旦提高广告费用,必定挤压商家利益,最终损伤整个平台的活跃度。

阿里上市前公布的招股书显示,2014年第一季度其旗下的中国零售平台的移动端货币化率仅为0.98%,不及平台整体变现能力的一半。所谓货币化率是体现电商平台赢利能力的关键数据,即电商交易量和平台收入的比值。

在移动时代,阿里和京东都需要开拓新的流量变现方式。

"以内容带流量、以IP(知识产权)维持粉丝黏性"是它们共同的选择,线上导购形态诞生。"为什么做内容? 因为内容带来流量,且获客成本低。"京东投资人徐新一再强调内容对电商的重要性。

手淘APP是阿里系电商在移动端的整体流量入口。2016年8月10日晚上10点,手机淘宝突然推出一场名为"一千零一夜"的活动,围绕美食主题,以短视频形式讲述神秘小帐篷里发生的16个都市奇幻小故事。"深夜是流量和内心空虚的双高峰。"手淘负责人蒋凡称,这一活动旨在培养用户通过点击活动或下拉页面,创造新的流量入口。"这样可以一楼卖货,二楼卖情怀。"

"卖情怀"的初步效果令阿里满意。第一期《鲅鱼水饺》视频播出后,1小时内销售水饺2000份,相当于线下大卖家两个月的销量;7个小时后成功销售2.5吨牛肉丸、34万只鲅鱼水饺。

蒋凡说,手机淘宝的目标是成为中国最大的生活消费的入口。"我们希望平台的价值从实物交易向外延伸,一是向生活服务、虚拟消费延伸,二是向内容延伸。"

"爆款的时代已经过去,内容和粉丝将是王道。"阿里巴巴副总裁靖捷2016年3月份在阿里全球商家大会上,对800多家商家直言。他透露,阿里目前移动端导购带来的流量,已跟搜索并驾齐驱,移动端货币化率(变现能力)开始攀升。

导购网站"蘑菇街""美丽说"曾给淘宝带来可观的流量和交易,但后来这些逐渐掌握流量的导购网站不但分流了大量商家资源,还接受了一些竞争对手的投资,引起了阿里的警惕。2013年开始,阿里通过冻结佣金、切断支付宝等手段"封杀"导购网站。原天猫总裁王煜磊曾透露,阿里一直想自己做导购网站,但受制于缺乏买手资源没做起来。

2014年上半年,阿里开始招募买手、达人,自主铺开内容导购,又在手机淘宝APP首页开辟了"有好货、必买清单、爱逛街、淘宝头条和淘宝直播"5个不同的入口给内容导购。导购内容一旦导向交易,商家就会向导购支付佣金。多位达人证实,阿里从商家佣金中抽取提成的比例是20%。

导购对移动端变现的拉动力不可小觑。阿里最新季报显示,移动端货币化率已提升至2.8%,首次超越PC端货币化率2.78%。可以说,阿里通过内容变现,在移动端转型中暂时稳住了赢利能力。

另一边,定位"零售商"的京东,也在移动端战场逐步加大内容投入。在京东高级副总裁徐雷看来,缩短用户的有效购买时间是达成交易的关键,内容栏目需要符合这个逻辑,讲究匹配性和效率。

2016年年中,京东APP上线一级频道"发现",其内容营销分为导向交易的纯导购和纯内容两种形式。此外,京东首页也设置了"发现好货、清单、直播"等多个内容入口,大部分内容为第三方品牌或达人(导购内容供应方)生产。

一年来,阿里和京东通过搭建内容和导购生态,已经形成一条达人、运营公司、平台和商家的新产业链条。粉丝运营新链条的兴起,是电商平台在移动端发生的新变化。

而在多种内容生产方式中,直播因为互动性最强,尤其受到关注。一位阿里主播说,她每个月能够完成25场直播,每场促成的交易额从几百到5000元不等。"卖货网红"的火爆,导致阿里不得不限制主播人数。"希望把网红主播数量控制在2000人。"淘宝内部人士说。

在2016年9月初的网超价格战期间,京东组织了9场明星直播,围绕9个品牌,食品、母婴、美妆、个护、酒水5大品类产品展开。明星在直播中介绍京东超市商品的同时回答粉丝提问,而粉丝可以送出礼物,这些礼物带有商家品牌和京东的标识,在直播中获得重复曝光。这9场直播总观看人数超过4000万。

但是,多位内容营销人士认为,因为商家和京东是供应商关系,从商家角度看,内容营销的需求并不迫切。"相比阿里,京东在内容营销上的反应还是慢了半拍。"一位导购达人说。

第五章

二维码支付战争

"这的确令人激动，你会觉得在做一件改变未来的事。"2017年1月，中国银联产品部总经理丁林润对财新说。此时，中国银联在中国支付行业至高无上的地位，正被骤然崛起的互联网巨头们不断挑战。

丁林润描述的是过去两年间，二维码支付如何改变并将继续改变中国人的支付习惯。从替代现金、钱包，到连银行卡都不需要随身携带，只要有智能手机在身，"扫一扫"二维码就可以完成支付。从在街头买水果、超市买菜，到乘坐地铁或出租车，从商场到医院，二维码支付席卷了几乎我们可以想象的任何场景。尤其是互联网基础较好的一、二线城市，不带钱包出门已成常态。

目前中国移动支付渗透率达64.7%，已成全球第一大移动支付市场。银联卡基支付、NFC近场支付、二维码支付三大支付手段共存，其中，NFC近场支付由金融机构主推，但实际用户寥寥，市场份额较小。真正形成排山倒海之势的，当属互联网公司力推的二维码支付。

二维码技术并不算创新。所谓二维码支付，就是以手机等各类移动硬件通过扫描黑白二维平面几何图形，识别其中的交易信息，切换至线上完成支付。这种将收单信息植入二维码的方式，颠覆了传统线下交易的支付链路；同时这样简单、低成本的前台呈现方式，突破了移动支付受制于硬件改造的瓶颈。

出于对安全隐患的担心,二维码支付普及之初(2014年3月),曾被央行紧急叫停,激起业内热议。2016年8月,央行配套出台相关业务规则和标准,二维码支付才全面解禁。

基于二维码和手机的移动支付战争早已打响,在2016年下半年更趋白热化,所有零售业态都已入局。

原本就以颠覆旧模式为使命的中国互联网公司,从未停下前进的脚步,通过技术平台、生态系统,裹挟数千二维码支付服务商,向中国超过2000万线下商户急速进军,攻城略地,迅速蚕食银联和银行花费十多年积累起来的商户和用户。目前,二维码支付几乎被阿里的支付宝和腾讯的微信支付(持牌方财付通)垄断,成为两家实现O2O的关键抓手。

微信和支付宝已经分别握有8.5亿月活跃用户,以及4.5亿实名用户,无论在B端(商户)还是C端(消费者),都极具竞争能力,目前两者合计占据线下移动支付近70%的份额。

火拼之下,两巨头的竞争格局也在发生微妙转变——2017年年初,腾讯CEO马化腾称微信支付在线下已经全面超越支付宝。"这和我们的观察一致,微信目前是打开频率最高的APP,支付宝的市场份额还会继续降低。"一位国有商业银行电子银行部人士说。

而中国银联、银行等传统金融机构终于获得政策放行,迫不及待地冲入"战场"。银联试图携同商业银行,从互联网公司手中夺回移动支付的主动权。2016年12月12日,中国银联正式发布二维码支付标准,同时联合各银行和近2万家知名商户门店,从"双十二"、元旦到春节连续造节,推出"史上最大"的移动支付推广活动。通过银联或银行客户端(APP),扫二维码切入移动支付。"此次银联能否为近场支付抢回一点市场份额,怎么个打法,将决定银联二维码支付或'银行系'二维码支付市场的未来。"银行人士称。

无论是银联,还是支付宝、微信,它们的目标都是做最大的移动支付平台。但是,银联的定位是聚焦支付领域,做全球银行卡转接清算服务的提供者、银行卡产业标准和规则的制定者与推广者,涵盖线下和线上;两家互联网支付巨头,则通过支付这一入口获取交易数据,提供营销、会员管理等增值服务,包括行业解决方案等企业级服务,甚至衍生到信贷保险等金融服务。

2016年,第三方支付的监管环境也在发生重大变化。在国务院部署清理整治互联网金融的背景下,央行落下"三大锤"整治第三方支付,希望给支付巨头之间的战争创造一个相对公平的竞争环境,确定行为的边界,这对市场必将产生深远影响。

第一大锤是2016年2月,央行打击"二清机构"(指无证经营银行卡收单和网络支付业务),抽掉各类违规支付服务机构的资金池。被清理掉的"二清机构",往往是微信和支付宝等得力的"地推"伙伴。

第二大锤发生在同年9月,银联卡刷卡费率调整落地,取消此前各行业的不同费率,拉低平均费率,使银联支付费率向第三方支付机构靠拢。过去背靠银联、通过套取不同行业支付费差的各类机构失去了利益驱动,和银联的绑定开始松动。

第三大锤是央行定下时间表,决定在2017年3月上线网联,打造第三方支付的统一清算平台。与之相关,2017年1月13日,央行宣布正式将第三方支付机构的备付金分步上收,统一存管到央行指定的商业银行,不再付息。由此,微信和支付宝通过备付金资金池与银行博弈费率的基础不再,在成本结构上将和银联逐步拉平。

在移动支付玩家眼中,并不复杂的二维码技术不过是一种过渡方式。也许就在不远的未来,交易场景里就将没有任何支付动作和实体货币流动。不止一位受访者提到了2016年年底推出的亚马逊实体商铺,消费者拿了商品就可离开,店铺通过人脸识别对应人和账户体系,后台自动从信用卡扣款。

"移动支付市场与传统市场最大的不同是,市场格局维持均衡的时间很短,某一个新技术的出现很容易颠覆现有模式。市场的快速摇摆,也给监管带来很大挑战。"中国政法大学金融创新与互联网金融法制研究中心副秘书长赵鹞表示。

但眼下,所有玩家都不得不加速进入这场以二维码为载体的移动支付战争。只有稳住这一局,才有资格拿到下一场"游戏"的门票。

监管重塑竞争边界

对于第三方支付机构来说,2017年最大的变数首先出现在监管层面:套利空间正在不断缩小,行业面临一轮大洗牌。

"预计这一轮整治下来,最多剩下几十家。"拉卡拉高级副总裁唐凌说。

在业内看来,二维码支付市场发展神速,原因在于:第三方支付机构的二维码支付基于三方模式(支付机构、银行、商户);银联仍基于传统四方模式,即前述三方外,还要加上银联。

在三方模式中,支付机构身兼发卡机构(虚拟账户)、收单机构、准清算机构,只涉及支付机构和商户两方,协调效率较快;而四方模式需要真正协调四方,甚至包括移动硬件厂商这第五方,决策链条长、协调成本高,进展慢,容易贻误战机。

相对传统银行卡支付,二维码支付不需铺设POS机具,费率也低,特别受小商户青睐。"商户自己搞一个二维码,就可以变成借记卡支付,省去了信用卡的费率成本。"一位银行信用卡中心人士称。

但三方模式也有缺陷。比如,对于用户而言,个人信息在四方模式中不会被清算机构留存;而在三方模式中,支付机构违规留存客户信息的现象比较普遍。由于第三方支付的管理漏洞导致个人信息泄露,已成为包括电信诈骗在内的主要隐患。

野蛮生长终有尽头。支付业的监管者央行,一直在密切关注行业变化。

继此前实名开户、账户分类等"组合拳"后,2017年1月13日,央行推出酝酿已久的客户备付金集中存管制度。这要求支付机构将部分客户备付金交存至央行指定的机构专用账户,2017年4月17日首次交存的平均比例约为20%,未来最终要达到100%集中存管,交存部分的备付金不再计息。

备付金利息收入,本是第三方支付的利益核心。所谓备付金,是指客户的待付货币资金,也是第三方支付机构的沉淀资金,过去由各类第三方支付机构自行存放在各家商业银行吃利息;同时作为企业存款,是与银行谈判转接费率的筹码。

2017年3月底,网络支付清算平台网联将上线,支付机构可以自主选择接入网联或银联。这意味着,现有以支付宝和财付通为首的绕开银联、直连银行的"三方模式"将被切断,回归监管力推的"四方模式"——发卡行、收单机构、商户、清算机构四大角色分工制衡的模式。这是国际支付市场的通行规则。

备付金集中存管、网联平台等举措,都显示央行引导支付机构回归业务本源的决心。第三方支付机构将成为支付通道,而不再同时扮演发卡机构、收单机构、准清算机构的多重角色。这种绕过银联、直连银行的封闭账户体系,资金流向透明、信息来源不明、交易不留痕,不利于反洗钱等金融监管。

"一旦网联上线,第三方支付会否回归收单机构?如果这是方向,将成为银行和收单机构的共赢。但银联也面临网联的竞争和挑战,其市场份额将会被网联分割一大部分。当然,这还要取决于网联的费率机制、为支付机构提供的服务质量等。"有银行人士认为。

"未来移动支付市场如何变局,现在还很难判断,接下来的半年到一年是关键的观察期。"有业内人士表示。

银联"二次创业"

终于等到上海迪士尼开幕,作为官方支付机构的中国银联却高兴不起来。按照原先估算,2016年迪士尼门票收入可达40亿元,园区内消费总计200亿元,银联本可凭借独家支付协议,锁定当年至少240亿元的一大支付场景。

但在2016年12月银联推广期间,迪士尼园区几乎家家店铺门口都站着支付宝的地推人员,他们举着二维码招揽游客使用支付宝购物,店铺人员也帮着推介二维码支付。"挺无奈的,店内不许用支付宝的标志,支付宝就用人。"一位银联人士说。

这不是银联第一次面对"互联网式"打法的挑战。在2016年8月放开二维码支付禁令之前,微信和支付宝一直暗中"抢跑"。

"这是银联的二次创业,希望再造一个数字银联。"丁林润说。银联的移动支付业务团队被逼到了前台和互联网公司对战。2016年以来,银联以手机近场支付(NFC)为切入点,加快布局移动支付。2017年年初,银联开始力推二维码支付。连续两年的"双十二",中国银联的移动支付产品——非接触式支付POS"云闪付"都参与了电商促销战,对标和借势之意明确。

在丁林润看来,2013年和运营商中国移动达成移动支付合作,是当年双方"伟大的妥协",标志着产业链的核心企业开始合作推动移动支付发展。

但据知情人士回忆,当时银联和运营商双方仍磨合不易,在用户体验和利益关系上难以周全。利益上,银联希望将金融应用写入SIM卡,运营商却需要银联资金补偿;体验上,运营商无法实时发卡,换卡需用户去营业厅柜台。银联曾试过邮寄等手段,但因推广链条太长,效果不彰。

NFC支付功能被很多手机厂商视为鸡肋。小米在米3产品上投入10亿元,加入NFC支付,最终发现因为缺乏场景,无法变现,也无法提高用户黏性。2014年,小米4放弃了NFC。2016年2月,Apple Pay推出,接入星巴克等线下门店,被视为银联NFC支付翻身的标志性事件。星巴克近2500家店铺支持Apple Pay和"云闪付",当时没有接入其他第三方支付。

"苹果之后,三星、华为、小米迅速跟进,突然所有手机厂商都觉得应该支持移动支付了。"一位银联人士称,但NFC仍需商户端硬件改造。"截至目前,银联已有1200万台POS机支持非接触式支付,超过拥有POS机总量的50%。"

"星巴克是考量所有平台商务拓展(BD)队伍的关键,也是衡量银联二维码支付能否成功的关键。"银联相关人士指出。和很多互联网公司类似,银联也要求业务人员背KPI。

但市场不等人。2017年1月,微信支付宣布接入星巴克,银联失掉了首个独家场景。

丁林润回忆称,银联早在2005年就开始研究二维码支付技术,2013年即在广东试点。2014年央行叫停二维码支付时,银联马上停止所有推广。但是,在此后两年间,互联网公司的移动支付交易规模翻番增长。

"竞争对手值得尊重。互联网公司的二维码线下市场生态链做得很漂亮。互联网公司的成功让银联明白,线下做移动支付,推广比产品本身更为重要。"上述银联人士说。

此次银联携众多银行推银联版二维码支付,市场不乏悲观论调,认为先机已被支付宝和微信占尽,最佳时间窗口已过。

不过,也有观点认为,目前支付宝和微信的二维码支付在一、二线市场已较饱和,"未来中国移动支付的市场拓展主要在三、四线城市,就看商户买谁的账。"一位银联人士认为,商户是关键。

事实上,二维码支付由于便捷、成本低,并没有排他性,目前已逐渐成为零售商户众多的县域市场的主流支付工具。未来除了商户方面,消费者的选择也是重要因素。换言之,谁的服务更便捷、安全,更有吸引力,消费者就会选择谁。

目前,大额支付场景仍是银联的主战场,垄断了借记卡市场;微信和支付宝则垄断小额高频应用场景,但总金额占比不高。"5000元以下的市场,80%交易份额被微信和支付宝占领,据我们统计,平均交易额单笔在200~300元。"一位大行电子银行部人士称。

截至2016年年底,银联在境内约有2000万商户,2400多万台POS机。1月17日,中国银联发布最新交易数据,2016年银联网络转接交易金额72.9万亿元,同比增长35.2%。

银联和银行的同床异梦

在二维码支付市场,银联和银行将如何扭转格局?"关键是银联和银行能否达成共识,快速推进二维码支付。"一位银联人士称。目前银联的策略是联合银行一起推广二维码。按照银联的战略,未来将实现银联二维码的跨行联网通用,即"一码通",打开任何一家银行的二维码,都可对接商户的银联版二维码,一键完成扫码支付。在2016年年底以来的大促销中,各家银行已陆续按照银联二维码的支付标准改造自己的产品。

银行业人士自信的是,在基层县域,银行的营销资源比微信和支付宝多。"地推资源和对商户的专业服务能力,第三方支付比不过银行。维护周边商户一向是基层银行的服务重点。"

不过,在业内看来,虽然银联和银行的联手阵营很大,但两者关系并不牢靠,各有心思。

"银联把我们拖下水了,不得不加入这场二维码支付的战争。但银联和银行也是同床异梦,因为银行只想推自己的APP,保住和用户的高频接触。"一位银行人士称。

他解释说,对银行来说,目前存、贷、汇三大板块业务,在利率市场化及经济不景气现状下,存款已经没有意义,放贷的有效需求不足,"银行只有抓住支付即'汇'这一端"。"银行和客户打交道的唯一高频机会只有支付,高频应用场景是银行最后的抓手。这是银行发展小微客户的关键渠道。"

目前,银行系二维码有两种:一种是银行推广银联的二维码,另一种是银行用自己的二维码直接对接商户,但技术标准是银联的。前述银行人士表示,在二维码支付最初的合作中,银行和银联纠结的地方在于,在跨行绑卡环节必须要跳到银联页面。虽然支付时仍停留在银行界面,银行也仍不愿意这一入口被银联掌握。"赶走了一头狼,又来了一只虎。"他如是形容。

"绑他行卡须跳转银联界面这个环节,是出于安全验证因素。"一位银联人士称,"银联二维码标准也刚推出不久,产品还在紧锣密鼓地识别测试中。但从银联角度,我们支持和银行的合作,怎么便于推广怎么来。"

工行、建行分别于2016年7月、11月推出了自己的二维码,但基本遵循了银联的二维码技术标准。2017年年初,工行二维码支付正式上线被扫功能,并支持绑定17家银行境内银联卡。

被扫功能,是指商户的扫码枪扫描消费者手机中的付款二维码完成支付。2014年,央行曾暂停二维码支付的主扫模式,即消费者扫商户,担心扫描到恶意二维码造成用户资金被盗,被扫模式可减少相应的风险。

银行人士透露,由于银行有抱怨,银联也在技术调整。"其实银联只要做好二维码支付标准,各家银行都能通用就最好了。"一位建行人士说。

银行一边和银联联手,一边也与支付宝、微信"暗度陈仓"。比如建行曾主动寻求和支付宝合作,实现双向互扫,基本逻辑是支付宝在前端唤起建设银行的APP。"银行和支付宝合作的最大诉求,是提高手机客户端装机量。"一位支付宝人士说。

由于"银行系"APP没有社交和电商属性,消费者装机率和使用率都较低,银行需要想方设法增加用户黏性。在银行们看来,虽然2017年都会推出基于银联二维码的"一码通",但还要看各家银行如何投入,来吸引C端客户迁移。"目前看,银行很难和支付宝、微信三分天下,打开频率差距太大。"多位人士称。

当银行发现自己的APP并不是那么好推广时,完全可能反水去推微信和支付宝的二维码支付。

"其实很多银行现在都是两头干,自己发展商户,同时也做微信和支付宝的代理。大行仍主要推广自己的APP,但小银行没办法,因为用户黏性太不够了。"一位股份制银行人士无奈地说。

事实上,很多二维码支付背后的受理机构是银行,比如一些水果摊类的小商户,表面上是用支付宝和微信的二维码扫码支付,但收单机构实为银行。

"银行的优势在线下。银行无所谓用谁的二维码,只要走银行通道就行。在第一轮移动支付竞争中,银行忽略了流量,结果客户入口都被互联网公司掌握。现在面临二维码支付竞争,银行拼命也要把住流量入口。"赵鹞分析称。

互联网巨头的焦虑

微信和支付宝近年来攻城略地,在移动支付领域打得过去垄断市场的银联节节后退。然而,微信和支付宝过去一年均有高层人事变动。微信要不要变现?支付宝怎么做社交关系链?这些市场最关心却看不懂的问题,也显示出两大巨头的焦虑。

微信支付负责人吴毅在2016年5月离职,他曾是微信红包开发的负责人、财付通产品总监。"他本来带着Pony(腾讯CEO马化腾)对微信商业化的要求进入微信,但不适应张小龙的思路。"一位腾讯内部人士称。吴毅的离开,预示着踯躅不前的微信支付商业化路径前景更加模糊。

微信支付总监黄丽谈及"变现"话题时极为谨慎:"在我脑子里,怎么变现有清晰思路。但要不要做,怎么做,最终微信都要整体考量。"

微信虽如日中天,变成集媒体、支付、电商、社交等于一体的全功能的超级平台,却一直担心新的超级应用诞生后马上替代自己。因此,不断提升用户体验,成了微信创始人张小龙的首要"军规"。在这样的战略选择下,微信支付一直把变现问题排在后面。

技术出身的张小龙,对微信商业化始终保持克制而强硬的态度,坚持商业变现不让步于用户体验,这在微信乃至母公司腾讯内部也有很大争议。

2017年1月9日,微信小程序正式上线。张小龙对小程序的产品逻辑是即用即走,不分发流量、不准发朋友圈,把营销和广告挡在门外。微信支付行业运营总监雷茂锋举例称:"以前扫码点餐需要成为餐厅公众号会员,但小程序出来后可以一扫就点餐,支付路径更短更顺畅。"这意味着商户较难从小程序支付流程中留存会员信息。

有第三方支付公司高层评价,微信支付在产品层面领导行业,却始终不在意商业化路径:"财付通作为其后端,并不在微信体系内,微信支付推再多商户,补贴第三方服务商,唯一能看到的就是朋友圈广告,却看不到财付通、微众银行对口提供任何金融产品和服务。"

支付宝从不讳言,移动支付要打通交易和数据,走金融、营销两大变现路径。但伴随着微信活跃用户量爆发式增长,支付市场份额迅速接近并超越自己时,支付宝越来越焦虑社交关系链的缺失,先后多次改版引入关系链产品都不成功。

2016年11月下旬,支付宝上线社群类产品"圈子",根据实名认证账号的各种消费数据和习惯,将不同人群特征的用户邀请进入不同的生活圈。但部分"圈子"上传大尺度照片,并将个人信用等级作为评论门槛等,引爆了舆论的批评。事后,蚂蚁金服董事长彭蕾措辞严厉,要求支付宝反思。

一个月后,蚂蚁金服宣布新一轮架构调整。支付事业群负责人被调离,整个支付业务实行"班委制",不设负责人,3条业务线负责人直接向蚂蚁金服CEO井贤栋汇报。

"蚂蚁内部缺乏一个像张小龙这样的强产品领导人,短期内也很难找到合适人选。班委制可以看成是三个臭皮匠顶一个诸葛亮的安排。"一位接近蚂蚁金服高层的人士认为,这是支付宝过去多年社交焦虑的集中爆发:"未尝不是一件好事,上下都可以停下来想一想到底要不要做、怎么做社交。"

"阿里系"公司包括支付宝团队历来以强运营、强推广著称,有支付宝离职人士指出:"在新的移动支付时代,支付宝在移动支付领域的很多产品包括开放平台方面,都只能跟随微信,丢掉了支付宝十多年的先发优势。"

原支付宝事业群负责人樊治铭的调离,是支付宝过去一年多频繁变阵的一个注脚。多个受访对象都指出,支付宝人事和业务架构变动太频繁:"感觉一条道走着走着快到终点了,突然又换一条。"

相爱又相杀

微信支付总监黄丽以"相爱相杀,竞争合作",来形容目前移动支付市场主体间的关系。

实际上,银联和微信支付也在讨论合作的可能性。在黄丽看来,银行在合作中看重微信支付的收单能力和客户黏着度。"我们和银行等机构,不是一朝一夕的平衡,都是竞争合作同步。"

做平台,是银联和微信支付、支付宝的共同选择。它们都明白,单纯支付业务没有门槛,给各方提供增值服务以及后续的金融服务等,才能真正吸引商家。2015年,微信推出开放平台,支付成为最重要的程序接口(API)。

但银联和互联网公司的平台模式不同。银联在四方模式下做平台,优势是单纯的清算机构,没有账户体系、不做收单、相对中立;而劣势则如前文所述,和银行始终处于复杂的博弈之中,各方利益协调不易。

过去3年,微信对第三方服务商的态度转变巨大,2014年3月推出时只接商家,2015年9月才对第三方服务商开放。2016年4月,微信高调公布名为"星火计划"的第三方服务商扶持计划。2016年,微信为扶持第三方投入超3亿元,支持的服务商超过2000家。微信通过开放,把不擅长的"地推"、商户服务等业务交给服务商,商户拓展呈指数级增长。

黄丽指出,微信还向服务商开放数据、技术服务及市场资源。目前,朋友圈广告已从开始时的严格审查,到让服务商帮客户自主投放。

支付宝开放平台对微信开放平台展开"像素级别"的模仿,移动端的服务商开放体系、激励政策、PC端的页面,甚至页面上的字体,几乎完全一致,不同的是补贴力度高于微信。

"狼性十足"的支付宝刚成立开放平台,就公布名为"春雨"的第三方扶持计划。业界解读有"春雨"浇灭"星火"之意。根据计划,支付宝3年内向第三方服务商提供10亿元现金,针对单一接入的ISV给予奖励。

补贴的效果立竿见影。支付宝支付业务拓展总监黄丹枫透露,截至2016年年底,开放平台上注册开发者超20万,服务商超1万。

最终KPI体现为商户数量和交易笔数。"我们的KPI很严厉,静态要和自己比有增长,动态还得跑赢整个行业大盘。"黄丹枫说,2016财年的KPI正在按计划推进,2017年3月见分晓。

不过,第三方服务商很难和单一支付平台绑定。零售业移动支付服务公司"米雅"创始人杨德宏指出,零售商接入支付宝有很大心理门槛,因为其背后是竞争对手淘宝。杨德宏想做中立第三方,已接入包括支付宝、微信、百度钱包在内的多个移动支付，每日平台流水过亿元。工行推出二维码支付后，也开始接触杨德宏，讨论在杭州做个试点项目。

和握有大量商户资源的第三方服务商不同，支付平台上的很多服务商目前基本靠各家补贴活着，哪家补贴做哪家。

平台清楚补贴不是长久之计，但在启动业务、规模扩张阶段，"药"不能停。"持续补贴的后果一定是一地鸡毛。互联网说羊毛出在猪身上，狗买单。单总得有人买。"黄丹枫直言。

在黄丹枫看来，要将补贴从常态化转为营销活动化，只能在市场足够成熟之后，而成熟的标志是移动支付下沉至三、四线城市："三、四线城市的信息化水平更低，推起来更难，更需要第三方服务商。"黄丽则认为，对于开放平台来说，产品创新才是唯一竞争力。微信对新推出的小程序寄予厚望。

对于补贴战，银联却只能作壁上观。一位银联人士称，在四方模式下，银联如果自己补贴B端（商户），属于商业贿赂行为。

和银联合作的收单机构，正在纷纷接入互联网二维码支付。包括银联投资的收单机构银联商务，其过去多年帮助银联在全国超过600万商户推进POS机支付。然而，二维码一来，银联商务也被合作多年的商户，倒逼着接入了微信支付和支付宝，因为如果银联商务不接，商户很可能"用脚投票"。

银联商务一直帮助银联推NFC支付，但NFC用户体验不佳是致命伤，不同品牌手机的NFC触发点不同。"用户找来找去找不到NFC，这样的情况只要发生一次，收银员以后就没有动力推了。"一位收单机构人士称。

2017年1月，京东金融宣布和银联合作，承诺遵循四方模式。至此，全国200多家第三方支付公司中，唯有支付宝不肯接入银联。事实上，银联和支付宝之间曾多次讨论双方合作的可能性，但都因为两家战略过度一致而难以达成合作。

线下场景的较量

近年来,二维码支付是腾讯和阿里对线下场景争夺的切入口,其中尤以餐饮和出行两个行业最符合"高频小额"特质。

两大O2O平台,"阿里系"的"口碑+饿了么"与"腾讯系"的美团点评彼此对标,直接影响支付宝和微信支付的竞争格局。

正是看清这一趋势,腾讯在美团点评、滴滴快的的合并中,不惜给管理层高溢价退出条款,且高估值跟进追投。美团点评合并后的日订单量达1300万单,滴滴的订单量因为专车新政有所缩水,但仍在千万单级别。

故事在2016年发生了变化,源于美团买下第三方支付公司钱袋宝。钱袋宝成立于2008年11月,是国内首批获得央行第三方支付牌照的企业之一,2015年平台交易额超过1000亿元,营收2亿元,净利润逾5000万元。美团CEO王兴和钱袋宝都不愿意透露交易价格,但多位市场人士称,钱袋宝估值高达13亿元。

对此,王兴曾解释称:"我们要将支付嵌入交易场景。"王兴将支付看作在互联网下半场转向服务B端战略的关键一环。而在高榕资本合伙人张震看来,美团自己做支付,是因为不愿意将交易数据暴露在竞争对手眼前。

第三方ISV天子星创始人杨洪称:"美团要成为所有商户在支付端的唯一入口,银联、微信支付、支付宝等支付通道都接入,用户支付时只需扫美团的二维码即可,这也解决了商户的对账难题。"

但收购钱袋宝之后,美团点评和腾讯的关系变得十分微妙。一位接近腾讯高层的人士直言,腾讯对美团做支付颇为忌惮:"目前看来,腾讯方面一定会设法摁住王兴,抑制钱袋宝发展。"他透露,滴滴出行也在市场内询价支付牌照,而腾讯和微信支付绝不愿意看到两大场景丢失。

另一边，"阿里系"放弃生态模式，在餐饮领域重金重启口碑品牌，随后又以12.5亿美元投资饿了么，也是为了将两大场景抓在手中，直接对战美团点评。

口碑CEO范驰称，口碑的核心逻辑是帮助线下商家经营和管理原有的线下流量，从营销入手，最终为线下商家提供进货、订货、管理会员、前台点餐、预定、金融等配套的解决方案。范驰称，2016—2018年，口碑不向商户收取费用，只收支付手续费交给支付宝。目前口碑的合作商户数有150万家，计划2017年拓展至500万家，2020年达到1000万家。口碑最新披露的数据显示，其日交易笔数超过1500万笔。

2017年1月，口碑完成新一轮融资，到账11亿美元。投资方包括银湖资本、淡马锡控股公司、马来西亚国库控股、鼎晖投资、春华资本、云锋基金以及其他一些机构，中投介入较晚，具体入股条款还在谈。

但是，口碑作为蚂蚁金服的"亲儿子"，也给市场带来了竞争公平性的担忧。一家支付宝服务商说："市场都觉得口碑和支付宝就是同一家。口碑原来主要做餐饮，现在什么都做，包括一些我们很早就切入的场景。"

除了O2O场景，由于大型品牌商或连锁机构自有流水大、标杆意义强、互联网诉求复杂，微信支付和支付宝通常组建专门团队对接推广。

张伟在支付宝负责服务大型服装品牌等大用户（KA），他总结对接大型品牌商的特点是"决策流程长、要求多、产品复杂"。支付宝接入ZARA用了一年零三个月。"在西班牙，没人用移动支付。"

让西班牙人点头的前提是：如果接入支付宝，总部必须实时可见账务。这意味着，支付宝必须改造ZARA店铺的多个后端对账流程。完成ZARA项目之后，张伟团队又先后接入H&M和优衣库等。而ZARA目前正在和微信支付谈合作。谈到自己走通的流程，为别人做了嫁衣，张伟很平静："竞争就是如此。前端接入一个支付只是浅层连接，谁能真正深入整个交易流程，才是关键。"

麦当劳、肯德基和星巴克这类连锁企业,也是支付平台典型的 KA 商户。2015 年 7 月,肯德基首先接入支付宝;两个月后,麦当劳同时牵手微信支付和支付宝。2016 年 9 月,就在蚂蚁金服集团接洽肯德基母公司百胜中国,准备投资百胜中国的时候,肯德基却选择接入了微信支付。百胜中国内部人士表示:"只要消费者需要,即使股东也无法说'不',不是吗?"

各类场景中,医疗行业被公认为"最难接入行业",但好处是一旦接入,系统迁徙成本高,很容易锁定商户。目前,支付宝和微信支付都在深入行业,阿里的"未来医院"和腾讯的"智慧医院"高度对标。银联则高举高打,从主管部委切入。丁林润透露,2017 年银联将和国家卫计委合作,由银联做信息转接,解决异地医保实时结算问题。

第六章

BAT 寡头之战

BAT 3个巨大的寡头生态圈正在逐步成型。

　　2015年的互联网"小巨头"并购潮,与这三大生态圈的演变相辅相成。这一年,上半年"泡沫说"火热,下半年"寒冬论"突至,贯穿全年的是"小巨头相杀变相爱"。每一个并购案背后都有BAT无形的手,推动细分行业重塑格局。

　　"BAT是天上的神仙。神仙在看人间打仗,而我跟滴滴、快的这些兄弟们就是打仗的凡人。"深度参与滴滴快的、58赶集以及美团大众点评3桩合并案,被称为2015年互联网行业并购最大"媒人"的包凡如是感叹。

　　2015年年初,滴滴和快的闪电合并令市场哗然,而这只是多米诺骨牌倒下的第一张。紧接着,58同城和赶集网,美团和大众点评,携程和去哪儿,这些过去多年拼死对战的公司相继合并,新合并的四家公司迅速变身"四小巨头"。

　　这些并购案体现了资本的强大逻辑:资本投到一定时候肯定要实现利益最大化,而实现利益最大化肯定需要整合,从而形成市场里的某一种垄断。

　　无论BAT、小巨头还是背后的资本,历经百战之后都得出一个结论:互联网2C(面向消费者)实现赢利的前提就是赢家通吃。为了做长久的大赢家,BAT正抓紧巩固各自生态圈。过去几年,三大公司之间的卡位竞争早已公开化,但那些收购兼并相比2015年来说只是"前菜"。出行、分类信息、本地生活、OTA四大细分行业排名一二的对手,最终在2015年产生巨量的化学反应,两两合并,坐实行业老大,促使BAT三大生态圈走向了更高层级的闭环与成熟。

移动互联网时代,BAT都说要做"连接",内在逻辑却大不相同,三寡头错势定位的竞争生态基本成型:百度自喻"冰山",海面上是手机百度和百度地图两大入口,中部是核心业务搜索,海底则是O2O的"3600行";腾讯要做"亚马孙森林",森林中央是腾讯自己的线上内容,以微信和手Q两大社交平台输血投资领地,最终实现连接一切"树木";阿里要做商业社会的"水电煤",打通云和端,控制各条战线,最终落地金融支付和数据变现,形成闭环的移动电商生态体系。

"四小巨头"的相继诞生,令背后BAT网罗天下的棋局进一步浮出水面,关于BAT是否形成更强垄断格局的争论越来越热。似乎谁都逃不脱BAT的势力,无论这三家在具体案例里是推动、阻碍还是中立。

互联网企业"野蛮生长",巨头之间横向兼并,市场边界越来越难以清晰界定,市场主体的市场份额、市场支配力、对竞争的约束等越来越难以度量,这已经成为一个全球性的市场监管难题。

BAT垄断了吗?垄断了什么?通过投资并购形成的垄断,到底能产生怎样的经济效应?创业者在BAT之外还有没有独立生长的空间?

百度操盘"携程＋去哪儿"

近年与阿里巴巴、腾讯体量差距渐大的百度,经携程去哪儿合并一役占住OTA,总算扳回一局。

作为旁观者,深度参与多桩小巨头合并案的华兴资本董事总经理王力行认为,这一战让百度明显活过来了。

携程去哪儿的收购案是叶卓东到百度后交出的一份不错答卷,最终他和百度创始人李彦宏一起坐进了携程的董事会。叶卓东英文名Tony,2015年9月9日,这位有13年投行从业经历的前高盛董事总经理低调履新百度副总裁、投资并购部总经理。加盟百度前,叶卓东曾参与大量IPO和并购案,包括香港历史上最大合并案——长江集团与和记黄埔的合并。

叶卓东到岗百度仅一个月,即成为携程和去哪儿换股合并的操盘手。2015年10月26日,两家上市公司突然宣布换股,百度获携程25%总投票权,而携程拿下去哪儿45%总投票权,两家合并后市值达到122亿美元,坐实OTA行业第一把交椅。

百度内部认为,这起合并对百度"连接人和服务"的发展目标具有战略意义。百度通过去哪儿和携程换股的方式,在OTA这个重要的服务垂直领域牢牢占据了领先优势,也能腾出更多精力和资源去整合其他重要的互联网服务,例如互联网金融、教育和医疗等领域。

BAT战略布局OTA市场,开始于2011年。2011年5月,腾讯宣布以约8440万美元投资以酒店业务见长的OTA网站艺龙约16%股份;紧接着的6月,百度迅速下手去哪儿,由叶卓东的前任汤和松操刀,以3.06亿美元控股去哪儿,这是当时百度历史上最大的一笔战略投资;阿里尽管从2010年开始涉足在线旅游业,但电商平台模式不温不火,直到2014年10月转型推出独立品牌"去啊",事实上是开始加码包括旅游业在内的线下服务生态。而携程自1999年创始、2003年美国纳斯达克上市以来,一直是OTA领域的老大。

去哪儿2005年成立,创始人庄辰超以平台模式切入,在机票和酒店两个阵地和携程大打价格战。百度控股去哪儿之后,为后者打开了免费的流量入口,而在PC时代,百度流量对任何创业企业来说都是巨大的线上成本支出。2015年,去哪儿一度在机票市场份额上超越携程。

汤和松时期的百度投资,体现出强烈的买断控股风格,无论是控股去哪儿、爱奇艺,还是2013年并购91无线、PPS和糯米。2014年8月,随着汤和松退休离职,百度的投资风格开始转变。李彦宏在多个场合对资本市场和创业公司表态称:百度的投资不谋求控股,而是要建立"连接人和服务"的移动端新生态,因而O2O成为百度布局的战略方向。

由此,百度控制的各条业务线公司都需要重新定位。去哪儿的位置变得尴尬,一方面,在百度O2O业务里,去哪儿仍是最大的GMV贡献者。根据百度2015年第三季度财报,去哪儿、糯米和外卖三大业务的GMV总计602亿元;而根据去哪儿同期财报计算,其GMV可能高达500亿元。

但另一方面,去哪儿消耗大量资本硬拼携程,造成巨幅亏损。在竞争最白热化的2014年第三季度,去哪儿营收5.01亿元,同比增长107.8%,但净亏损5.7亿元,同比增长1060%,这意味着其以10倍亏损换取1倍业务增长。

去哪儿事实上已是百度的"烫手山芋"。携程创始人梁建章透露,在携程、去哪儿最终合并前,百度、携程、去哪儿等各方多次接触:"都有意愿,当然几方可能注重的条件不一样,有的注重价格,有的注重公司的发展方向,但那是另外一回事,建立股权关系的意愿几方一直都有。"

携程2015年5月出手增持艺龙,一度打乱了和去哪儿谈判的节奏。当时携程以4亿美元获得艺龙37.6%的股权后,还给去哪儿发去了收购要约,称将购买其所有流通股份,但一向自负的庄辰超拒绝了提议。

梁建章看到,在线旅游行业烧钱越来越烈,携程本身已实现赢利并有自然增长,若不是在价格战上投入太大,携程的利润还会好很多。

2015年国庆期间,美团和大众点评的闪电合并,成为压垮携程、去哪儿和百度三方心理的最后一根稻草。美团把酒店业务独立为事业群,已经杀入去哪儿和携程的领地。百度也看到,美团和大众点评合并后打消了资本市场对它们烧钱的顾虑,新一轮融资和整体估值均创新高,而腾讯通过资本助推美团点评诞生,将O2O战场上的重要阵地纳入其生态体系。

百度亟须稳住盘面,再也不能由着庄辰超"任性"。三家重新坐上了谈判桌,和其他双巨头合并不同,叶卓东代表百度取代了去哪儿创始人庄辰超,成为主导交易的一方。整个谈判基本上是百度和梁建章谈价格、交易结构等核心内容。

急补移动端

对百度和叶卓东来说,携程与去哪儿的合并开了一个好头,因为引入了一个新的变量。

百度创始团队几乎清一色技术出身,在PC时代重运营的交易类业务上并无太多建树。此外,百度的决策机制一直是"多数人提议,委员会讨论,李彦宏拍板",而李彦宏一直缺少像刘炽平(腾讯集团总裁)、蔡崇信(阿里巴巴集团董事局执行副主席)这样在投资领域和资本市场都能撑起一片天的帮手。

叶卓东的加入被外界视为一个可能的变量,此时百度向移动转型,以投资带生态的逻辑刚刚理清。

2013年,百度以19亿美元收购91无线,收购价格之高令市场瞠目。不过百度内部却认为,收购91对百度仍具有极重要的战略意义。百度内部越来越清楚地认识到,价格只是技术层面的讨论,分歧只是几亿美元的问题,而战略层面看,百度拿下91,从搜索端和应用商店端一体化满足用户获取应用分发的需求,这是几十亿甚至上百亿美元的问题。

李彦宏在2015年9月的百度世界论坛上向外界宣称,百度不仅要连接人和信息,也要连接人和服务,而连接人和服务需要一个庞大的系统,这类似于一座冰山,人们看到手机百度、百度地图、糯米等百度入口级产品和应用,但这只是冰山露出海面的部分,水面下最底层的是百度连接"3600行"的服务接入,中间需要通过大数据、知识图谱等技术将各种服务进行标签化的处理,以便人们在需求产生时,能根据任何一个场景化的输入来进行对接。

百度认为,从长远来看,大数据技术和语音、图像等交互技术将在连接人和服务的过程中扮演关键角色。上一轮PC互联网兴起时,门户网站完成了新闻等信息的线上化,而百度通过搜索将人和信息对接,从当时三大门户的垄断中杀出。但在移动时代,新一轮的线上化从信息转移到了服务,而服务信息因为APP的固有特性,被封闭在一个个独立的"烟囱"里。

不打破"烟囱",缺失底层服务信息,中层的搜索就成无源之水,服务也不可能被自由地检索和对接,百度最大的焦虑正源于此。

底层服务线上化成为百度转型的方向,冰山底层的"3600行"变得空前重要。

2015年11月中旬,百度召开投资人会议,被投企业和资本市场重量级人物悉数到场。在会上,叶卓东举出几个数据来证明百度投资逻辑的转变:"目前百度已经投资了100多个项目,从投资阶段来看,有超过60%是早期项目。"

事实上,叶卓东到百度后出手的项目均偏向中后期,快速卡位行业布局生态的意图明显。仅2015年9月、10月,百度就参与了5家互联网公司融资,花掉了超过6亿美元,包括:参与美国云安全服务公司Cloud Flare D轮融资,投资1.1亿美元;医疗行业趣医网B轮融资,投资4000万美元;跨境电商蜜芽宝贝D轮融资,投1.5亿美元;Uber中国融资,投资过亿美元;中粮旗下生鲜电商我买网C轮融资,投资超过2亿美元。

"只要投得对,不怕投得贵。"百度内部人士如是总结。和收购91时一样,百度这个阶段投资的标的和价格均引发市场质疑。比如蜜芽宝贝、中粮我买网,都因为百度不计成本地竞投抬高了融资估值。

按照百度的计划,冰山底层的3600行又分为头部、中部和尾部。"头"是百度外卖、糯米和携程去哪儿三类高频应用,百度控股;"中"则是Uber中国、e袋洗、蜜芽宝贝这类应用频次相对较低的O2O公司,百度投资持股,但不谋求控制;"尾"则是百度已经推出了一年多的"直达号"商家。近阶段百度的主要发力点在中部。

在连接3600行的过程中,百度的基本原则是:能合作的合作,可以投资的投资,买都买不到的,投入再大的资源也要自我构建。

百度"投资不控股"的策略,已经在收购的项目上开始推行。2015年7月,在第二季度财报分析师会上,李彦宏宣布了这项名为"航母"的计划,即将内部项目对外部投资者开放融资,并拆分独立发展,首批项目为百度外卖、91桌面、作业本。其中,百度外卖已完成2.5亿美元融资。而曾经收购的千千静听,也剥离出公司和线下音乐公司太合组建新公司独立融资。百度高层甚至讨论过将百度贴吧、爱奇艺等资产拿出融资。

2013年,百度欲通过"直达号"招揽商家自建服务页面,但内部一直未能打通"直达号"和百度地图。百度花费了一年多时间来解决"打通内部"的问题,但入口之争仍存——冰山海面上的三大入口,手机百度、百度地图和糯米,到底谁更重要? 百度至今没有想清楚。

腾讯打破O2O僵局

大众点评一位早期投资人在2015年9月底被告知"请做好准备",但准备什么并未言明。这位富有经验的投资人大体猜到了:期盼近一年的大并购可能近了。

2015年10月6日,一直以来血拼的美团、大众点评宣布合并变成美团点评,整个谈判、决策过程仅两三周。腾讯是合并的背后推手,并领投10亿美元,其加强控制的想法进一步显露。

早在2015年年初大众点评开始融资时,投资人就曾询问过两家合并的可能性,但美团和大众点评与之前合并的滴滴快的、58赶集不同,两家并没有明显的强弱势,合并需要解决未来发展路径和创始人去留问题。

58同城和赶集,一个已经上市,另一个愿意通过合并谋求退出;而滴滴和快的的业务模式高度重合,拼杀至后期两败俱伤,落于下风的快的创始人陈伟星萌生退意。

然而,张涛做大众点评12年,绝不愿轻易退出;王兴的个性更是强势执着、不甘附庸。在一位大型保险公司负责投资的高管看来,王兴有马化腾、马云一般的商业领袖潜质,只可惜晚生10年错过了互联网的开蒙期。因而,双方创始人的安置是美大合并最大的障碍。

华兴资本是大众点评上一轮融资以及本次合并的财务顾问。王力行指出,大众点评在餐饮业占住了"低频次高客单价"的一片市场,美团没有碰这块,但其以团购为主的"高频低客单价"市场地位无人能及,美团新兴的电影票、酒店等业务,大众点评也没有碰。正是基于双方业务的差异化,公司层面的合并仍有基础。

最终,腾讯用资本打破了僵局。美团和大众点评合并及后续融资的附加条件是:大众点评创始人张涛等管理层于半年内退出新公司。双方合并后估值超过170亿美元,合并股权占比为美团6、大众点评4,以此计算美团的估值102亿美元,大众点评估值68亿美元。公司股权6:4,但大众点评管理层持股按5:5进行估值折算,这样的股权分配给予了张涛团队退出较好的溢价。后来,又有两家投资机构进入,与领投者腾讯共同分担了这部分溢价。

2015年11月10日,张涛以出任合并后美团点评公司董事长的方式退居幕后,王兴则出任CEO负责具体运营。当天,王兴公布了美团点评组织架构,大众点评创始团队基本退场,留下来的郑志昊本是腾讯派出,此前职位是腾讯公司副总裁兼大众点评网副总裁。

美团点评最新一轮融资预计超过30亿美元,估值达200亿美元,但美团老股东阿里巴巴确定不再跟投。2011年,在"百团大战"战况最激烈的情况下,阿里在当时的团购网站第一位拉手网和美团之间,选择了价格更为便宜的美团。那一轮,美团完成6200万美元融资,阿里领投5000万美元。此后王兴带领美团从行业第三、第四打到龙头位置,却一直没有投靠阿里,对外称阿里是财务投资人。

阿里和王兴对新一轮融资中阿里的角色进行过讨论。之前投资美团以及现在负责美团点评劲敌口碑网的都是蔡崇信,2015年阿里集团和蚂蚁金服以60亿美元投资重整口碑平台,欲急速挺进O2O板块。阿里口碑网事实上希望阿里能彻底退出竞争对手美团。

2015年11月17日,口碑在北京召开商户大会直接挖角美团点评商户,当天宣布海底捞、西贝莜面村和外婆家三大餐饮连锁企业将投资口碑。次日晚间,美团地推团队就接到KPI:每人每天让两家合作商户关闭支付宝线上的口碑门店。战争首先从餐饮行业竞争最为激烈的广州地区拉开。又过了两天,美团APP产品设计调整,支付的一级页面只留下了微信支付和银行支付,将支付宝折叠入了二级选项。一系列事件在官方的粉饰之下,矛盾却已公开化。

竞争之外,阿里还有资本武器。双方矛盾如果进一步激化,阿里不但不会跟投,还可能以低于本轮美团点评200亿美元估值的价格转售手中股份,这样的操作势必遏制美团点评融资:"新的投资人当然愿意从阿里手里以更低价格获得股份。"

和滴滴快的重支付场景培育不同,阿里和腾讯很难在需要打通线上线下产业链的生活服务领域握手言和。而以王兴的性格,也很难彻底投靠腾讯。

"亚马孙生态"的远近亲疏

在操作层面,BAT想控制小巨头并不容易。58赶集合并,投资人腾讯亦是推手。有媒体报道称,腾讯为赶集网创始人杨浩涌退出支付了近4亿美元的溢价,腾讯已经成功和新公司结成联盟。

但仅仅半年之后,58赶集在分类信息之外的新兴业务纷纷独立融资:2015年10月,58到家完成A轮3亿美元融资,投资人中阿里赫然在列;11月17日,招聘平台独立完成A轮1.2亿美元融资;11月25日,杨浩涌正式卸任合并公司联合CEO,投入新的二手车业务"瓜子"。58赶集CEO姚劲波公开表示,将发力支付和金融。看上去,58已摆开姿态不站队,在BAT的交叉博弈中维持独立。

腾讯在投资领域的风格一直是投资不控股,资本布局之外,通过微信和手Q两大流量口拉拢盟军。腾讯的投资心态曾做过调整。早在2013年,腾讯负责资本市场和投资的刘炽平在年会时给投资人画了一个航空母舰舰队,腾讯主业在中间,周围是一圈新兴业务和公司。但投资人在2014年看到,腾讯开始清理自己的舰队,业务在公司间腾挪,代表性案例就是将电商打包给京东,战略入股并给京东提供微信一级入口。

投资人认为,对腾讯的战略比较恰当的比喻是"亚马孙森林",即营造一个生态体系,大家都在我的体系里长得好好的。从这个逻辑讲,不一定得把公司控制在手里。

在腾讯的"亚马孙森林"里,微信就是"亚马孙河"。曾经投资阿里巴巴、美丽说,也曾深度参与优酷土豆等合并的纪源资本,和BAT在投资上多有交集,其管理合伙人童士豪分析,只要微信能保持行业优势,腾讯不会改变战略:"腾讯必须支持更多、更强、更好的第三方服务,才能让微信、QQ平台更受欢迎,腾讯也知道,要保持平台本身的受吸引程度,强强联手第三方合作伙伴更划算。"

王力行分析了腾讯生态的逻辑:"腾讯拥有上游流量,线上能变现的就自己变现,比如游戏业务;而需要到线下变现的,比如O2O,就通过投资来完成。腾讯要推自己的支付,就需要大的场景来提供支撑。"实际上,腾讯看中滴滴的正是其支付场景,几十亿元补贴换来的最大收获就是微信支付的爆发。

滴滴快的一位中层管理人士回忆,2013年腾讯领投滴滴B轮融资,随后滴滴做了一个推广计划上报腾讯:"按创业公司的习惯,我们怯怯地报了一个几百万元的预算,还怕太花钱。结果方案被马化腾直接驳回,'几百万元做什么推广,你们需要一个能花掉几亿元的计划'。"

腾讯的魄力让从"北京西客站"起家的滴滴眼界大开。紧接着,震动全国的打车软件补贴大战拉开帷幕。

童士豪认为,滴滴和快的之所以最终可以合并,正是因为腾讯和阿里明确了滴滴快的最大的作用就是支付:"腾讯把流量给滴滴,换得移动支付用户和交易量,阿里也增加支付宝的渗透率。滴滴在东南亚、印度、美国等地建立盟友关系,腾讯、阿里未来可能借此扩展跨境支付业务。"

滴滴快的来自微信的订单越来越多,逐步超越来自支付宝的订单。然而,支付宝的霸主地位一时难以撼动。滴滴和快的合并后,Uber中国和神州租车快速崛起,而这些公司的客户大多使用支付宝。因为地理位置、支付数据等信息大多掌握在支付宝、微信支付两家,Uber中国、神州租车这些竞争对手的运营数据在滴滴快的面前"几乎就是透明的"。

滴滴快的还在微信社区阻击对手。微信曾先后3次封杀Uber。2015年4月,微信关闭了Uber中国的所有公众号,禁止推广,禁止发优惠券;7月称是系统抖动造成误封Uber公众号;11月,微信再次封杀Uber,两家就Uber是否提交相关资质扯皮。

在腾讯的"亚马孙生态"里,各棵"大树"有远近亲疏之别,只有腾讯最需要的支付场景才能接入微信。2015年年底,微信调整服务页面,将腾讯业务和第三方业务分开,挤入微信入口的第三方均是交易导向的公司:滴滴快的、同程旅游、美丽说、京东、微影时代(微票儿)和大众点评。除了滴滴,微影时代是另一株依靠腾讯长成的"小树"。

微信深度参与了微影时代的产品设计。微信有对电影票服务和支付场景的需求。但业务要接入,团队必须满足微信负责人张小龙的3个要求:第一,用户买到的必须是电影票,而不是优惠券;第二,用户必须在手机端完成一次性购票,包括选座;第三,用户从买票到电影院看电影的过程中,不需要人所提供的服务。微影时代花了11个月的时间,把销售量从不到20万张提升到1700万张,最终获得了腾讯的投资。截至2015年年底,微影时代在线电影票业务已是行业第二,仅次于布局已久的美团猫眼。不但如此,微影还是微信朋友圈电影广告的独家代理商,是微信"智慧影院"项目主要的系统服务商。

能否对接微信,是腾讯投资项目能否获得更多线上输血的风向标。比如美团、大众点评合并之后,业界关注的是微信会接美团吗?如果接,那微信内部会出现两个电影票入口。为了克服大公司病,腾讯有两条腿走路、左右互搏的传统,比如微信和手Q,企鹅影业和腾讯影业。接下来,微影时代和美团猫眼,微众银行和财付通,都将不得不适应这样的互搏生态。

阿里非做O2O不可

就在外界关注阿里在美团点评并购融资中的走向时,阿里和互联网行业新秀、外卖领域的"独角兽"饿了么却越走越近。此前饿了么基本处于腾讯的投资生态圈。2014年2月,大众点评在获得腾讯投资后3个月,砸下8000万美元投资饿了么。此后腾讯持续跟进大众点评和饿了么的各轮融资,甚至其盟友京东也在2015年1月投资饿了么。到2015年11月中旬,滴滴快的投资饿了么传言成真。

看上去,饿了么在腾讯生态圈里获得了多个战略投资方,2015年8月又完成了6.3亿美元"F轮系列"融资,囤积了资源继续和美团、百度拼补贴大战。

但美大的合并,令饿了么外部局势骤变,美团点评的外卖业务势必在新一轮融资中获得资本支持。而百度外卖也在推进新一轮融资准备参战。

F轮融资已然不易的饿了么面临的是生死考验。饿了么创始人张旭豪,在年轻一代互联网创始人中一直有不服输的形象。"不管怎么融资,公司管理层一定要控制公司发展的方向。独立发展是我们坚持的。我认为成功的概念就是'自己说了算,做自己想做的事情'。"张旭豪说。

就在张旭豪如此表态不足一月,阿里和饿了么洽谈投资入股。以阿里一贯投资就要控制权的作风,阿里希望能够成为饿了么除管理团队外的单一最大股东,但前提条件包括饿了么原有股东京东退出。

如果需要京东退出,阿里需要给京东支付溢价,20%的溢价尚有操作可能,但若溢价太高,阿里方面也很难接受。毕竟阿里和京东在主营业务上的竞争,已经造成彼此不可调和的矛盾。此外,饿了么和京东到家也在竞争,饿了么欲通过高频外卖建立起的配送体系深入其他低频品类,比如鲜花和生鲜。2015年5月,饿了么新一轮融资前,市场还曾传出京东欲收购饿了么补充其到家物流的消息。

蚂蚁金服本地生活事业部总经理王丽娟认为,团购网站的问题近年来已经凸显,用户都冲优惠而来,商家却无法留存。而O2O时代的商家已经认识到,线下本身就是流量口,何必高度依赖线上卡券补贴战来引流?

阿里为何看上饿了么?事实上,阿里和蚂蚁金服将餐饮外卖平台淘点点并入口碑网之后,外卖业务在多方夹击之下未有突破,口碑对餐饮O2O的整体思路也发生了改变,不再专注外卖,而是以淘宝式平台模式让线下的餐饮上网开店。

携程、去哪儿合并后,百度止损去哪儿,腾出的资金将进一步支持糯米在O2O市场继续烧钱圈地。腾讯则通过美团点评亦占住了O2O领域的高地。这一格局演变已令阿里警觉。

童士豪指出，阿里2006年收购口碑网又在2010年关掉，基本考虑是用口碑打同城的大众点评已太晚。但现在智能手机迅速普及了移动互联网，O2O使用频率极高："无论转化率高不高，如果没有布局，就会失去这块市场，所以2015年阿里砸60亿要把新口碑做起来。在消费升级的年代，能否掌握交易的闭环是个生与死的大问题。所以，阿里现在非做O2O不可。"

阿里已经看到团购模式的不可持续，因而口碑网将转向通过交易数据帮助商家建立商户会员体系。"我们的目标商户既不是巨型的连锁餐饮，也不是夫妻店，而是店面较大，且有业务拓展需求的餐厅。"王丽娟说。而她所"心仪"的这类商家很多已经接入饿了么。

流量落地变现

阿里一旦投资饿了么，必然寻求控制权，以防止投资美团却未能驾驭王兴的情况再次发生。

王力行认为，腾讯和阿里在商业逻辑上不同，因而投资风格迥异。腾讯拥有上游流量，而阿里强在变现能力，阿里需要通过并购来引入流量公司，用高的变现效率来帮助被投公司变现。

"从这个逻辑来说，阿里对上游是必须有一定控制力的。UCweb、高德、优土，阿里都是先投资后全盘收购。"王力行指出。

2015年，阿里唯一新发起的大型并购是以283亿元入股苏宁，其并购目的更多的是联手阻击双方共同的老对手京东。通过换股，阿里获得了苏宁线下门店和物流能力，在家电、3C等品类上夹击京东；而自营电商多年不振的苏宁，则可获得阿里的线上流量。

阿里电商业务的增速已经放缓，京东则通过多年深耕物流，建立起了行业壁垒。天猫2015年北迁到北京，就是要和京东正面对垒，保卫自身在电商领域的市场地位。

2015年,阿里的投资主旋律是并购收尾和投后整合。前期投资的各个"壳"公司亟须和阿里进行业务整合,在电商之外开辟更多的垂直业务平台,以创造新的收入增长点。比如2014年收购的两家上市公司阿里健康(原中信二十一世纪)和阿里影业(原文化中国),2015年都开始整合阿里集团的相关资产,进一步布局细分行业。

2014年3月,阿里集团以63亿港元收购文化中国,交易在业内曾引发议论:原文化中国董事长董平等管理层全部退出,收购后的公司一度因为资产减计不实问题造成重大财务亏损,不得不停牌。市场认为阿里集团不过是收购了一个上市的"壳"公司。

整个2015年,阿里影业除了投资《碟中谍5》,在传统电影制作发行方面并无大动作。11月25日,原中影集团副总经理、现阿里影业总裁张强对外表示:"我来的一年多时间,是洗脑的一年多。"他称,按照马云的设想,如果继续做传统电影就全无必要收购阿里影业:"马总投过华谊兄弟,他是最早的大股东之一。做阿里影业一定是做别的电影公司目前没有做的事情。"

阿里影业首先是从人员到资产全面洗牌,将淘宝电影票和娱乐宝两块涉及电影下游发行、营销和售票的资产装入上市公司。2015年4月,阿里影业以超过挂牌价格4.6倍、8.3亿元的价格从乐视手中抢下粤科传媒,整个竞拍历经10个半小时,180次报价,为2015年最激烈的一次公司收购竞拍。这家净资产和收入都不到5000万元、利润仅在1000万元左右的软件企业,何以被如此高溢价抢购?

粤科传媒拥有行业稀缺的牌照资源。在20世纪90年代的院线改革中,软件出票系统是信息化改造的重点。为保证在线出票体现真实票房收入,广电总局指定了6个出票系统:凤凰佳影、鼎新、火烈鸟、满天星、沃思达(VIS-TA)、辰星。多年竞争后,主流出票软件只剩下凤凰佳影、满天星等两三家,而凤凰佳影就是粤科软件的系统。

张强透露,收购粤科传媒后,阿里影业将基于中层票务系统,下层部署阿里云,上层叠加淘宝电影票,并通过影院场景部署周边电商业务。和阿里过去多年基于交易构建用户账户体系、描述用户画像一样,通过粤科传媒切入数据底层,阿里在电影院场景上完成了整个闭环。

粤科传媒的业务重点从过去的服务院线转变为基于院线的应用场景运营会员。粤科传媒服务中国40%左右的院线,而院线拥有大量的会员,产品形态是一个很标准的场景,但是不够互联网化。

阿里影业还在和博纳影业密切接触,试图投资。博纳影业目前是国内唯一一家尚无互联网资本入股的民营影业集团,其董事长于冬曾在2014年一语惊人,称"以后影业公司都是给BAT打工"。于冬最终选择了阿里影业。国内传统影业公司华谊有阿里和腾讯投资,光线影业已经牵手360。

阿里手中的另一块资产,视频网站优酷土豆,也开始了类似的整合之路。首先变动的也是人事。2014年4月,和BAT各家都在谈的优酷土豆创始人古永锵,最终选择了阿里,以12.2亿美元对价,向阿里集团和云峰基金出让优土18.5%股权。2015年10月,阿里集团最终以45亿美元完成对优土的私有化。11月30日,阿里集团内部通报,优土联席总裁魏明兼任阿里数字娱乐部总经理,填补此前刘春宁被捕后的空缺。

魏明的任命,引发外界对优土创始人古永锵去留的猜想。古永锵后来进入阿里担任大文娱产业发展委员会主席兼任合一集团(优酷土豆)董事长兼CEO。而魏明作为古永锵亲信,此时拿下视频和原来阿里数娱的在线阅读、游戏等内容资源,看上去像是扩大了势力范围。

对于古永锵来说,最大的挑战在于将视频内容资源和阿里的变现能力结合。阿里集团对视频业务的变现能力有所怀疑,这甚至影响到了对O2O业务的收购布局。阿里认为,要收要投都得是看得见最后赢利的模式,视频过去争夺得很凶,觉得是关键业务,现在拿在手里仍然赔钱。投O2O要避免这样的事情,收个不赚钱的不如自己一步步做。

2014年开始,优酷土豆尝试电商变现,通过植入广告直接对接淘宝的商品库,用户在线完成购买。优土选择的变现路径高度依赖阿里的电商资源,而同期竞争对手都在发力自制剧、海外版权等独家内容,希望吸引用户付费探索广告外的变现路径。阿里认为,事实上,视频网站怎么赚钱各家都不清楚,优土对接阿里至少是流量变现最直接可见的方法。

BAT下一站:决胜金融

和传统银行业前台存贷款、后台支付清算的商业逻辑恰恰相反,互联网公司切入金融业,往往是通过第三方支付清算通道,将交易场景绑定用户账户体系,由此衍生、创造提供各类金融服务的可能。简而言之,就是"支付—账户—金融服务"的路径。BAT越来越宏大的投资布局,最终将落地于对金融账户体系和数据信息的掌控,这部分才是未来竞争格局的门槛和核心。一向不涉足交易的百度,近年悟到金融布局之要义,开始奋起猛追。

在王力行看来,百度的优势就是流量和数据:"百度想要的大家也看得很清楚,比如用户账户体系,包括怎么构筑交易场景。如果这些构筑起来了,能够进一步把智库、金融、大数据构筑出来。"

然而,在互联网金融领域,业内已经很难将百度与阿里、腾讯放在一个梯队看待。大局已定,百度来晚了。在互联网金融界看来,相比蚂蚁金服和腾讯金融,百度落后了至少一级,虽然流量很多,但是转化率特别低,因为百度并没有账户体系。

百度首先在支付环节缺失地盘,其次布局金融牌照也步步落后。2012年5月,支付宝和财付通已获得基金销售支付结算牌照;2013年年末,百度联手华夏基金推货币基金产品,因缺乏用户基础,百度只得以高补贴的收益率"买账户",却被证监会点名批评"过度宣传"。彼时余额宝规模已超过6000亿元。直至2014年4月,百度才正式拿到基金牌照。

阿里几乎实现了金融全牌照,颇有"互联网金融控股集团"之势。在经历一系列的股权转让后,阿里金融的布局从支付宝延伸到蚂蚁金服,涵盖支付宝、余额宝、招财宝、蚂蚁小贷、网商银行和芝麻信用,入股基金、保险、地方金融资产交易所等,形成了以在线小微商户为客户基础的一个相对成熟的金融生态环。

腾讯在尝到了微信红包的甜头后,将财付通和微信支付整合,再加之二维码应用得到大力推广,已形成了针对个人消费为主的金融服务体系。此外,腾讯也获得了微众银行和腾讯征信等金融业务牌照。本来社交的金融场景是偏弱的,但是腾讯场景很广,流量巨大;微信借助红包实现了绑卡,通过社交红利抓住了账户。

财付通自从和微信支付结合之后才开始后发,并借用移动互联这一波行情,其流量、口碑、客户黏性都达到同业最佳的状态,微信打开的频率高过支付宝,再加上微信公众号、微店的运营,可以切入很多支付需求。不过,腾讯在金融领域风格谨慎,微信支付一再强调只做通道业务,不做沉淀资金;金融板块在集团内部的整合和地位都不如蚂蚁金服。从人事上看,财付通总经理赖智明在近期才被提拔为腾讯集团副总裁,侧面可见腾讯刚刚把金融提到重要的战略层面。

百度金融最早的亮点是"大数据炒股"。2014年,百度、中证指数公司、广发基金联合研发推出"百发100指数",在10月20日发行当天创下26小时疯卖18亿份的神话。但这仅仅是单个产品,百度金融尚谈不上布局。

阿里从贸易自然催生出金融服务需求,动力最足;腾讯从社交切入金融服务,巧借微信扩大规模;百度的切入点在哪里?与现有金融机构合作,是百度的答案。

2015年11月25日,百度宣布将与德国安联保险集团(下称安联)、高瓴资本共同组建一家合资互联网保险公司,暂定名为"百安保险",其中安联持股不高于20%。至此,BAT已齐聚保险业。此前已有阿里、腾讯、平安共同成立的首家互联网保险公司众安保险;2015年6月,阿里巴巴旗下的蚂蚁金服联合天弘基金等十家机构发起设立信美相互人寿,10月又宣布以增资扩股方式控股台湾国泰金控在沪全资子公司国泰产险;8月,腾讯联手中信集团子公司中信国安,在山东发起设立和泰人寿。

2015年11月17日晚,百度和中信银行又联手发布设立直销银行,拟定名为"百信银行股份有限公司",相关事项尚须经监管机构核准后方可实施。中信与百度在集团层面上的合作意向已有一两年之久,但当时百度并未想清楚金融布局,相关业务至今才有突破式进展。时间窗口已然错过,蚂蚁金服和腾讯也纷纷表示平台化和开放,合作并非百度一家之特色。

中国社科院金融研究所银行研究室主任曾刚认为:"金融机构愿意与百度合作,毕竟百度有重要的流量优势,有很强大的数据应用,这具有极大价值。对银行来讲,至少比自己做要好,或许能探索出一条互联网金融的路径。"

但值得注意的是,百度的保险、银行牌照仍需申请,且银行牌照的申请会比较有难度。百度倒逼监管意图明显,其拿到银行牌照的前提是,监管对于直销银行独立法人机构的试点有定论。然而现在监管对于直销银行还在启动研究阶段,对其模式、风险、监管经验都在摸索之中,子公司改革试点略为言早。

银行的直销银行一般设在电子银行部门之下,属于内部二级部门,分拆成独立子公司尚不成熟。早在2015年5月,民生银行就向银监会提交过设立直销银行独立法人机构的申请,到现在也未有进展。

曾刚指出,银行的行政许可权比较严格,需要界定清楚直销银行的定义、业务范围及相关监管规定,包括对股东资质、股权比例的要求等。

此前,蚂蚁金服通过持股30%浙江网商银行、腾讯通过持股30%深圳前海微众银行,已经拿到民营银行牌照。这两家网络银行需要解决的问题,一是远程开户的政策放开,二是理顺与财付通、支付宝的业务关系。

由于远程开户短期内不会实现,网商银行与微众银行实质与直销银行一致。"百信银行"注册金暂定20亿元。中信银行拟出资51%,百度出资49%。平安证券分析认为,"百信银行"的股权结构及利益分享比民营银行更为清晰,亦彰显两者在未来利益和资源共享方面会具有强排他性,百度与中信的合作在数据共享方面可能会更加开放,中信银行获得的外部客户及数据资源空间较大。

"微众和网商银行的核心问题在于,它们没有银行大股东,这样完全由互联网公司主导的互联网银行,在金融行业的监管思路和框架下,业务发展困难重重。"国金证券研报指出,中信银行作为大股东,可能会更有效地保障银行业务的顺利发展。

银行系直销银行多为渠道的线上化,谈不上运营、管理模式的改变;且与银行内部零售部门有明显博弈,略显"鸡肋"。百度需要想清楚,通过直销银行做什么,仅是代销理财的话,对百度有什么意义呢?

巨头在堵新风口

BAT中,相比而言阿里的金融服务框架最为完整,从牌照到业态,战略卡位精准,场景流量优势具备,客群、产品方案的完整性都相对清楚。

大到这种体量,业界开始关注竞争公平问题,不断有质疑声音出现:蚂蚁金服布局带公共产品性质的服务如何避免垄断? 金融基础设施的垄断会危及合理的竞争秩序,不能阻止你获得市场垄断地位,但要阻止你通过垄断扰乱市场,如果商业行为背后混杂公共行为,那么监管应该看清楚,这些行为是否有足够的公允性?

BAT越来越大,2015年诞生的"四小巨头"都离不开对三大生态圈的站队,那些"小树小草",更不知是否还有独立生存的空间。随着大型并购愈演愈烈,BAT的垄断话题也越来越热。

"说实话,BAT三家说不想垄断一定是假的,要是看到一家企业能起来,一定会去堵,投资就是堵的方式。"一位百度人士认为。在他看来,寡头竞争格局之下,能从BAT缝隙中杀出来的企业,要么悄悄赚钱未被发现,要么就是拥有BAT都无法快速复制的行业积累,但这样的公司现在已经很少了。

雷军的小米是在BAT缝隙中杀出的"小巨头"。在BAT拼杀消费互联网的时候,雷军从利润微薄的硬件入手,用投资公司顺为资本和手机制造公司小米"两条腿走路",小米做业务,顺为布生态,形成了BAT之外一个新的互联网势力。已经有过多次创业成功经验的雷军,给出的下一个"新风口"是企业级和农村市场。

各路资本押注企业级有着简单的逻辑:这是一块尚无"剧透"、有待开发的市场。复星昆仲董事总经理王钧认为,美国消费互联网和企业互联网的比例是55:45,而中国大体是90:10。国内目前最大的企业级公司是用友,市值六七十亿美元,美国最大的企业服务公司是IBM、甲骨文(Oracle)、SAP,而这些都是上千亿美元的公司。

BAT自然不会放过这块市场。在中国"互联网+"的政策利好下,BAT作为互联网的代名词,开始以企业互联网化改造深入垂直行业。腾讯、阿里纷纷发力云服务,近年来更是从云打到端,在企业移动端服务上展开竞争。

2014年9月,微信推出了酝酿近一年的企业号。和公众号不同,企业号只面向企业提供移动服务,微信只开放端口,企业号的具体用途是员工移动办公,供应链及渠道管理全靠企业及第三方应用开发商提供。

截至2015年11月底,微信开发平台企业号账户数达60万,用户数量突破1000万,日发消息达1200万,日活跃用户达200万。

而阿里方面,社交平台"来往"失败后,项目团队转而盯上企业级移动办公领域,推出移动办公APP:钉钉。钉钉已经独立为事业部,2015年9月份砸重金5亿元做品牌宣传。此时,钉钉的企业级用户已达85万,有300多家开发者注册,入驻企业合作伙伴50多家。

在微信和钉钉布局的行业,并非没有竞争对手,包括纷享销客在内的多家公司已经和资本结成联盟,希望杀出生路,市场人士也认为企业级市场很难形成单一垄断,但亦可能形成多寡头格局。在中国,新兴企业担心的是——从消费端杀到企业级的BAT,会以生态为锁链所向披靡。

不过市场也看到,BAT毕竟是依靠非行政力量形成的寡头型垄断,而中国还有那么多行政保护伞之下的垄断型央企、国企,如果仅向BAT下手解决市场垄断问题,既不公平也不宜过猛。

第七章

垄断的代价 ▌

7.1　百度搜索灰生态

2016年7月18日晚上10点，百度被宣告年内第二次接受调查。5月，因为"魏则西事件"，国家网信办曾联合国家工商总局和卫计委成立调查组进驻百度。仅仅两个月后，因媒体报道百度"夜间推广赌博网站"，所谓"非企"业务的冰山一角被揭开，国家网信办再次要求北京网信办对百度展开调查。

"非企"即"非渠道企业户"。百度对此解释称，"非企渠道"是指百度在各地的一级代理商（下称总代理）通过其他二级销售渠道（下称分代理）发展的企业客户，取"非直接开发的企业客户"之意。

"魏则西事件"打开了百度医疗竞价排名之蛊，而百度"非企"业务"涉赌"的背后，又隐藏着怎样的潜规则？

在层层剥开百度严密的代理商体系之后，财新发现，"非企"业务事实上是一个比医疗竞价排名还要"灰暗"的角落，相当大一部分"非企"客户的推广业务，主要存活于晚上10点至第二天早上9点之间的网络空间。由于互联网广告长期存在的监管真空，这个领域在过去6年里野蛮生长，已经出现一个完整的广告代理产业链。

对普通消费者而言,百度"非企"业务的呈现,或许是搜索结果里一些不该出现的链接,又或是小网站嵌入的各种弹窗。许多网民就是看到也意识不到,这些游戏页面和挑逗性图片背后会有什么商业秘密。

多位熟悉百度代理商体系的人士向财新表示,经多年发展,这些"非企"业务囊括游戏、招商加盟,甚至赌博、色情、办证等众多非法业务。为规避法律风险,百度不允许自己的分公司和区域独家代理商直接经营这类业务,承接这些业务的多是各级分代理或下层代理。

因许多业务类别"不见光","非企"业务的规模难以估算。百度没有在财报中根据渠道披露"非企"收入占比,也没有将该项业务单独列出。多位了解百度代理商体系的人士透露,在百度30多家全国总代理中,严重涉及"非企"问题的大概有18家,完全不涉及的大约有10家。

据一位原东部地区总代理估算,"非企"业务占百度总业绩的比例或达到30%以上。而长期观察行业的艾媒咨询CEO张毅分析:"保守估计,这块业务可能占百度营收的20%~30%。"

和普通广告代理不同,"非企"业务有两大特征:高返点和二级代理跨区域销售(类似于串货)。

在移动互联网时代,百度战略转型压力巨大。一方面,已蕴含商业模式风险的网络营销收入,一直是占比九成以上的单一收入来源,且居高不下;另一方面,新兴业务未成气候,仍需持续输血。百度只得把增长压力分摊给全国负责中小企业客户的区域独家代理商,后者的业绩压力被逐年加码。

从2010年左右开始,全国各地总代理为完成百度每季度布置的业绩任务并获取绩效奖金,不惜补贴二级代理商,吸引中小客户跨区域投放广告。各家区域代理为争夺二级代理手中的"非企"客户,补贴金额一再提升,最高时能达到这些公司投放金额的两倍。"非企"业务吞噬着总代理的利润,勉力支撑着百度的财报数字,一些代理商已经开始停止与百度的推广合作。

行业人士中几乎没有人相信百度高层对此毫不知情。早在2010年,百度广州分公司的两名员工由于为赌球网站提供推广服务而遭警方逮捕,被公安部列为"打击网络赌球违法犯罪活动十大典型案例"之一。

但就像"魏则西事件"一样,百度此前对种种问题的容忍和背后所牵涉的巨大利益,也造成了这块灰色业务的积重难返。"很多代理商都认为,自己快要死了,顶多活两年,'非企'不停,今年就要死了。"一位接近代理商的人士称。

百度也曾试图了解问题的严重性。2015年5月,百度内部邮件披露,8名员工因涉嫌商业受贿或职务侵占被解除劳动合同,其中大部分都与渠道业务相关。有接近代理商的人士透露,此后,百度曾委托第三方机构对各家总代理进行审计,摸底"非企"业务。

一位百度内部人士证实,就百度了解的情况看,华东地区的区域代理涉及"非企"业务较多,西部省市较少。

7月底,随着媒体曝光和监管机构调查的推进,百度开始采取进一步行动。多名分代理商表示,百度要求对部分"非企"业务提高客户审查力度,控制代理商补贴比例,未来这些业务能否恢复"谁都说不好"。

8月11日,经过近一个月的调查,北京网信办对"百度深夜推广赌博网站事件"出具调查结论,认定百度付费推广业务在代理商管理、推广信息内容监测、技术安全防控等方面存在漏洞,导致违法、违规搜索结果呈现,对社会产生不良影响,必须立即整改。

政府强监管之下,百度2016年第三季度营收出现了自2005年上市以来的首次下滑。截至2016年第三季度末,百度营收182.5亿元,同比下滑0.7%,净利润31亿元,同比上升9.2%。财报显示,其营收下滑的主因是网络营销收入(主要为竞价排名广告)的减少——网络营销收入164.9亿元,同比下降6.7%;活跃客户数降15.9%,至52.4万家;不过,由于整改限制了每个页面上的广告位数目,每个广告客户第三季度贡献的利润同比增加10.6%,达3.13万元。百度创始人及CEO李彦宏在财报声明中称:"我们的客户质量有所提升,期待将更多的创新和人工智能应用,包括人工智能助手"度秘"和自动驾驶汽车,带到市场。"

百度高度依赖建立在搜索垄断性地位之上的竞价排名广告商业模式,已经走到了背水一战的转型时刻。

百度推广"非企"从哪里来?

百度的"非企"业务,来自其层层叠叠的广告代理体系的深处。

多位熟悉百度广告代理商体系的人士分析,以地域划分,百度的推广渠道分成三部分:第一部分是在北、上、广、深等大城市设立的分公司,由百度直营;第二部分为KA(Key Account),即大客户,主要是跨国企业或大型国内企业,由百度KA代理商提供服务;第三部分则为分布在全国各地的地区代理,替百度负责各自区域内企业的推广销售。

这个代理商体系的形成有其历史渊源。百度创立于2000年。创始时,为快速搭建渠道,百度在全国各地招募了一大批广告代理商,通过这些本地公司来服务当地企业。现在业务规模较大的山东开创集团股份有限公司和浙江国技互联信息技术有限公司等,均属此类"元老"级代理。

2005年在美国纳斯达克上市前后,百度为提升收入,曾通过并购等手段收回了北京、上海、广州、深圳和东莞五大城市的代理权,将其改为直营的分公司,就此形成了代理体系之外的直营体系。现任百度搜索公司总裁向海龙,正是在百度2005年收购上海总代理上海企浪网络科技有限公司时进入百度的。2016年,百度又在苏州新增了一家分公司。

而在其他地区,区域独家总代理的模式被保留了下来。在这个框架下,

二、三级分代理商,主要是一些手握销售资源或比一级代理下沉更深一些的公司,它们也往往不只做百度一家的搜索业务。这些公司不是百度的直接渠道,需要从上级分公司或代理商拿到后台的入口,才能进行开户和推广。

艾媒咨询CEO张毅认为,"非企"业务并不等于非法业务,它的出现源于整个搜索引擎行业的商业模式,"一棒子打死"过于苛刻,关键是监管和规范。"非企"长期以两种形态出现:一是人们熟悉的搜索推广,二是各类网站卖给百度的广告展示空间。

"一些中小网站,它们接不着大广告,但又有一定流量。通常只要搜索公司提供一个代码,把这个代码放到网站里,它的网站就会随机弹出一些广告。"张毅介绍称,最初做广告的小网站里,有90%以上用的是谷歌的代码,随着谷歌在2010年退出中国市场,后来才改为百度。

"百度接触的面大,用户众多,广告主丰富,对很多小网站来说,的确是只选百度一家就够了,不太需要选其他的。"张毅说。

在百度的业务线中,这被称为"百度网盟"。根据百度营销官网,网盟系统的测试版本在2008年10月上线,加盟合作网站累计超过60万家,每天有超过140亿次展现机会,覆盖95%的中国网民。百度介绍,网盟推广主要通过分析网民浏览、搜索、咨询、点击等积累的行为数据特征,找到不同需求特征的网民,实施精准推广。

与此相比,搜索推广则是通过关键词,在搜索结果中加入推广信息,对网民进行精准营销。"如果说百度搜索推广是'让客户找到您',那么网盟推广则是'帮您找到客户'。"百度网盟如此描述自己与搜索业务的关系。

游走在边缘地带

在《互联网广告管理暂行办法》(下称《暂行办法》)出台前,各地监管部门和法院,对付费搜索是否属于互联网广告并无定论。直到2016年7月8日国家工商总局公布《暂行办法》,首次明确"推销商品或服务的付费搜索广告属于互联网广告",适用《广告法》和《暂行办法》的规定。《暂行办法》于2016年9月1日开始实施。

在这个监管的空隙里,"非企"业务鱼龙混杂。而游戏、招商加盟、保健品以及一些"灰色"业务,由于能够产生大量点击消费,并给广告商带来高利润,逐渐成为代理商和广告商的共同选择。

"一般坏的业务来钱快啊。好的业务,小客户没什么预算,广告主又多事,哪个代理喜欢?所以这些二、三级比较灰色的代理会找些人,专门给这些行业打电话,问做不做百度推广。"一位前百度代理商员工透露。

此外,许多"非企"客户只追求短期牟利,不需要像医院那样在一个城市固定注册、长期运营。因此,"非企"高返点、可跨区域销售的特点,十分符合这些"灰色"产业逐利的要求。相比之下,赌博业务有公安系统的网警监控,反而相对克制。

为规避监管,那些"灰色"企业会使用百度后台推广系统,将上线时间设定在晚上。"主要因为晚上上班的网警相对少,监管更松懈,而有的网民会在下班时间消费这类广告。在过去五六年里,这种情形不是局部存在,而是广泛存在。有为数不少的广告代理商专靠做这类业务起家,专做晚上10点到第二天早上9点之间的'广告'。"上述熟悉百度的人士表示。

不过,要想网上推广,除了需要躲过监管外,还得通过百度的资质审核。一位接近代理商的人士透露,分代理商对注册营业执照提供的是一条龙服务,包括设办公室、接电话等,会对此收取几千元费用。而在账户通过百度资质审核后,这些"非企"用户会在特定时间将推广内容上线,用户在点击其原先设好的网页后,会自动跳转到推广页面。

百度在2016年7月18日的媒体沟通会上发布的信息,间接证实了上述情况。百度表示,《新京报》7月18日报道的赌博网站都是企业在4月底使用正常企业推广资质和物料,通过百度审核而开户,但一直未开展推广,直到6月25日晚11点突然上线,修改内容进行推广,26日早晨6点被系统巡查发现并查处取缔。

百度承认,对于深夜违规跳转链接的情况,"百度在反作弊体系中仍存在不完善之处"。但百度也表示,自己坚决禁止任何涉赌类商业推广,仅第一季度就自查非法赌博网站8623个。

"对于百度平台而言,不存在'非企'的概念。无论什么渠道开发的推广客户,都是用统一标准进行企业上线审查。"百度如此表示。

不过,百度的说法并不能说服市场。"白天违法的事晚上也违法。如果说晚上的坏事不是你干的,而是别的商户偷偷背着你干的;那不就意味着你白天的网络安全是有保障的,而晚上得不到保障吗?"中国人民大学商法研究所所长刘俊海表示。

刘俊海认为,百度应该成为受广大消费者尊重和信赖的现代互联网搜索企业,而"千万不要成为互联网企业里'富而不贵'的土豪企业,因为这类土豪的时代已经终结了"。

黄金时代终结

2010年,是百度上市的第六年,宿敌谷歌的退出让中国搜索引擎生态骤变。百度松了一口气,但事实上,其与代理商们赚钱的黄金年代也自此消逝。

一位百度中层人士认为,谷歌退出后,中国搜索引擎竞争环境反而变得更加恶劣:"以前和谷歌竞争,大家都比较讲规矩,但后来和奇虎360的大战让大家都变得很坏。"奇虎360于2012年推出搜索服务。2013年9月,腾讯搜搜宣布并入搜狗,搜索市场进一步整合。

在与后起对手贴身肉搏之际,百度创始人李彦宏忽略了整个互联网的迭代。2010—2011年,智能手机兴起,中国互联网PC时代的三大巨头BAT中的阿里和腾讯都开始转向移动端。2011年1月,腾讯推出微信;阿里则在移动端赢利能力极低的情况下,仍然坚定推进淘宝APP,产品形态全面转向移动端。

李彦宏在2010年对外称"移动时代搜索仍是最大流量入口"。彼时智能手机APP已经井喷,移动端流量从信息搜索转向应用分发。与此同时,人们一旦转向微信、新闻客户端等信息源,那些在网站上展示的广告就变得无足轻重,乏人点击,百度网盟业务受到了冲击。

4年后,李彦宏终于首次公开承认自己对移动互联网判断失误:"在2012年年底到2013年年初时,我们突然意识到发力已晚,我们要做的事情非常多。"

后知后觉的代价是痛下血本。2013年,百度投身和其他互联网巨头的卡位战,以19亿美元大价钱收购了移动应用分发平台91无线。

从2011年到2014年,4年间百度各季度最高利润率从50%震荡向下到21%。收购的垂直行业业务在享受百度流量红利的同时,却并未带来理想的营收,利润甚至大多为负。要想稳住盘面,百度仍需搜索主营业务持续输血。

一位百度中层人士直言:"百度陷入了困境,收入结构单一,只有一个业务来养,而这个业务本身还要高增长。"

财报数据显露出了百度近几年的隐忧。

从2010—2015年,百度的营收保持较高增速增长,6年间从79.15亿元增至663.82亿元,一开始保持着83%左右的年增速,到2015年降至35%。

市场不安情绪逐步积累,但最大的担心还是百度的营收结构。百度的增长几乎完全依靠广告营销。2011年,在线广告营收即网络营销占整体营收比例高达99.92%,并年年稳居98%以上,直到2015年微降至96.46%。

2015年,百度第一次将搜索广告收入在财报中单列。过去3年,这部分收入占百度整体收入的百分比有所下滑,从92.63%降至83.86%,但占比仍然很高。

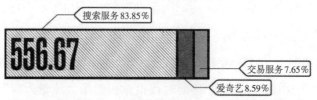

2015年百度公司三大业务收入合计663.82亿元,其中搜索推广服务占八成以上,三大业务各自占总营收比重如下:

搜索服务 83.85%
556.67
交易服务 7.65%
爱奇艺 8.59%

注:搜索服务主要包括P4P服务(竞价排名)和其他在线推广服务,例如百度品牌专区、阿拉丁计划(百度开放平台)和移动应用;交易服务主要包括去哪儿、百度糯米和百度外卖

狼性文化提升业绩 未来盈利遭遇瓶颈
2001年至2015年百度公司营业收入和净利润

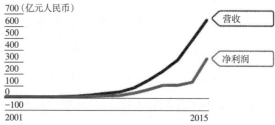

注:2015年扣除百度出售去哪儿资产所得其他利润收入,百度当年运营利润实际同比下滑
资料来源:百度历年财报

搜索推广收入为绝对霸主

支撑广告收入增长的是活跃客户数量和其平均消费的增长。2011年,百度广告客户达到48.8万。2015年年底,年活跃客户已经达到104.9万家。而广告主每年在百度的平均消费,也从2.97万元一路升至6.05万元。

与大金主"莆田系"的爱恨情仇

21岁的西安电子科技大学计算机专业学生魏则西,因身患滑膜肉瘤于2016年4月12日去世。其生前求医过程中,通过百度搜索看到排名前列的武警北京总队第二医院,受其"生物免疫疗法"有效、"斯坦福技术"等宣传所骗,花费20多万元治疗却未收到任何效果,病情迅速恶化,也贻误了其他合理治疗的时机。

事件被媒体报道后,"莆田系"医院虚假宣传、百度搜索竞价排名逐利、部队医院对外承包混乱等广遭诟病的问题,再次引起广泛关注。事后看,"魏则西事件"成为百度新一轮危机的起点。

事实上,距此一年前,百度和"莆田系"互为鱼水的商业模式就曾引起轩然大波;2016年年初,百度竞价出售血友病贴吧等病种类贴吧、发布虚假医疗广告的消息,再次引发公愤。

在中国医疗行业有一种说法:全国的民营医院里有80%来自"莆田系"。"莆田系"医院以妇科、男科、皮肤科、整形美容为主,以擅长营销著称,但因夸大宣传、过度医疗及乱收费等问题,一直广受诟病。

在过去的十几年中,随着百度的崛起和对搜索引擎的垄断,"莆田系"医院逐渐把百度竞价排名作为一个主要的投放平台,以此招徕病源。医疗行业也成为百度广告收入中贡献最大的三大板块之一。也因此,"莆田系"有百度"大金主"之称。从搜索业务的主营模式竞价排名,到贴吧广告和贴吧运营权售卖,"莆田系"和百度已经形成高度的利益共同体。

现在,这个商业模式已到了不得不变的时候。一方面,百度不断提高"莆田系"医院在百度推广的框架协议费用,逼得"莆田系"造反;而另一大背景是,移动端兴起对PC流量入口广告效应的逐步削减。两大因素之下,大金主"莆田系"对百度逐渐生出罅隙,双方博弈愈演愈烈。

"莆田系"医院一直是百度广告最大的垂直类广告主,为百度贡献的收入一度高达三分之一。然而,由于百度限制KA代理商做医疗等"高危行业",民营医院主要通过分公司和总代理体系进行推广。

"莆田系"与百度合作的主要方式是竞价排名,通过购买关键词获得点击计价。"莆田系"和百度的每一次翻脸,都与百度财报中的广告主"客单价"有极高的相关性。

2011年,在百度新推广系统"凤巢"上线两年之后,"莆田系"第一次公开控诉百度天价广告,称购买推广关键词"最好男科医院"的单次点击成本已经达到600元。当年第四季度百度财报显示,其广告主平均消费1.44万元,同比增长61.8%。

百度以一贯的强势姿态平息了此次事端,保持"凤巢"系统中"蒙眼竞价"的模式不变。所谓"蒙眼竞价"是指广告主并不知道对手的出价,广告位遵循"价高者得"原则。顶不住彼此竞争抬高价格,"莆田系"内部开始自我调价。财报又反映了这样的趋势:2012年和2013年,百度广告主平均消费额同比增长放缓为25.6%、13.1%。

2015年1月,李彦宏在百度15周年庆典现场表示,要向教育、医疗、金融、交通、旅游等行业"进攻"。6月,李彦宏又提出,计划未来3年对O2O业务投资200亿元。

高层"进攻"的号角传到推广这边,就成了层层加码的KPI。2014年,百度广告平均消费额再次激增40.8%,达到5.9万元。在2015年3月的年报公布期,"莆田系"再次"揭竿而起",四大家族联合一众大中型医院抵制不断飞涨的百度广告价码。

百度涨价有多猛?"莆田系"需要预存资金进入百度推广账户,只有完成百度每年下发的增长指标才能享有预存资金30%~40%的返点。过去多年,百度要求的增长指标大体在10%~20%不等。但是,2015年增长指标猛增至40%。"逐利性太强,逼死人了。"一位"莆田系"黄姓广告代理商说。关键词搜索的成本激增至点一次2000元,甚至有医院反映,某些类别关键词单次点击成本高达4000元。

和4年前不同,这一次"莆田系"有了底气:百度信誉下滑以及移动端兴起。

"莆田系"这次斗争的后果,也再次体现在百度财报中:2015年,百度广告主平均消费同比增长仅1.9%,至6.05万元。这意味着,2015年百度广告收入的增长几乎全靠拉新客户——数据显示,客户同比增长达到了29%。在这些新增客户中,又有多少是"非企"客户?

百度和各类广告代理商度过了艰难的2015年。其中一家代理商透露,3月"莆田系"和百度斗争期间,全国总代理商全部站在百度一边;但到2015年底,百度和广告代理铁板一块的利益"城墙"裂开了口子。江苏一家做百度广告业务10年多的老牌代理商,因被百度收回代理权而欲与百度对阵法庭,要求百度支付其垫付的"非企"业务费用——"非企"问题从这里透出了一线端倪。

江苏案例或让地区总代们感到"唇亡齿寒"。过去几年,这个群体因为业绩压力已怨言满腹,超过一半公司选择使用"非企"业务冲业绩,彼此竞争无序。

"非企"成KPI调节器

老牌广告代理商们几乎全程陪伴百度起落,一起勒紧裤腰带创业,一起进入黄金时代,以及一起陷入KPI困境。

2014年前,泛亚信息技术江苏有限公司(下称泛亚)是百度在江苏无锡、镇江、徐州、常州和泰州等地的总代理商。2013年年底结束百度业务之后,泛亚逐渐多元化,业务范围包括电商推广、360搜索和APP推广等。2016年6月,泛亚创始人兼CEO颜健鸥曾对财新回顾了自己的百度代理商之路,以及后来的艰难转型。

颜健鸥从2003年成为百度在无锡的独家代理,直到2013年年底双方停止合作,"和平分手"。

回忆创业之初,颜健鸥依然记得,当时整个百度的渠道都非常进取,从高管到销售人员,"每个人都像打了鸡血一样,非常拼,到处借钱扩地盘、招员工"。终于熬到了百度2005年在美国上市。上市之后,随着百度的知名度和用户数逐渐增多,总代理们开始赢利,而2006年后的4年,成了百度代理商们的黄金时期。颜健鸥说,自己在2008年和2009年连续收购了百度在常州和泰州的代理商,业绩从2008—2010年连续3年保持百度总代理中的第一名。

可这个巅峰没有持续多久。从2010年开始,泛亚感受到了业绩压力,且压力逐年递增。而根据财新对其他代理商的采访,这个业绩见顶的时间点并不一致,取决于该代理商原先业绩的规模,以及是否有新市场可供拓展。

恰在此时,"非企"业务中的一项内容异军突起。张毅分析,从2009年年底开始,大量基于PC的网页游戏公司开始在全国"如雨后春笋般冒起来"。这些游戏的广告变现能力强,利润高,监管风险小,可以大规模推广。而"非企"业务又没有地域限制,可在全国各地开户,两者在商业模式上高度匹配。

百度代理商的赢利模式并不复杂,主要围绕的是百度币的买卖。百度币是百度推出的虚拟货币,主要用于推广消费。使用时,1百度币价值1元。一位前代理商人士介绍,根据双方签订的合同,总代理购买百度币时,百度会给予一定折扣,使其以低于1元的价格买到1百度币。总代理再将百度币以更高的价格,卖给客户和分代理,从中赚取差价。

理论上,由于总代理手握百度推广后台,在决定百度币折扣多少时,分代理相对弱势。但实际上,双方最终的议价能力完全取决于总代理有多少消费金额需要通过"非企"来实现。

面对百度的压力和大客户的反水,许多夹在中间的代理商为了完成业绩,逐渐做大了"非企"业务。有百度内部人士表示,许多总代理开始做"非企",是为了获得百度给业绩达标者发放的额外奖励。

百度的考核体系主要记载于《百度地区总代理政策》,其中一项重要指标是点击推广链接产生的消费金额。虽然每年都要修订,但百度对业绩的赏罚原则多年来保持一致:若消费金额超过预期目标,即有奖励;而如果低于目标的某一个百分比,百度就会对代理商进行罚款,同时有权取消其代理资格。

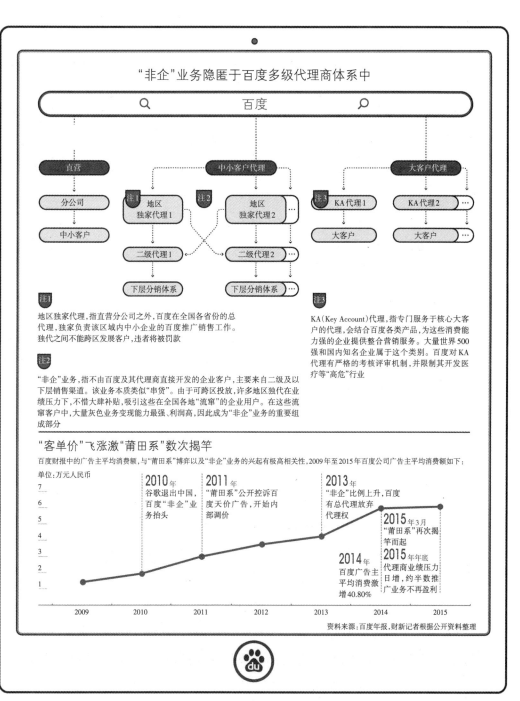

"非企"业务隐匿于百度多级代理商体系中

百度

直营

中小客户代理

大客户代理

分公司

注1 地区独家代理1

注2 地区独家代理2 ...

注3 KA代理1

KA代理2 ...

中小客户

大客户

大客户 ...

二级代理1

二级代理2 ...

下层分销体系

下层分销体系 ...

注1
地区独家代理,指直营分公司之外,百度在全国各省份的总代理,独家负责该区域内中小企业的百度推广销售工作。独代之间不能跨区发展客户,违者将被罚款

注2
"非企"业务,指不由百度及其代理商直接开发的企业客户,主要来自二级及以下层销售渠道。该业务本质类似"串货"。由于可跨区投放,许多地区独代在业绩压力下,不惜大肆补贴,吸引这些在全国各地"流窜"的企业用户。在这些流窜客户中,大量灰色业务变现能力最强、利润高,因此成为"非企"业务的重要组成部分

注3
KA(Key Account)代理,指专门服务于核心大客户的代理,会结合百度各类产品,为这些消费能力强的企业提供整合营销服务。大量世界500强和国内知名企业属于这个类别。百度对KA代理有严格的考核评审机制,并限制其开发医疗等"高危"行业

"客单价"飞涨激"莆田系"数次揭竿

百度财报中的广告主平均消费额,与"莆田系"博弈以及"非企"业务的兴起有极高相关性,2009年至2015年百度公司广告主平均消费额如下:

单位:万元人民币

2010年
谷歌退出中国,百度"非企"业务抬头

2011年
"莆田系"公开控诉百度天价广告,开始内部调价

2013年
"非企"比例上升,百度有总代理放弃代理权

2015年3月
"莆田系"再次揭竿而起

2015年年底
代理商业绩压力日增,约半数推广业务不再盈利

2014年
百度广告主平均消费激增40.80%

2009 2010 2011 2012 2013 2014 2015

资料来源:百度年报,财新记者根据公开资料整理

百度灰生态图

在2014年以前，这个合格线为目标金额的90%，此后提高至95%。

多位接近代理商的人士称，百度制定下一季度目标有一套算法，主要依据上季末产生的消费数字，去推算下个季度可能会有的消费总额，其目的是确保百度在推广方面的营收可以稳步增长。这意味着，如果总代理们在季末拿"非企"冲业绩成功，就会使下一个季度制定目标时，基数进一步上升。

由于百度不允许代理商之间跨区发展客户，加上百度糯米、直达号等新业务尚未成熟，对于许多基数大的代理商而言，完成KPI变得越来越困难。

一位代理商人士表示，在"非企"只占业务5%～10%时，总代理还可以对分代理挑三拣四，控制折扣幅度；但如果"非企"业务达到20%以上，这个"缺口"就很大，以至于分代理们都知道，这家总代理缺了自己可能就完不成任务，因而会要求更高的返点。

"这跟吸毒一样，一旦做了'非企'就甩不掉。因为百度的财报必须往上涨，所以任务不能降。"一位之前做过百度分代理的人士说。

失控的平衡

在像颜健鸥这样的一代"老人"纠结于KPI之际，一个拥有玛莎拉蒂、法拉利等多种豪车，生于1987年的年轻人，凭借大量"非企"业务，迅速蹿升为百度最大的分代理商之一。与一级代理大多生于1980年左右不同，这批生于1985年之后的年轻人，很多曾经在百度的代理商那里工作过，因此对整个推广体系非常熟悉。

在分代理们看来，"非企"是百度控制总代理的一种方式，以限制其利润规模，防止他们有太多资源去做竞争对手的产品。"从百度的角度来说，这部分是它较大的收入来源，它肯定不希望代理商做得太大，失去对它的控制力。"一位从事分代理多年的人士表示。

百度高层或许并不清楚总代理间的价格战失控到什么程度。多位代理商人士证实,近年来,季末折扣最高的时候,有时已经达到"充100元返200元"的情况,折扣远远超过总代理能从百度拿到的奖励额度。

"分代理注册一个'非企'客户的营业执照,只要几千块钱,却可以(通过折扣)省掉一年几百万的广告投放费用。如果你这个地方不给我折扣,它肯定会跳到其他地方,这是分分钟可能的事情。"一位总代理商人士如此描绘折扣失控的缘由。

考虑到百度给的奖金有固定比例,这个滚雪球的游戏不可能一直进行下去。多位了解百度代理体系的人士称,如果一家代理商的"非企"业务比例达到30%,推广业务就不再赚钱;而如果比例达到35%,则可能出现亏损。在百度全国30多家总代理中,目前触及30%盈亏平衡线的在一半左右。

百度不降KPI也有自己的理由。百度与总代理间签署的合同明确规定,总代理不能向推广客户提供"任何形式的折扣",否则百度将可以罚款,并有权取消其总代理资格。因此,一位了解代理商体系的人士表示,"非企"业务的价格战其实是代理商自己的问题,它们都守不住价格底线。

该人士还透露,长期以来,依旧有一半以上的总代理可以完成指标,因此百度或许认为自己定的指标合理,有挑战性的KPI可以进一步激发总代理的潜力。

但局面已经开始失控。面对业绩压力,百度的一些总代理着手多样化尝试,通过设立其他公司的形式,瞒着百度承接其他互联网产品,为自己寻找退路。

一位来自前百度代理商的人士说,百度系统内部对公司存在的问题"必然知情","只是百度各业务条线之间各自为战,只管自己的业绩是否足够拿奖金,不会去管别人的问题"。

"大家都默认只要不查出事,就没问题。因为公司就看业绩,不看其他的。如果你有业绩了,这都无所谓了。"上述代理商人士表示。而一旦出了问题,百度的文化是:"百度是没有错的,大家都这样,百度相比对手还有点良心。"

张毅认为,百度的企业文化已经出现问题,没有足够重视小问题和行业共性问题,可能是导致其今天被动局面的真正原因。因为一旦高层觉得,整个行业都存在这个问题,只是百度做得比较大,更易暴露问题而已,就会导致执行层面的KPI发生扭曲,出现"上有政策,下有对策"的局面。

但一位百度内部人士解释称,"硬币"的另一面是,在整个搜索行业长期缺乏有效监管的情况下,一旦百度严厉查禁一些业务,这些类别的广告主就会转向竞争对手。

百度也在反思内部文化的问题。5月10日,百度在"魏则西事件"之后,公布了李彦宏名为《勿忘初心 不负梦想》的内部信。

李彦宏在信中表示,因为从管理层到员工对短期KPI的追逐,百度的价值观被挤压变形了,业绩增长凌驾于用户体验之上,简单经营替代了简单可依赖,百度与用户渐行渐远,与创业初期坚守的使命和价值观渐行渐远。

对此,李彦宏表示,百度要有壮士断腕的决心,坚守用户至上的价值观,重新审视公司所有产品的商业模式,对不尊重用户体验的行为进行彻底整改。

"如果失去了用户的支持,失去了对价值观的坚守,百度离破产就真的只有30天!"李彦宏在信中疾呼。

先觉者的逃离

李彦宏所说的问题,在百度内部并非新事。在过去几年,许多先知先觉者已经开始陆续逃离这个"灰洞",为自己寻找下一条出路,其中既有百度的分代理,也有总代理。

2013年,正当百度加紧向移动端转型时,颜健鸥在看到企业出现增长瓶颈并开始不再赢利后,决定结束与百度的代理关系,为自己寻找新的出路。

他表示,当时百度推广贡献了泛亚接近80%的收入,转型过程十分痛苦。在"分手"之前,他对自己的资金储备做了衡量,得出的结论是,在没有百度推广收入的情况下,自己还可以坚持15个月。

然后,颜健鸥决定向3个方向转型。首先他找到了与百度业务较为雷同的360搜索业务。他认为,奇虎360从2012年起开始寻找渠道,泛亚退出百度时,虽然360在很多地区都已经有了代理商,但依然还有一些空白。其次是借助阿里巴巴的平台,帮助本地企业做电商运营和推广。最后,他还收购了新三板公司商中在线,为企业提供从IP地址到域名、从主机到营销的全套解决方案。

多家像泛亚一样放弃百度业务的总代理一离开,其代理区域就迅速被新旧代理商接盘。比如泛亚的徐州和镇江两地业务,交给了2014年成立的江苏网博信息科技有限公司,无锡的业务则给了2013年年底成立的江苏百拓信息技术有限公司,常州、泰州等地业务,则给了百度河南代理商青峰网络集团。

"现在回头来看,这是一条正确的路。"颜健鸥认为,"我一直都跟员工打一个比方,当年要不是搜狐和新浪不用百度的搜索引擎,百度不会单独出来自己做一个平台,到现在还是给别人提供技术服务。如果我们当时不走这一步,或者一辈子就是一个代理商。"

与此同时,一些早期做分代理商的人在挣钱以后,也开始希望走到阳光中来。一位前分代理高层认为,"非企"其实就是赚钱,但没有光明前途,分代理还是应该找正规业务去做,并尽量做一级总代理。

"你觉得一个二级代理商能做成一家企业吗?我建议大家还是做点实体的、有发展的事情吧。"他说,"百度的圈子原来是挺大的,现在越来越小。竞争对手,以及新媒体和自媒体都在发展。"

不过,这位前百度分代理高层人士也提到,许多百度分代理转型都会面临一个问题,就是过去挣钱容易,许多人在思想上已经比较懒惰,不愿意在这个资本寒冬辛苦挣钱,"这是他们最难克服的一个东西"。

对于地区总代理,选择权则更少,它们和百度都签署了排他性协议以换取区域内垄断地位,代价是只能服务于百度。

上述和百度差点对簿公堂的江苏代理商,被百度除名的根源就是其寻求其他业务合作方。百度坚持认为这家代理商违反了双方协议。

不确定的未来

2015年,百度大刀阔斧剥离业务。一方面,宣布"航母计划",将百度外卖和91桌面等10多个项目分拆,独立融资;另一方面,开始"甩包袱",将旗下OTA业务去哪儿与携程换股合并。

不过百度的项目分拆融资并未得到资本市场追捧,其中百度外卖两轮融资,均为李彦宏和百度自己"掏腰包"领投,近期更是数度传出将被同业收购的消息。2016年,李彦宏和爱奇艺管理层寄望爱奇艺私有化回归,鉴于A股市场种种趋严新政出台,不得不撤回私有化要约。

在增收方面,百度从2015年年底开始多箭齐发,加紧推进无人车、金融和云计算等新兴业务的发展。对需要持续输血的O2O业务,李彦宏的表态日趋模糊,只强调人工智能才是百度下一阶段的发展重点。这时候,百度已经从年初的主动进攻,退守到希望能有一个"换引擎"的过渡时期。

但2016年1月,百度售卖包括血友病吧在内的病种类贴吧引发强烈社会反响。这个平稳过渡的时间窗口逐渐关闭。5月,"魏则西事件"的出现更是宣告了百度外部危机的总爆发。

7月21日,在网信办宣布对"涉赌"事件进行调查后,从全国各地分代理处传来消息,百度开始整顿"非企"业务了。《新京报》报道,百度在当天向全国总代理下发了多份通知。

第一份文件是《关于百度推广全行业客户真实性验证方式更新的通知》，要求对推广客户真实性进行对公账户验证，对新客户执行时间为7月25日，而老客户从8月8日起如果触发真实性验证，也要采用对公验证，并拒绝无法通过验证的客户上线推广。

第二份是《关于新增网络棋牌类游戏为B类行业通知》，要求棋牌类游戏开户，除了进行对公账户验证，还需要提交ICP备案证明等文件。B类行业为百度内部对推广客户的划分，医疗药品等不少需要更多监管的行业都在这个类别。

一位百度中层员工解释称，对公账户验证意味着推广公司需要在银行有对公账户，并能正常进行收款，才能完成验证，而银行在设立对公账户时会另有一套现场验证程序，使百度开户文件更难造假。

全国多个省份的分代理证实了对公账户验证的新要求，并透露目前能从百度总代理处拿到的折扣已回到正常水平。

除了百度内部，国家的监管环境也在发生改变。

2016年6月25日，国家网信办发布《互联网信息搜索服务管理规定》，明确负责全国互联网信息搜索服务的监督管理执法工作，地方网信办依据职责，规定本行政区域内互联网信息搜索服务的监督管理执法工作。

7月8日，受"魏则西事件"助推，国家工商总局又在官网上公布《互联网广告管理暂行办法》，首次尝试对互联网广告进行监管。

多次参与《暂行办法》研讨的南京大学法学院副教授宋亚辉表示，该《暂行办法》为互联网广告树立了新标准，但在实践中还需要细化。他表示，将付费搜索定性为广告虽然"回应了公众关切"，但搜索平台背后要承担义务到什么程度，该《暂行办法》"尚无法一步解决"。

刘俊海则认为，接下来监管的难点还是在于失信收益高于失信成本。他表示，无论是自然人还是法人，市场经济中趋利避害的人性都是有弱点的，有些人在有些时候很难遏制自己对某些不当利益的追求。但他希望，互联网行业可以而且必须坚持诚信和创新并举，尤其注重诚信，因为"脱离诚信轨道的创新必然会导致欺诈和诈骗"。

更严格的政府监管和内部整改，已经对百度的财务数据产生影响。2016年7月28日，百度公布第二季度财报，显示其净利润同比下滑34.1%，活跃网络营销客户数同比上升0.7%，客户平均贡献营收同比上升3.6%。

在回答分析师提问时，李彦宏称，整改影响了PC端推广，主要是一些客户会取消推广服务。他预计，百度业绩需要两三个季度才能恢复。

不少人士都表示，他们并不认为整体行业局势会很快发生扭转。上述前代理商员工说："现在，360搜索和搜狗不给力，百度还是大家不得不用的。"但他和多位代理商人士观点一致，认为百度如果继续只有搜索一条路，未来将非常不确定。

"依然相信百度是家好公司"的颜健鸥，在采访中向百度建议，应该与代理商形成一个更加健康的合作伙伴关系。"我一直觉得，代理商这个名词过于单向了，而搜索和互联网服务是需要交互的。如果一味从上至下单向地对待代理商，就接触不到第一线的实际情况，产品升级缺少回馈机制。"他说。

8月1日，来自全国各省区市的70多名百度贴吧代运营商来到北京，与百度谈判合同临时终止的后续安排。普遍没赚到钱的贴吧代运营商，要求百度对提前终止合同做出赔偿。双方对此分歧巨大，谈判暂时陷入僵局。百度于2014年开始售卖贴吧运营权，允许代运营商在吧内做广告，现已出售上百个地级市和县城的城市吧。

叫停贴吧商业化合作，是百度2016年7月这轮整改的一部分。百度官方对财新表示，停止贴吧商业化运作是"坚持以用户利益为重"。

然而，破除旧有商业模式和利益格局障碍重重，李彦宏的"壮士断腕"之举，未来仍面临着复杂的现实考验。

7.2　阿里药监码风波始末

经历一个多月的"民告官"风波之后,2016年2月20日,国家食品药品监督管理总局(下称食药总局)宣布暂停药监码。药监码运营方阿里健康也公告称,正在移交药监码运维权。

争议并未停止。2月24日,老百姓、一心堂、益丰大药房等19家药品零售连锁企业发布联合声明,建议食药总局全面取消现行药品电子监管码制度,并要求阿里健康彻底退出药品信息化监管,而不仅仅是移交药监码运维权。当日晚,阿里健康针锋相对地声明:"不会放弃参与健康和医药改革的初心和坚持,将坚持找假药的麻烦。"

一方要反垄断和不公平竞争,一方则反假药、严格药品流通追溯监管,双方各执一词。其所争议的药监码到底是什么?

药监码制度始于2005年,本意是通过药品电子监管码全流程覆盖,实现药品追溯信息化监管,打击假药、二手药问题。2006年,食药总局将药监码平台的建设和运维工作委托给中信集团旗下中信二十一世纪科技有限公司(下称中信二十一世纪)承担。药监码出现之初,并未引发普遍注意。

直至2014年1月,阿里巴巴联手云锋基金,以1.7亿美元收购中信二十一世纪54.3%的股份,业内才发现,并无实体业务的空壳公司中信二十一世纪,却拥有医药领域两项关键资质——药监码运营权和国内第一张第三方互联网售药平台牌照。

2014年10月,中信二十一世纪更名为阿里健康。3个月后,食药总局要求药品生产经营企业全面实施药品电子监管,2015年12月31日前,所有药品须全部入网。这意味着中国所有的药品都必须进入药监码系统,而这一系统的具体操作者则是已经明确进入医药零售流通环节的阿里巴巴。

如此,阿里巴巴既是售药市场主体和平台方,又是药监码的运营方,还可以在独家掌握监管信息数据的基础上进行商业化,这一兼"运动员"和"裁判员"于一身,并在细分行业占据垄断性地位的复杂角色,迅速引发市场争议。2015年全国"两会"期间,就有医药界代表称阿里方涉嫌兜售药监码信息,并涉嫌不公平竞争。2016年1月,湖南养天和大药房企业集团有限公司(下称养天和)以"强推药监码违法"为由起诉食药总局。

"民告官"案点爆了舆论。药品零售企业指责阿里健康以认证费、年费、咨询费、技术接口费等为名,收取不合理费用,同时涉嫌兜售商业核心数据。他们担心,阿里的在线医药售卖以及互联网医院项目会因其拥有药监码信息,对行业造成不公平竞争。

各方压力之下,食药总局最终宣布暂停药监码,并明确阿里交出运维权。据财新了解,食药总局下一步可能通过招投标方式确定独立第三方运营主体。

失去药监码,还被零售药企"穷追猛打",阿里健康发布声明,一方面,乐见更符合市场规律的药品电子监管网运维方案,另一方面又反击"窃取数据、不公平竞争、绑架公权力"等莫须有的攻击。

纵观药监码之争,事实上是其最初扭曲的合作模式埋下隐患。分析人士指出,如果药监码确实必要,食药总局也应以政府购买服务的方式,通过公开招标,引入独立非营利的第三方来运维药监码平台。但实际上,政府从不付费,而高价收购运营资质的阿里巴巴,则意欲通过商业变现回收成本,并探求进一步赢利的商业模式。阿里健康运营药监码的过程,触动了医药行业利益,也促使这一扭曲的政商合作模式走向终结。

药监码有没有用?

2016年1月27日,食药总局在北京召开药品电子监管工作座谈会。参会的药品零售企业、药品流通企业、药品生产销售企业的诉求出现分歧:药品零售企业要求彻底废除药监码,称其"没必要、不科学";流通企业要求药监码升级改造,降低企业成本;生产销售企业则要求阿里出局,避免商业机密外流和不公平竞争。

在阿里健康介入运营药监码之前,药监码只覆盖药品生产、销售和流通环节,并没有覆盖到零售环节。有质疑称,药品零售企业之所以集体抵制药监码,除了增加成本,根本原因是药监码触动了药品零售企业的"灰色利润地带",比如售卖假药、回购二手药等。

阿里健康称,2015年,食药总局在组织的飞行检查中,通过电子监管发现了大量回流药品,目前电子监管已经成为药监系统进行药品流通监管的关键手段。药品电子监管网的良好运行,提高了假药、二手药进入流通市场的门槛,对不守法企业起到了震慑作用,也为合规企业开展医药保健业务带来更好的保障。

食药总局也发文称,2014年以来,总局通过对药品电子监管数据流向分析,组织对部分药品批发企业实施了专项飞行检查,查实了近20家药品批发企业违法销售此类药品致其流入非法渠道的行为。

三大药品零售上市公司——老百姓、一心堂和益丰大药房则联合声明"药监码毫无必要"。一心堂总裁赵飚认为，查处假药的关键在于飞行检查，而非在于药品电子监管码。"既然都到了现场了，不用电子监管码，用批号，用进销存记录和上游追查也一样可以查出来。"

还有药品零售企业负责人表示："造一个假的药监码非常容易，可以与原码重复，根本查不出来，怎么避免假药流入？"赵飚表示，假药劣药回收药根本就不会去扫电子监管码，假药基本都在违规企业的对外进销存体系外运行，"要想辨别药品真伪，仅凭增加一个印刷了条形码的包装盒是无法做到的"。

药监码的关键在于全覆盖，避免假药劣药流入，但实际上，药监码目前尚未覆盖药品生产、流通、销售的全链条。"占终端份额80%的医院不赋码没有任何惩罚，只占20%份额的药店不赋码就要取消经营资格，何其不公？"三大药品零售公司在联合声明中称。

药监码推广带来的人力、物力成本增加，令药品流通、零售企业怨声载道。养天和董事长李能表示，药监码系统与现行的物流信息码系统并不兼容，导致所有的药品流通及零售企业必须重新购置扫码枪和秘钥，并投入高昂的后续维护费用。"仓库门店两进两出，每个环节都要将每盒药品扫码，需额外投入人工成本和时间成本。养天和拥有540余家门店，首期投入就要1200万元，门店越多，投入费用就越高。"

老百姓大药房方面也公开表示，老百姓大药房如果全部门店投入使用，粗略计算大概需要8000万元，而2015年老百姓大药房的税前利润仅2亿元，一次要花掉三分之一利润。一心堂方面称，药品电子监管码是不科学的产物，若全面推广需增加1亿元以上的成本。

双重角色惹垄断质疑

电商巨头阿里巴巴在药监码运营平台中的角色,确实加剧了争议的升级。

阿里高价接手中信二十一世纪之后,上海交通大学安泰经济与管理学院教授陈宏民曾在一次和发改委反垄断局的沟通中提及,阿里健康可能存在潜在的数据垄断问题。他认为,阿里健康作为唯一一家被授权掌握药品流转数据信息的机构,必然导致不公平竞争。

担忧在于,阿里拥有"天猫医药馆"和"未来药店"两大药品零售平台业务,并布局互联网医院,参与医药销售核心环节,本是"运动员"身份,但借助药监码,又可以透视整个行业信息,成了"裁判员"。

阿里健康解释称,药品电子监管网的所有权和管理权一直归食药总局所有,阿里健康提供的仅仅是技术和运维服务。一位知情人士表示,电子药监码的合理运营模式应是阿里方面负责技术运维,食药总局以政府购买服务的方式向阿里方付费。但实际上,这一模式并未真正落实。自2014年阿里接手电子药监码以来,阿里方面未从食药总局方面获得收入,也未有实质性的营利项目。

阿里健康截至2015年9月30日的上半年财报显示,其主营业务中国药品电子监管网收入同比增长14.61%,至2137.1万港元,毛利率由2015年同期的6.3%上升至22.4%。一位了解阿里健康的人士表示,财报中的"中国药品电子监管网收入同比增长",主要来源于近两年来药品电子监管码推行迅速,阿里针对入网企业收取一次性费用300元,用以承担药品电子监管网络的运营成本。她表示:"阿里方面并没有经济收益,食药总局也不同意阿里借此赚钱。"

2016年2月23日,阿里健康发布长微博,称自收购中信二十一世纪以来,公司在持续亏损的状况下,投入近亿元对原有药品电子监管网基于云计算进行技术架构改造。

但阿里还是为此"鸡肋"业务备受争议。有医疗软件服务商表示,阿里通过"人为设置技术障碍,不提供完整的技术文档和技术支持,挟持医药软件行业,并间接从医药零售行业谋利"。该软件服务商称,阿里提高了药监码上传的技术门槛,利用中国药品电子监管网多系统融合系统认证(零售企业版),要求软件服务商缴费接入认证,缴费名目共有3种:1万元的药品监管码认证收费、1万到10.5万元不等的年费,以及咨询费用3万元。

根据中国药品电子监管网发布的信息,完成"安全接入认证"和"多系统接入融合认证"的一共有46家企业,其中服务区域为全国的26家,服务区域为3个地区的有10家,2个地区的有1家,1个地区的有9家。据此计算,前两项费用,阿里从46家医药软件服务商一共获得收入360万元。

接手药监码运营权后,阿里健康在中信二十一世纪的数据平台的基础上,开发了阿里数来宝平台,给药企和ISV企业提供数据接口。数来宝成为阿里旗下的一家ISB(数据服务商)公司,向药品企业提供数据分析服务。

阿里数来宝平台又分为开放平台和服务平台。其中,数来宝开放平台面向所有药品生产、流通、批发和零售企业进行信息化对接服务,数来宝服务平台则供生产企业授权ISV进行药品个性化定制数据服务。

通过数来宝开放平台获得的药监码信息仅为"裸数据",没有有效的信息关联意义,服务平台提供的药监码信息才是关键所在。服务平台上的部分ISV企业反映,在2016年2月20日食药总局叫停药监码之后,ISV企业开始陆续暂停服务。至于恢复服务的具体时间,要等食药总局关于药监码的处理通知。

根据阿里健康方面提供的信息,ISV引入流程主要包括如下环节:企业推荐ISV申请入驻(ISV也可自行申请),申请后ISV在沙箱环境(计算机模拟环境)进行产品开发测试,产品审核成功后成为正式服务商,企业数据授权后并使用服务。

针对阿里数来宝服务平台的收费问题,平台上的各家ISV企业表态有所不同。有企业称,从未向阿里健康缴纳任何费用;有企业称,阿里健康方面曾要求其缴纳10万元"保证金",但于2016年1月退回这笔费用;也有企业称,阿里健康曾提出须缴纳"保证金",后来通知"保证金"取消,目前并未产生实际收费。

商业秘密外泄之忧

与药品零售、流通企业不同,药品生产企业对药监码的态度并不激烈,其核心诉求是让阿里巴巴出局。

阿里拿下药品监管码后,广东众生药业股份有限公司总经理陈永红曾表示,有阿里方面的销售人员与药企方联系,售卖市场解决方案,方案中包括广东众生各类药品的批次、流向和数量等核心信息,有的信息连陈永红本人都不知晓,企业商业机密外泄,且被作为交易产品,令陈永红非常震惊。

一些药企怀疑,这些数据甚至已经在"黑市"流转。有自称阿里数来宝的供应商曾在两个月间联系多家药品零售企业,称可以为企业提供电子监管码的各类数据,包括药品客户、竞争价格、促销政策等涉及商业价值和竞业限制协议的关键秘密。

据财新查询,数来宝服务平台提供多种信息服务,如:营销管理类的"药++",自称提供"真实、即时、精准、全面的药品流通数据,结合制药企业业务结构,助力制药企业全面掌控市场";"药路通"则自称透视药品流通全过程,分析药品在全国各地区的纯销情况。还有类似营销产品的"尚廷A8药品流通监测系统"和"药葫芦"等。

在渠道、终端管理方面,数来宝服务平台提供"医药大智慧""鹰眼""药路通"等产品,产品介绍称,透视药品从生产到最终购药的全流程,对药品的各层级的流经总量,流经区域及流通速率等进行截面分析,其数据对于渠道存货、渠道深度、异常流入流出(如申货)等均有指示作用。

阿里健康表示,目前在数来宝注册并引入开发的ISV有30多家,产品审核通过,可正式提供服务的ISV有7家。目前平台已核实通过了300多家企业可以查看自身数据,其中200多家在使用平台上的免费产品,40多家使用平台上ISV的产品。

针对是否兜售商业信息的问题,有ISV企业表示,拿到企业授权,他们才能获得相应数据信息,ISV企业与药品生产销售企业之间都有保密协议。多家ISV企业表示,不能保证所有ISV企业都遵守协议,这是诚信问题,但大多数ISV企业都在合法经营。

一家要求匿名的数来宝服务平台ISV企业负责人称,2015年上半年,阿里健康数来宝服务平台刚刚开始试运营,在试点时期,ISV企业"一度比较乱,尤其在宣传推广方面,为了快速打开市场,有ISV企业打印了阿里巴巴的名片,以阿里员工的身份与企业接触。在与药品生产销售企业接触时,有的企业夸大宣传,说自己已经获得药品流向、数量之类的信息,还可以获得竞品信息,这让药品生产销售企业很恐慌,也比较抵触"。他认为,阿里健康对数来宝服务平台上的ISV企业控制能力有限,"导致一旦出现问题,大家都在指责阿里健康"。

阿里健康认为,分享数据的行为符合食药总局此前出台的政策规定。

"药品生产企业首先会向我们递交一份书面授权,阿里健康得到授权之后将该企业的自有药品数据接口开放给ISV第三方服务商,服务开通后药企能够自行上传自家药品的药监码数据,从而实现药品的流向追踪。"阿里方工作人员表示,"在这个过程中,企业只能看到自己企业的药品流向数据。"阿里健康表示,不存在通过阿里数来宝出售商业数据的情况。

真正令医药行业尤其是零售企业担忧的或许是，已经颠覆了传统商业的阿里，可借道药监码鲸吞药业的市场"蛋糕"。

2015年4月，阿里将天猫医药馆注入阿里健康，欲在B2C基础上打通更上游的B端。2012年上线的天猫医药馆已成为国内规模最大的第三方药品保健品网上零售平台，是阿里增长最快的业务类目之一，2015财年天猫医药馆的总商品交易额为47.4亿元，占整个在线医药零售市场过半份额。

2015年10月，阿里健康推出"未来药店"计划，开始深入线下医药零售环节，一推出就签约了上百家药店作为合伙人。根据阿里健康的介绍，和药店合作除了流量支持，即推荐合作药店、物流配送等电商服务外，还将提供会员营销体系和数据分析工具，帮助"合伙人"药店在经营决策方面提供开店选址、品类规划、精准营销等支持，药店将能够对周边人群最常购买的药品以及日常用品了如指掌。

状告国家药监总局的养天和大药房董事长李能表示，通过药品电子监管网的运营，阿里健康能掌握和运用像自己这样的药品经营企业等竞争对手的详细销售数据，"这无法保障其他药品经营企业的公平竞争机会"。

在各方压力下，食药总局宣布暂停药监码，明确下一步将通过招投标方式确定独立第三方运营主体。阿里健康则发布公告称，乐见更符合市场规律的药品电子监管网运维方案，正与食药总局成立一个联合工作组，以讨论药品电子监管网的移交事项。

药监码后传

风波过去不足3个月，药监码重启。2016年5月10日，阿里健康副总裁王培宇宣布，阿里健康决定建设开放的、市场化的第三方追溯平台，并通过免费方案吸引药企入驻，支持公众查询，以防假药。

另外,阿里健康表示,新追溯平台未来可能将系统拓展到食品、农产品领域,实现"从农田到餐桌"的可追溯,保障食品安全。

4月28日,国家食药监总局发布《关于进一步完善食品药品追溯体系的意见(征求意见稿)》(以下简称《意见稿》)。《意见稿》指出,食品药品追溯体系依然需要完善,但这次并非由上到下,而是需要企业自建,企业作为责任主体,其追溯范围由药品出厂后开始追溯,向上延伸到原料辅料,难度系数加大。药监局明确表示鼓励信息技术企业作为第三方,且不会强制要求食品药品生产经营企业接受指定的专业信息技术企业的追溯服务,同时也鼓励行业协会出面组织搭建平台。

5月10日,阿里健康副总裁王培宇称,阿里健康将继续利用其在追溯体系建设领域的丰富经验和技术能力,与监管部门、药品企业、行业组织、第三方技术服务商以及公众一起,构建追溯生态系统。

王培宇说:"两年来我们投入了近亿元改造升级药品电子监管网,是因为我们相信互联网技术和大数据是防止假药的最有效手段。虽然在这个过程中遇到了一些怀疑和阻挠,但我们找假药'麻烦'的初心一直没有改变。看到总局发布《意见稿》后,我们愿意向行业各界和消费者输出我们的技术和数据能力,共同建立一个全民参与、有迹可循的第三方追溯体系。"

阿里健康称,目前新追溯平台已进入开发期,平台1.0版本预计将在一个月之后正式上线。为了使入驻企业的成本降到最低,新平台将完全兼容"中国药品电子监管码"的技术标准,同时为原中国药品电子监管网上的医疗机构和药品企业免费提供入驻新平台的服务。此外,在未来3年内,阿里健康免去向入驻企业收取发码、流向查询等基础追溯服务的费用,仅会收取数据存储、接口调用等技术支撑费用。

财新采访了3家药品零售企业和两家制药企业,其中3家药品零售企业一致表示,反对阿里健康运营药监码的关键,是质疑阿里健康借此兜售商业机密,并通过天猫医药馆等机构,争夺药品零售企业的市场份额。因此即使免费,也不愿入驻平台。"药品零售行业有意建立药监码运营机构,由大家集资共建,保证商业信息的保密性。"一家药品零售连锁企业负责人表示。

两家制药企业均表示,对此没有进一步商榷,但不排除入驻阿里健康平台的可能性。"毕竟企业自建成本非常高,需要专门的人力和物力投入,由专业第三方提供服务,是性价比比较高的选择。"一位广东制药企业负责人表示。

阿里健康方面表示,2015年,经过阿里健康技术架构重构和优化后的药品电子监管网,尽管数据量比3年前增加了近4倍,但系统处理速度反而加快了20倍,大大地提高了效率,减低了成本。"在保证新追溯平台自身的技术支撑成本的基础上,阿里健康还将继续加大技术投入,逐步对码制标准、接口开放性和平台安全性等多项技术指标进行升级,使平台的运行成本更低,扩展性更强,功能更丰富。"王培宇表示。

针对企业的疫苗类产品,阿里健康称将提供永久免费的追溯服务,也会为公众提供永久免费的药品流向查询服务。如果在阿里健康追溯平台上入驻的企业发生药品安全事件,阿里健康将全力配合企业履行其追溯责任,通过追溯系统的智能监测和数据分析定位药品流向,以降低事件对公众和企业造成的危害和损失。

王培宇称,在山东疫苗事件中,被暂停的药品电子监管网依然发挥了积极作用。阿里健康按照食药监总局要求,积极配合并提供疫苗流向可疑企业的分析。

2016年6月13日,阿里健康重新推出第三方药品信息追溯平台"码上放心",上线的平台兼容了原药品电子监管码系统,平台可为品牌商提供追溯服务,为经销商记录或标识其购进和销售的产品,为各级政府制定追溯体系规划提供咨询,并为公众提供永久免费的查询服务。

截至2016年10月底,有近3000家药品生产和药品流通企业入驻"码上放心"。"码上放心"主要用于企业追溯,采取市场化运营方式,由企业自愿加入平台并采购其服务,针对数据存储收费。药监码平台仍在正常运营中,主要用于国家食药总局对药品的监管追溯,阿里健康作为技术运营方,仍维持原定的300元/年技术收费标准。

阿里健康表示,其新筹建的第三方追溯平台是一个市场化的开放追溯体系,各药品企业可以根据自身药品追溯的需求选择自愿加入,也可以自己建设追溯体系,或者入驻其他第三方追溯平台,并不存在任何强制和垄断行为。

与此同时,爱创科技、华工赛百等第三方信息追溯公司快速成长,自建产品追溯系统也成为医药公司和食品公司的另外选择。

失去药监码垄断利益后,营业额和现金流水短缺成为阿里健康燃眉之急。2016年上半年财报显示,截至6月30日,阿里健康净亏损1.916亿元,亏损额同比增加135.9%。

2016年9月12日,阿里经过内部资源整合,将天猫医药馆并入阿里健康。天猫医药馆自2012年正式上线,已成为国内规模最大的药品网上零售第三方平台,超过一半以上的网上药店入驻了天猫医药馆。天猫医药馆的主要收入来自于收取商家最高3%的成交额佣金。

阿里集团文件显示,天猫医药馆是阿里集团经营业务中增长最快的类目之一。通过3年的运营,天猫医药馆的收入和流量每年呈稳步上升趋势。2015财年中,天猫医药馆的总商品交易额为47.4亿元,同比增长73.4%,而阿里集团同期增长率为45.7%。

再加上之前阿里健康在互联网医院、医药O2O、保健品平台和医疗器械平台上的落子布局,阿里健康的医疗医药生态体系已初具雏形。

评论：

平台型企业的反垄断拷问

陈宏民

上海交通大学安泰经济与管理学院教授

2016 年 8 月，滴滴出行宣布收购 Uber 中国，使其在刚刚合法化的网约车领域占据了绝对的市场支配地位。在媒体和同行的严重关注下，商务部表示，正根据相关法规对该项合并展开反垄断调查。

近年来，全球范围内的互联网经济发展迅猛，一大批基于互联网的平台型企业如雨后春笋般成长起来，培育了一批新兴产业，同时还快速向传统产业渗透，成为其转型发展的引擎。但与此同时，这些巨无霸式的平台型企业凭借其市场支配地位所采取的一系列策略性行为及其对市场有效竞争所产生的复杂效应，使得其他互联网企业对于其滥用市场地位的诉讼，正日益成为各国反垄断机构和社会媒体关注的焦点。

在中国，互联网经济经过了这些年的快速发展，已经形成了以 BAT 为代表的若干巨型企业。从市值看，阿里巴巴、腾讯和百度都已进入全球十大互联网企业。一方面，这些巨无霸企业确实带动和促进了中国互联网经济的迅猛增长，对经济社会的发展和创新做出了卓越的贡献；另一方面，这些企业已经形成了对互联网经济巨大的市场影响力，这种力量在中国推进"互联网＋"行动中正发挥着显著而又复杂的作用和影响，也确实需要引起业界、媒体、学术界，尤其政府监管当局的重视和关注。

互联网企业在许多领域已经不再处于拾遗补阙的边缘地位，而是大踏步向核心业务进军。进入 2015 年以来，在一些细分市场上，互联网龙头企业的横向兼并频频发生，更引起社会对新形势下公平竞争的关注。2 月，滴滴打车与快的打车合并;4月,58同城战略入股赶集网;10月,美团与大众点评达成战略合作。11月,在线旅游市场的两大宿敌携程、去哪儿网闪电合并,百度献出去哪儿网约45%的总投票权换得约25%的携程总投票权,成为携程最大股东。上述4桩大型并购引起法律及业界对反垄断问题的极大关注,但最终都未曾接受过监管当局的"经营者集中"审查;此前唯一一件走到司法程序的案件是奇虎诉讼腾讯滥用市场支配地位案,历时4年也在2014年以奇虎败诉而告终。但无论如何,这些事件都意味着互联网领域的反垄断问题不再遥远。

平台型企业的运营特征

无论是中国的淘宝、支付宝,还是微信、微博、滴滴打车,或是美国的谷歌、Facebook、亚马逊,绝大多数令人耳熟能详的互联网企业,都属于平台型企业,因为它们都是以开放式平台的商业模式向社会提供服务的。

平台型企业,与传统企业直接向用户提供产品和服务不同,它们向用户提供的是更快捷、更便利、更安全和更有可能买到自己心仪的产品和服务,或者卖出自己的产品和服务,或者获得自己想要的信息的机会。这种机会的创造来自平台对各类用户的连接,以及为所有用户提供他们所需要的资料信息,从而平台型企业能比传统企业更加有效地完成交易或信息交流,如电商平台连接消费者、商户和广告商;第三方支付平台连接消费者、商户和银行;打车平台连接出租司机与乘客;餐饮平台连接餐厅和食客,以及第三方配送机构等。

平台型企业的最大特征就是具有显著的交叉网络效应,或称为"消费者规模经济",即某边用户规模的扩大,能给其他边的用户带来更大的利益。因为淘宝上有数百万商家开店,所以能吸引数亿消费者去网购;而又因为有数亿消费者在其上购物,又会吸引更多商家踊跃在淘宝上开店。这种各边用户之间相互吸引、规模越大价值也越大的特点,是平台赖以生存和发展壮大的核心要素,也是平台型企业与传统企业从组织结构到商业模式都具有本质差异的主要原因。

无论是理论界、实业界,还是政府监管部门,对于平台型企业的迅猛崛起,并可能引领众多产业转型升级的现状与未来,在心理准备上是不充分的,对于平台有别于传统企业的种种结构特质的认识也是不全面的,所以当互联网领域出现涉及反垄断问题以及诉讼时,社会舆论会出现一定程度的不知所措,反垄断当局也面临着巨大的挑战。

单一市场的高度集中

上述"交叉网络效应"的特性使得绝大多数平台型企业都具有非常强烈的扩张动机,即便持续亏损也在所不惜。因为用户规模是许多平台的核心竞争力,"借力打力"是平台的镇山之宝,只有庞大的用户规模才能创造出吸引消费者或其他用户的价值。资本市场也充分意识到平台型企业的这一特征,从而在允许平台"烧钱"方面表现得非常宽容。同样,用户也特别倾向于使用规模大的平台,因为规模越大,选择余地就越多,平台对用户的价值也就越大。

这样,如果一个行业发展为以平台型企业为主(或称平台型产业),那么这类产业很容易形成"赢家通吃"局面,出现高度的市场集中。电子商务、银行卡支付、网络支付、操作系统等,都有这类特征。

早在2010年,一份《中国互联网行业垄断状况调查及对策研究报告》就指出,中国互联网产业已出现寡头垄断现象。根据这份报告,截至2010年年底,腾讯、百度、阿里巴巴三家公司的市值合计已达774亿美元,占据中国所有上市互联网公司市值总和的70%。具体来说,腾讯在即时通信领域独占76.56%的份额,百度以80%的市场份额雄踞中国搜索"龙头",阿里巴巴则在中国

B2B电子商务领域拥有54.39％的"半壁江山"。这些数据时至今日可能也并不过时。

平台型产业还有个特征,称为用户的"多平台接入"。"多平台接入"指的是一个用户可以同时接入多个同类或带有差异化的平台,比如消费者可以在天猫与京东网上选择网购,乘客既可以用滴滴打车,也可以用Uber打车等。如果用户多平台接入的成本很低,会在一定程度上促进市场竞争,降低大平台的垄断性。

然而,有些大平台为了维持和提升自己的市场优势,会以协议或其他手段变相要求用户"非此即彼",建立"排他性"关系。2015年7月,日本著名服装品牌优衣库入驻京东仅一个月便退出,引起媒体广泛关注。据报道,该事件的背后可能有天猫对优衣库的"排他性"要求。事实上,天猫与许多服装品牌签署了独家销售协议。一些情况下,平台型企业可以通过提高用户转换成本的方式加强用户黏性,形成事实上的所谓"独家交易行为"。而这些都是非常敏感的限制竞争的策略性行为,为反垄断当局所重点关注。

总体上看,平台型企业在其中能起到引领作用的产业,未来会有较高的市场集中度,比如两三家大型企业占有市场主要份额。这是由其"赢家通吃"的属性所决定的。虽然当前大多数这类产业还在快速成长中,其龙头企业的市场支配力量还不明显,但从那些成熟或饱和的产业,如电脑和手机的操作系统市场、欧美的银行卡组织市场等来看,这种趋势已经表现得非常清晰。

然而,这类寡头垄断型的市场结构的形成,往往伴随着生产者规模经济(在制造和销售过程)和消费者规模经济(交叉网络效应以及自网络效应等)两方面的效益提升。尤其是后者,在许多平台型产业中表现得非常显著,是创造用户价值的重要源泉,同时也是这类产业所独有的特征。也就是说,平台型产业的市场集中可能是有利于消费者和社会福利提升的。所以,对于这类产业的集中度规制,包括横向并购的限制,需要格外谨慎。可以对这些巨无霸企业形成过程中可能采用的一些"粗暴"手段如"排他性协议"进行适当的规范,以促使其"健康成长"。

市场支配力量的"溢出"

反垄断还有一项很重要的任务,就是防止企业把某个市场中的支配力量延伸到其他市场中,即所谓"纵向控制"。这是当前在互联网领域很值得关注的问题。在传统经济和一些新兴产业中,一些巨型的上游企业,往往会把其在上游的市场支配力量通过与下游企业签订各类协议等方式传递到下游,造成下游的不公平竞争。当年美国的反垄断部门曾经强制要求波音公司与美国航空公司脱钩,要求好莱坞的几家大型电影公司与下游的影院脱钩,都是出于这方面的考虑。

在中国当前的"互联网+"大潮中,互联网企业的跨界更是势不可挡。近年来BAT沿着"互联网+"向各传统产业全面出击,在电子商务、互联网金融、互联网医疗、社交平台、互联网交通、娱乐传媒、文化体育等等领域,凡是互联网能加的领域,其领先企业的背后几乎都有BAT的影子。在跨界时,无论是自建还是收购,那些巨无霸企业都会凭借自己在原有领域的市场影响力,包括品牌、资金、渠道、技术、用户规模和黏性等,使自己的企业不断拉开与其他企业的距离,绝尘而去。如支付宝和财付通在网络支付领域,滴滴打车与快的打车在打车平台领域等,都让其他企业难以望其项背。

如果说传统巨型企业能通过"纵向控制"影响其上下游市场的话,那么那些大型平台企业更能凭借互联网、大数据等先进技术和对网络流量入口等的垄断,实行"斜向控制",直接影响更多的相关市场。由于其商业模式的特殊性,巨无霸平台对市场支配力量的"挪移"运用起来会更加得心应手。巨型平台可以凭借第一边大规模用户去吸引第二边用户,再借助第一边和第二边的规模去吸引第三边……如此便把市场支配力量不断向新的领域延伸,可延伸的方向远远超出了传统产业的上下游方向,这便是如今常讲的"商业生态圈"或"商业生态系统"。比如淘宝依托大规模的消费者和商家,顺利地开发了支付宝,轻松成为网络支付领域的龙头老大;再凭借支付宝账户汇集的巨额资金,推出余额宝,成功进入基金领域:一路杀下去,自然势如破竹。

平台型企业还有一项带有不公平性质的竞争优势,就是参与用户侧的竞争。比如电子游戏的操作系统平台,不仅在操作系统上赢利(软件或内容提供商那里分成),还能销售硬件(游戏机或者电子阅读器):由于其具有平台优势,在游戏机硬件市场上便造成了不公平竞争。2015年4月,欧盟给谷歌公司寄去了一份 Statement of Objections(反对意见函),将谷歌在垂直搜索领域的一些做法推向了舆论的风口浪尖。从事餐饮业评论/垂直搜索的公司 Yelp 是谷歌的积极批评者之一。Yelp 的数据分析团队联合两位教授发布了一份研究报告,指出谷歌在搜索结果的展示中偏袒自有内容的做法损害了消费者权益。

虽然这类企业发展迅猛,新技术层出不穷,但总体来看,巨无霸式的平台型企业相比传统企业,更容易将其原有的市场支配力量沿着自己不断扩张的商业生态圈延伸和拓展,甚至在延伸过程中得到进一步的加强。这种市场支配力量的延伸,有可能形成不公平竞争,给新兴市场增加不必要的进入壁垒,对于在"互联网＋"行动中形成"大众创业,万众创新"的氛围产生一定的负面影响,这是社会媒体和反垄断当局需要重点关注的问题。

"互联网＋"时代需要关注反垄断

互联网经济,是新的业态;推进以反垄断为核心的竞争政策,是新的课题;而在互联网经济里推进竞争政策,对中国政府而言,更是全新的挑战。

从2015年年中开始,中国政府陆续出台了一批促进"互联网＋"行动的指导意见和行业管理办法。不过这批政策法规的关注重点,是在"鼓励创新"和"加强风控"的原则下,协调"互联网＋"领域里新进入的互联网企业与原有的传统企业之间的业务纠纷,规范它们各自的业务范围。在这轮政策中,并没有特别关注由于技术和商业模式变化,而引起的新的不公平竞争以及垄断倾向。

"互联网＋"行动,可能是中国经济社会发展的最大机遇,但同时也是最大的挑战。如果说,这轮新进入的互联网企业与原有的传统企业之间的搏击,是"互联网＋"领域的第一个回合,面对日益复杂激烈的纠葛,监管当局采取了"拉架式规范",为双方,主要是为那些互联网企业明确业务范围;那么第二个回合,可能就是在那些新进入的互联网企业中,几家巨无霸企业与成千上万家创业企业之间的冲突。在这场或许更加惨烈的战争中,政府的行为是举足轻重的。是追求"一骑绝尘"还是鼓励"万马奔腾",这是核心问题!

当然,互联网产业虽然发展迅猛,但依然是个新兴市场,其未来的发展空间不可限量。在"互联网＋"的冲击下,许多传统市场也焕发了新的生机。所以,在今天的这个时间节点上看,提互联网产业的垄断或者互联网＋领域的垄断似乎还早。用现有的分析框架去理解互联网企业以及平台型产业的运行,用现有的尺度去做"市场界定",去评估"滥用市场支配地位",都有相当大的难度。如果把网购看作"互联网＋零售",那么即便阿里系的"淘宝＋天猫",在整体零售业也未达到10%的市场份额,远低于中国三大航空公司每家拥有的25%左右市场份额。

但是,"晴带雨伞,饱带干粮",从政策研究到社会心态,都需要有适当"未雨绸缪"式的提前适应。无论是互联网出行领域滚雪球式的并购,还是网络支付领域"小荷初露"般的提现收费,都值得关注研究,同时考察其后果。虽然今天还有大量的"免费午餐",可是要防止演变为未来的"天价晚餐"。互联网对经济社会的影响不仅深入而且广泛,更需要许多带有前瞻性的社会认知和政府政策。在熙攘的街道上,安全车距只需30~50米;而在高速公路上,安全车距就必须在100米以上。中国各界需要对基于互联网经济结构中制约有效竞争的垄断问题,有更多的思考和认识。无论是理论研究、媒体关注、舆论监督、政府监管,都需要一个培育和成熟的过程。

第八章

新风口：垄断大树下的草原

互联网巨头的生态越来越庞杂，其影子和势力几乎无处不在。大树之下是寸草不生，还是萝藤枝蔓盘根错节，依附于焉，或是绿草茵茵、生机盎然？

8.1　音乐产业的春天来了么？

2016年新年伊始，湖南卫视知名主持人何炅加盟阿里音乐集团出任首席内容官的消息刷爆社交网络。一个月后的春节期间，阿里音乐董事长宋柯、CEO高晓松加上何炅这组"铁三角"交出了第一份答卷：推动阿里巴巴入股韩国最大娱乐公司S.M.ENTERTAINMENT。

SM旗下的EXO、东方神起、Super Junior、f(x)、SHINee等流行音乐偶像团体是"韩流"文化的主力，任何一次在中国出现，都能掀起年轻一代的粉丝狂潮。

宋柯底气十足地对外声称："如果现在还有媒体或娱乐业其他同行忽视音乐的话，那他一定在犯一个重大的错误。"

从1996年成立麦田音乐到2015年加盟阿里音乐，宋柯见证了中国音乐产业的跌宕起落。他失望了20年，中途甚至辞职卖过烤鸭，但其实他从未真正离开过这片领域。

2015年12月,广电总局给音乐产业画下了"蓝图"——到2020年音乐产业产值达到3000亿元,培育2~3家以音乐内容开发生产为核心、资产规模和营业收入双超50亿元、在国内外有较大影响力的综合性音乐集团公司。

自2015年中监管部门强力整顿音乐版权问题以来,中国音乐产业格局悄然大变。互联网公司抓住机会快速反应,通过并购、重组抢占行业座次。其中,酷狗、酷我组成的海洋音乐集团,虾米音乐和天天动听合成的阿里音乐,以及腾讯QQ音乐,三家手握超过70%的音乐版权,构成了行业所称"KAT"的三足鼎立格局。各家经过上一轮抢夺版权甚至对簿公堂后,开始形成版权二次转卖等机制,逐渐深入音乐产业上下游:向上抓住音乐人,向下布局演出等市场。此外,曾经在盗版和免费时代取得先机,收购了千千静听等多个在线音乐平台的百度,在2015年12月也将其音乐版块剥离,与太合麦田集团合并。

对内容及变现的饥渴,正在催生新一轮互联网式音乐造星模式,以摩登天空为代表的传统线下巨头,也在借资本驱动放手一搏。

版权大治引变产业格局

2015年的音乐版权严格整治,引致传统音乐产业格局大变,互联网公司腾讯、阿里乘势而上,两者在音乐版权上的竞合走势,已成产业发展的焦点。

2015年7月8日,国家版权局突然下发《关于责令网络音乐服务商停止未经授权传播音乐作品的通知》,要求各网络音乐服务商在7月31日前将未经授权传播的音乐作品全部下线,因而被称为"最严版权令"。随后,16家直接提供内容的网络音乐服务商主动下线未经授权的音乐作品220余万首,其中仅百度音乐、多米和一听音乐3家平台,就下线了160多万首音乐作品。

"最严版权令"发布仅一周后,7月15日,阿里宣布成立音乐集团,引入两位知名音乐人,高晓松和宋柯分别担任CEO和董事长,整合旗下虾米音乐和天天动听的资源,进攻音乐产业。

5个月后的2015年年底,广电总局发布《关于大力推进我国音乐产业发展的若干意见》,提出"十三五"期末音乐产业的目标是实现产值3000亿元。第二天,百度即宣布将旗下百度音乐业务与太合音乐集团合并,并独立融资。前者是最早的互联网音乐播放平台,月活跃用户超过1.5亿;后者则是华人音乐市场份额最大的音乐集团,拥有100余名合作艺人、120余名签约词曲作者及70万余首音乐版权。两者的结合意在打通产业链上下游。百度声称,要打造一家全新的互联网音乐机构。

当月,环球、索尼、华纳三大唱片公司的负责人以轻松姿态出现在媒体面前,与QQ音乐一道讨论数字音乐的发展之路,此举被市场解读为QQ音乐向外界暗示自己与三大唱片公司关系紧密。2015年10月,QQ音乐还与"相杀"多年的对手网易云音乐、酷狗音乐等达成版权转授协议,并解禁网易云音乐在微信的朋友圈分享功能,双方握手言和。

眼花缭乱的各种举动背后,是"版权为王"逐步成为行业共识:谁拥有最多版权,谁才能掌握行业话语权。

艺恩咨询2015年10月发布的数据显示,从当前数字音乐市场的曲库储备来看,"一超多强"的局面已经形成:QQ音乐的曲库规模达1500万首,随后是网易云音乐的500万首,虾米音乐400万首,酷狗音乐300万首,百度音乐210万首。

其中,QQ音乐拥有华纳、索尼、YG、LOEN等20多家唱片公司的独家版权资源,覆盖率占到80%左右;酷狗、酷我则拥有极韵文化、海蝶音乐、中唱艺能、天浩盛世等独家版权;阿里旗下虾米音乐在独家版权上的积累主要有华研音乐、滚石唱片、BMG等。

2014年年底,版权公司海洋音乐先是与酷我合并,随后与酷狗实现换股,共同组成新的在线音乐集团,即海洋音乐集团,并已获得上亿美元融资,投资方包括腾讯。在业内人士看来，海洋集团早已是腾讯阵营的成员。如此，中国音乐版权市场形成了KAT(K指酷狗、酷我的海洋系，A为阿里音乐，T为腾讯QQ音乐)三足鼎立格局。

但豆瓣音乐旗下大福唱片总经理刘瑾认为，目前的版权格局并不稳定，各家仍激烈博弈，因为独家版权都只是有限期的代理，一般是1～2年，最长不会超过3年。"据我了解，QQ音乐的独家版权，到2016年年底会有到期的，2017年也会有到期的，一旦到期，版权市场就会是一个价高者得的局面。"他认为，太合百度、海洋、阿里都会出来，4家重新争夺版权，行业格局可能会完全不一样。

"现在主要是阿里没打通，只要平台方联合起来，用户付费指日可待。"刘瑾认为，腾讯和阿里何时联手才是音乐产业发展的真正拐点。

宋柯对财新称，腾讯与阿里此前已经开放地谈判了好几个月，但是由于各自独家版权有不同的合作条款，价格判断存在争议，中间还牵涉内容方的需求，谈判未能达成。"价格是主要原因，但私底下我们都是关系非常好的朋友，分享版权的意愿强烈，阿里和腾讯之间的谈判窗口仍在。"

刘瑾透露，由于腾讯、阿里在版权上的明争暗抢，并未给这两家独家授权的环球音乐，2016年给各个网络平台的版权价格已开始上涨，"使用权一年的费用大概在几千万元"。

宋柯之痛

版权曾是宋柯的"阿喀琉斯之踵"。他的切身体会，就是只有规范版权，音乐产业才能拥有源头活水。

1992—1996年，中国本土流行音乐刚踏上唱片公司包装的商业化之路，在美国留学的宋柯偶然看到一本《音乐商业》的书，其中详尽介绍了音乐如何成为版权产品及其商业流通体系的内容。在珠宝行业积累下原始资本之后，曾是校园歌手的宋柯，决定回国圆自己的"音乐梦"。

1996年，宋柯成立麦田音乐制作公司，即太合麦田前身，签下朴树、叶蓓等歌手。真正让他一战成名的，是为他的清华大学师弟高晓松量身打造的专辑《青春无悔》，销量火爆。"高晓松那张专辑应该是千万级别的销量，盗版占了超过90%的比例，我们作为内容方应该回收4000万元，但实际上只回收不到100万元。"宋柯回忆称。

此后10年，太合麦田陆续打造了老狼、许巍、房祖名、李宇春等知名艺人的多张唱片，宋柯也被称为"内地唱片工业的操盘手"，但公司依然不赚钱。"连续做出5张年度冠军专辑，但赚得不够多，还是养不活那些必须不赚钱也要做的事情。"

在音乐产业链上，有两个重要的角色：CP（内容提供商），如唱片公司、音乐制作人；SP（服务提供商），即音乐传播渠道，传统的有中唱总公司、音像发行公司等。互联网音乐播放平台的出现，成为压垮传统音乐产业的那根"稻草"。

2002年11月，百度在首页加入MP3搜索，以免费的UGC（用户生产内容）模式建立自己的音乐词曲库。这种模式在短期内迅速吸引用户，MP3频道曾一度占据百度40%的流量，成为互联网播放平台限制音乐行业发展的"原罪"：版权变得毫无价值，用户可以随意获取自己想要的歌曲。后续QQ音乐、酷狗音乐、酷我音乐等各类播放平台，也曾尝试正版化，但都因为用户大量流失而宣告失败。

"1996年一盘卡带10元，内容方分到1.2元，也就是12%，但中唱、美卡或音像等发行渠道没有形成垄断，好的内容会有一定的议价能力。互联网时代则加速了唱片业的死亡，播放平台成为非常强势的一方，内容方的利益分成一下子从12%被压榨到2%，基本上这个行业就没法干了。"宋柯说。

彩铃的出现曾一度成为宋柯的希望。2002年，三大运营商开始以收费方式推彩铃业务,无线音乐一度成为运营商最赚钱的业务,2011年三大运营商的无线音乐相关收入达到了282亿元。

据宋柯回忆,彩铃的利益分配方式,比如运营商中国移动拿15%,SP拿85%,再和内容方五五分成,最后内容方到手利润能到42.5%。如果这个规则确立,内容方有一定的生存空间,"但实际上SP会以各种理由隐瞒销售收入,内容制作方又无法查证真伪,收入最终被挤回10%以下,比如刀郎的彩铃版权分成,原本可以拿到至少1亿元,但最后只有2000万元"。

此后彩铃没落,智能手机普及,2012年,APP专辑概念出现,将歌手一张专辑的音乐、图片、视频、新闻等内容囊括其中。用户可在天翼空间、安卓市场等应用商店内付费下载,电信运营商和唱片公司分成。这种模式在国外早有先例,苹果公司创始人乔布斯曾提出"内容方拿70%,苹果拿30%"的诱人条件,但在国内,彩铃时代的利益分配桎梏依然存在。

宋柯认为,音乐产业的制作方和内容方比影视、游戏等行业都要分散,缺乏绝对的行业龙头,就像散兵游勇,各自为政,在内容分成上只能被渠道方压制,不可能达到自己认为合理的40%的分成比例。

"即使《小苹果》这样的神曲,原创词曲作者能拿到的钱也非常少。"刘瑾说,版权利益分配有比较明确的行业标准,词曲著作权和录音版权的比例大概是1:9或2:8,"制作方发行唱片能收回成本的都在少数,再与原创词曲作者进行利益分成的就更少"。

"2005年,太合麦田第一次融资是千万美元级别的,估值远远高于很多电影公司。但近10年来,影视产业不断发展,能写歌的都去做影视音乐了,稍微有点文笔的不写歌词写剧本了,拍MV的去拍电影了,做音乐宣传的变影视宣传了,我很多同事都是这么过去的。"宋柯慨叹,资本和人才都是水,音乐行业的衰败让水流不进来。

2012年,宋柯辞掉太合麦田CEO,转身做一家烤鸭店的老板,一度引发

"音乐已死"的舆论悲鸣。

宋柯却说："我只是离开了一小段时间，是媒体过度关注。"2012年6月，宋柯加入恒大音乐，与高晓松搭档，他负责版权问题，高晓松负责拓展音乐市场，3年后的2015年，两人又同时跳槽阿里音乐。宋柯称，从内容方转做平台，这是他与高晓松决意离开恒大音乐的主要原因。

用户付费模式再寻路

宋柯和高晓松跳入阿里巴巴，寄望这棵互联网大树能帮音乐人结出硕果；而与此同时，被阿里收购的虾米音乐，其创始人王皓却选择离开，转岗阿里集团旗下移动办公平台钉钉，彻底离开音乐圈。

"有些行业注定要死去，我干脆等它涅槃好了。我投身这个行业已经8年了，初衷是想让这个行业跟上时代，但是现在行业的状况已经荒诞到令人发指。"2016年1月20日晚间，王皓用自己的花名"南瓜"在朋友圈中如是说，字里行间流露出对音乐行业的失望。

虾米音乐靠内容的分类推送，号称拥有2000万用户，月活跃用户700万。2013年年初被阿里巴巴收购后，王皓曾推出原创音乐人平台、寻光计划等，希望打通音乐产品的生产、推广、销售等环节，形成一个完整的产业链，扶持原创，提高用户的付费意愿，但收效甚微。

尽管王皓失望离场，但用户付费模式目前仍被业界视为唯一可行的路径。2015年，在拥有成熟的音乐版权付费模式的美国市场，流媒体总体播放量从2014年的1645亿首歌翻番增长到3172亿首。2015年9月底，坚守付费的Apple Music(苹果音乐)进入中国，音乐界对这一外来力量寄予了高度的期望。

宋柯认为："如果KAT联合起来说必须付费，用户也就得付费，并不存在所谓的免费的用户习惯，主要看平台上的产品是否足够好。"

广告是音乐平台的传统收入来源,但很难覆盖版权、带宽等成本。此前酷狗曾做过测算:用户每千次试听,酷狗需要向版权方支付2.5元版权费、1.6元宽带成本,总成本超过4元,但千次试听的广告收入只有1元左右。

海洋系与QQ音乐的曲库打通之后,两家都拥有超过2000万首词曲,是目前最全的词曲库,每年要支付的版权费达上亿元。QQ音乐从2005年开始尝试广告之外的会员模式,推出包月的QQ绿钻、付费高品质音乐等服务。QQ音乐并未透露具体的收入数字,不过腾讯数字音乐部总经理吴伟林表示,依靠会员模式,QQ音乐到2012年基本实现了盈亏平衡,但是随着盗版侵权现象的加剧,2013年其营收下跌。

不过,吴伟林看好数字音乐市场的潜力。韩国组合Bigbang 2015年6月推出的数字专辑,目前销售量已经达到400万张。另据QQ音乐透露,2015年数字音乐总销量已经达到800万张。

"中国有超过6亿的在线音乐用户,未来3年数字音乐一定会有令人满意的增长。"吴伟林的观点得到了三大唱片公司的认同。索尼音乐亚洲区市场策略行政副总裁冯建强说:"你现在在街上已经看不到卖CD的地方了,数字音乐的收入以及非音乐的收益也会成为传统唱片公司最看重的部分。"

吴伟林透露,QQ音乐正在围绕腾讯产品的社交属性进行粉丝经济的商业化尝试。2016年1月19日,流行音乐歌手王力宏宣布入职QQ音乐,不仅将20余年的音乐作品交给QQ音乐独家代理,还将参与其2016年的新玩法——巨星定制计划,包括开展定制演唱会、数字专辑、粉丝特权等全新的活动尝试。

阿里音乐掌握的版权较腾讯有量级上的差距,外界也一直在猜测宋柯、高晓松、何炅"铁三角"究竟会做出怎样的产品。宋柯表示,阿里音乐一直在关起门来做产品,做了大量的上下游市场调研,并通过反馈来不断修正对于产品的想法。"我们想做的就是一个平台产品,全球最大的音乐平台。"

宋柯透露,阿里音乐花了很大的功夫去说服上下游的各类公司,很快会有多个平台方向的合作公布,产品会在2016年4月或5月正式上线。

阿里旗下的虾米音乐仍会是播放器平台,但天天动听将进行较大规模改造。

海洋系的酷狗则在寻找不同的商业路径。酷狗副总裁谢欢认为,用户付费习惯的养成还需至少3～5年的时间,依靠内容赚钱的模式太不互联网化。"很多人都在想怎么赚钱,但很少有人去想是谁在花钱,我们想做的是一个包含听、说、看、玩的娱乐平台,让用户为体验付费。"

曾在QQ音乐任职的谢欢指出,QQ绿钻70%的需求来自QQ空间背景音乐以及一些装扮性的需求,跟音乐没有太大的关系,同时,QQ音乐6亿用户,付费用户量才做到500万。

"这说明音乐虽然是用户刚需,但为内容付费的商业模式还是很难找到。"他说。

与谢欢的这次对话发生在北京的一个live house(音乐酒吧)内,当天的发布会在酷狗子网站繁星网上直播,流行音乐歌手后弦和繁星网自己打造的主播童可可现场进行唱歌比拼,通过粉丝投票的方式来评判输赢。意外的是,名不见经传的童可可获得了比后弦更高的人气。谢欢认为,这是粉丝真正的需求,也是繁星网要做的事情:一个具备直播、秀场功能的素人造星平台,商业模式就是通过点歌、售卖虚拟产品赢利。谢欢透露,2015年繁星网有8000到1万名艺人在平台上唱歌,53%的艺人月收入过万元。

酷狗音乐副总裁赵海舟则指出,酷狗的布局不只是繁星网,还通过K歌、游戏等赢利,接下来会做硬件业务以及线下全国连锁的live house和KTV等。他透露,酷狗2015年的营收有20多亿元,未来将打通产业链,通过C端服务实现合理的收费。

小众和另类音乐的未来

除了流行音乐，小众独立音乐也在谋变。越来越多的歌手开始挣脱传统唱片公司的工业制造，以独立音乐人、工作室等方式寻求自身价值的商业变现。

2015年9月，新生代民谣乐队好妹妹乐队在工人体育场举办"自在如风"万人演唱会。他们出道刚3年，自称"十八线艺人"，却拥有大批"死忠粉"，门票全部在京东通过众筹方式销售，每张票99元，座位随机，3.7万张票在演出前半个月就全部售光。

酷狗音乐市场部总监曹洁也在2015年做了5场繁星网主播的众筹，门票预售都是150%的超额完成。"据我所知，韩国偶像天团EXO演唱会做一场赔一场，演出公司也死了一堆，目前能赚钱的演唱会可能只有Bigbang和陈奕迅。"她认为，演唱会涉及环节多、门道深，演出公司层层分包加价，但实际票房却根本难以支撑。"曾经有一场韩国MBC电视台的演唱会在鸟巢举办，少女时代、2PM等天团都去了，但8万人的场地上座率不到两成，而且大部分都是外场低价票。"

刘瑾则认为好妹妹不可复制，独立音乐仍需要稳扎稳打，且仍是小众的喜好。他主导的大福唱片正在试图成为独立音乐的孵化器："我们的模式就是为独立音乐人提供作词作曲后的一系列产业链支持，包括申请版权保护、做好收益规范等。"

与此同时，大唱片公司和独立音乐人之间开始出现各类明星艺人的工作室，小团队形态不断出现。刘瑾认为，传统唱片公司的商业模式正被互联网击破，《中国好声音》等各类选秀节目使得明星飞速涌现，唱片公司的造星资源分配不均。"天娱之前做超女、快男，每年都有几十甚至过百的艺人直接签约，几年下来累计几百人，资源根本无法分配，甚至连冠军都照顾不过来，很多艺人和老东家解约独立，这也是一个趋势。"

刘瑾表示，现在很多艺人自己组建一个10人或者20～30个人的小团队，效率会更高，通过知名度的提升，粉丝数量增加，可以脱开唱片公司的体系来实现自身价值提升，比如王力宏、汪峰、李志、好妹妹等。

不过，音乐产业最根源的问题还是原创词曲作者的创作热情能否真正被激发出来，这是源头活水。刘瑾认为，90后、00后年轻人创造力旺盛，有独立的思考意识和独立鉴赏能力，大江南北都听一首歌的情况未来将很少，歌曲的传播会更加长尾化、碎片化。他说："互联网的传播方式让很多小众音乐被更多人看到并接受，大众的比例慢慢变小，未来有可能达到八成是小众的情况，这在欧美已是趋势。"

小众化的趋势给另类的音乐机构也带来了机会。1997年创建于北京西三环花园桥附近一个地下室的音乐公司摩登天空，2015年年底宣布完成了1.3亿元的B轮融资，投资人上海复娱文化传播股份有限公司持股10%，未来还将投资30亿元作为其海外收购的支持。2011年和2014年，这家公司分别完成了Pre-A轮（硅谷天堂）和A轮（中国文化产业基金）融资，融资金额仅在千万元级。

摩登天空为人熟知的是其签约的独立音乐人和大型音乐节，还有53组乐队及音乐人、200余张唱片版权。2015年摩登天空在全国各地举办的音乐节数量达到17场，还有500多场各类演出。摩登天空自称"全产业音乐公司"。

2015年年初复娱文化找上门时，摩登天空CEO沈黎晖一开始拒绝了，促成双方握手的契机是共同"走出去"，收购海外资产。2015年年底，摩登天空收购了英国Liverpool Sound City音乐节30%股权，还继续要在美国、欧洲和亚洲寻找"气质相投"的公司，其收购行为主要围绕音乐节、演出公司、唱片公司、票务机构和签约海外艺人等业务。

"现在音乐市场的体量远远不能满足中国的人口和经济发展程度,这是复娱投摩登天空的最重要的原因。"复娱文化CEO施瑜说,"摩登天空的赢利状况很好,但是比赢利更重要的是布局——最好的内容和渠道是有限的,我们要在重点环节有影响力和控制力,在稀缺资源上有话语权。"施瑜同时认为,音乐是强体验的艺术形式,所以投资的首要重点还是放在线下。

"我们不怕BAT。"沈黎晖说。他认为把音乐产业链串起来是一件"很麻烦"的事情,而且在上游内容领域需要太多的线下经验,"BAT不会做这么麻烦的事"。他也不担心互联网公司布局上游内容和版权。"版权市场的参与者就是应该更多元,市场占有率的事情就让他们(BAT)去做好了。"

8.2 "互联网＋体育"爆红

　　乐视体育8亿元"体育概念"A轮融资,是这轮"互联网＋体育"风潮的起点,随后两个"80亿"让这个立于新风口的行业出现了小高潮:中超联赛5年全媒体版权以80亿元售卖给体奥动力,乐视体育则获得了80亿元的B轮融资。资本狂热地想象:中国未来的体育市场将会有多大?

　　2015年5月,刚刚成立一年多的乐视体育宣布完成首轮融资,万达、云峰基金、东方汇富、普思投资等9个投资方总共投资8亿元,在当时是中国互联网体育产业近年来最大的一笔融资,让乐视体育整体估值达到28亿元。

　　不到一年,乐视体育完成B轮融资,融资额为80亿元,投后估值暴涨至215亿元。

　　这是长期资金链紧绷但产业多元铺张迅速的乐视在融资方面打开的一个颇为关键的突破口。近年来,乐视在影视、体育、汽车、手机等多条战线铺开产业,想法很多,但资金掣肘,幸亏碰上了体育产业这个前所未有的"大风口"。

　　这个能量巨大的"风洞",从2014年10月开启。国务院发布了46号文

（《关于加快发展体育产业促进体育消费的若干意见》），将体育产业定调为绿色产业、朝阳产业，树立了"到2025年体育产业总规模超过5万亿元"的目标。此后，国家体育总局连续发布了推进体育赛事审批改革的文件，而中国足球改革方案则再次被提升到了国务院层面发布，一系列高层文件如一阵阵暖风吹向中国体育产业。

事实上，立于"风口"之下的中国体育产业仍处于起步阶段。广发证券2015年的研报显示，中国人均体育消费仅有27美元，而全球平均水平为217美元。从整体产值来看，2012年，美国体育产业总产值为4350亿美元，占GDP的2.59%，而中国只占GDP的0.60%。与此同时，美国体育核心层业务（包括体育组织管理、场馆管理、健身休闲活动等）约占产业总值的六成，体育用品产业则占三成左右；而中国的体育相关层（包括体育用品、体育建筑等）产值占比高达八成，核心层业务仅占15%。

围绕核心层业务的传媒平台是中国体育产业发展比较成熟的模式。多年来，以新浪体育为代表的传媒平台，一边购买受众广泛的核心赛事版权，一边用赛事版权积累的用户换取各类金主的广告。现在这种模式正遭遇瓶颈：核心赛事的版权价格不断飙升，广告收入增长越来越有挑战，而现有传媒平台本身面临着新媒体崛起的冲击，体育业务模式转型仍未见清晰的思路。

"大风"之下，产业深处传出裂变的声音。传统体育公司忙着开疆拓土，延伸既有业务；具有互联网基因的体育传媒平台开始尝试垂直化经营；越来越多的体育创业公司如雨后春笋般涌现。敏感的资本到处追逐投资标的，2016年的最大趋势就是——"到国外买球队去"。

体育概念飞速膨胀

乐视体育的估值在短短两年内暴涨近4倍，是这一轮体育概念投融资风潮的缩影。

2013年年底,乐视召开2014年战略会,乐视董事长贾跃亭决定将乐视体育频道独立出来进行公司化运作,他察觉到,体育很可能成为一个国家战略。"当时已经有信号释放出来,习近平、刘延东等国家领导人在很多场合都讲抓体育。我们认为体育产业马上就要爆发了,但中国体育的产业化程度不高,这正是我们的机会。"乐视体育CEO雷振剑说。

独立出来的乐视体育将全球化、互联网化、产业化作为核心战略,但一开始并没有清晰的产业化发展地图。启动A轮融资后,在与投资机构的接触中,乐视体育还是以体育传媒平台的形象出现。直到2014年7—8月,乐视体育才形成了"赛事运营＋内容平台＋智能化＋增值服务"的生态模式。

其时,乐视体育确定的融资方案是"引入2～3家战略投资者,融资5000万美元,整体估值3亿～5亿美元"。这一融资方案放到整个互联网圈子里看,规模并不起眼。但不少投资人嗅到了机会,雷振剑回忆:"那个阶段,一天能见个六七家,都是全球很顶级的私募、VC(风险投资机构)。我们密集地见了少说也有四五十家,很多人感兴趣,有人甚至在聊完之后的一两天就拿出了意向书。"

就在2014年10月国务院出台"46号文"之际,乐视开始遭遇种种风波,乐视体育融资告停。等到2015年1月底2月初,乐视体育重启融资,适逢体育产业概念的热度开始蹿升。

此刻,万达出现了。雷振剑回忆称,2015年2月底,万达投资代表走进他的办公室,双方开门见山。雷振剑先发问:乐视体育估值3亿美元,万达认不认?万达投资代表没有还价,接着提出了一个要求:A轮融资独家锁定给万达,乐视认不认?雷振剑思考片刻,点头同意了。双方隔着玻璃茶几握了握手,近2亿元的融资在不过20分钟时间内敲定。

实际上,乐视和万达的谈判过程并不像上述结局这样轻松痛快。双方此前已经历一段时间的磨合。据财新了解，万达一开始确实还过价，而乐视坚持不降价，双方因此僵持良久。与此同时，2014年下半年，万达有意拉乐视体育一起入股盈方体育，但乐视体育最终没有投资，因此双方心里都有点"小疙瘩"。

真正破局是在万达独力拿下盈方之后，此时，乐视体育作为传媒平台对万达的战略价值越发明显，万达在体育产业的棋局已隐然可见。2015年年初以来，万达先是耗资4500万欧元注资西甲马德里竞技俱乐部，接着砸下10.5亿欧元重金收购欧洲体育传媒巨头盈方体育。

万达入股乐视体育之后，双方战略合作水到渠成。多位市场人士分析，万达拥有大量体育产业的上游资源，尤其在收购盈方体育之后，万达实际上被外界视为少数几个国际赛事游戏规则制定者之一。万达在中国需要一个可控的传媒平台将其上游体育资源传播出去，既扩大其在体育领域的影响力，又能助其将上游体育资源变现。

敲定万达入局之后，乐视体育融资也有了更宏大的产业故事，由此引来云峰基金、普思资本相继跟进投资。"最疯狂的是2015年的3月和4月，几个大的投资人定了以后，反而有更多的投资人想要冲进来，甚至有投资人为了要份额每天都给我的办公室送花。"雷振剑说。

乐视体育首轮8亿元的股权融资，已是近年来中国体育产业投向互联网公司的最大一笔资金。一位创投人士形容，是政策风向带动了资本的热情，让乐视体育站在了风口上。易凯资本CEO王冉分析称，在体育产业的风口上，能成为平台的公司肯定是投资人最青睐的公司，而现在市场里可投资的标的并不多，"乐视体育从各个方向上代表了大家对体育产业的理解，有机会打造成体育经济的一个符号"。

不过，也有一些机构态度谨慎。据财新了解，乐视体育曾找过TPG、君联资本，TPG以项目太早期为由直接拒绝了，君联资本也不在此轮融资之列。

乐视体育2016年3月宣布完成了B轮融资。短短5个月之间,融资从初定的20亿元追高到80亿元,投前估值135亿元,比7个月前A轮融资的28亿元估值涨了近4倍,投后估值达到215亿元。

参与B轮投资的大型机构包括海航、中国人寿、建银国际、联想集团、中金公司前海发展基金、新天域资本等,此外乐视网、乐视体育的前两轮投资方及其关联公司也进行了跟投。

"初定30亿元规模的时候没想到后来行情那么火爆,300多亿元的资金围剿我们几十亿元的份额。"乐视体育CEO雷振剑2016年3月底对财新说,"如果我们要募300亿元,一点问题都没有。"他认为,市场对乐视体育的估值至少偏低20%左右,"投前估值至少在180亿元左右,投后应该在250亿~260亿元"。

参与乐视体育本轮融资的人士告诉财新:"乐视能那么快搞定融资,与其27亿元买下中超版权密切相关。"2016年2月,乐视体育从体奥动力手中签下中超联赛未来两年的新媒体平台独家版权,价格高达27亿元。

2016年3月底,各投资方向乐视体育密集打款。与此同时,乐视宣布了新一轮投资和业务布局,自27亿元购买中超3年版权后,还将投入60亿元购买版权,60亿元投入超级会员服务。以此计算,乐视新一轮投资规模已经超越了B轮融资。

版权市场已疯狂

2015年9月,体奥动力(北京)体育传播有限公司出价80亿元拿下中超联赛未来5年的全媒体版权,出价超过第二名竞标者央视近一倍,此举如一声惊雷震动业界。在此半年前,体奥动力击退央视拿下中国足协"中国之队"系列比赛媒体版权。

80亿元，对于中超乃至整个体育产业，都是天文数字。中超联赛曾一度处于给播出方支付费用的"倒挂"地位，近年收入增速较快，但也远远够不上这个天文数字：2012年赛季转播费用仅1800万元，至2015赛季增至近7000万元。

尽管中国足球多年不振，体奥动力董事长李义东仍认准中超联赛是中国体育的核心赛事，而且他判断中国足球的"风口"来了，不可放过场上的竞争性筹码。

"80亿元"是一场水涨船高的市场炒作，还是真的能撬动中国体育产业的价值发现并使其实现飞跃式的提升？新一轮体育商业热潮，能否打造出一条真正市场化、成熟的产业链？

华人文化是体奥动力背后的出资者，华人文化产业投资基金董事长黎瑞刚判断，顶尖赛事将是未来最核心的版权资产，资金和资源会日趋集中。

"全世界的新媒体版权价格都在上涨，但中国是走在最前面的，因为中国传统电视的体育内容播出平台很少，不像发达国家有很多细分的体育频道。而随着互联网和移动播出平台的兴起，新的媒体平台要和传统媒体争夺版权，同时新媒体平台之间也要进行用户、流量、注意力的争夺，这是导致赛事版权价格不断飙升的重要原因。"黎瑞刚对财新分析。

2014年4月和5月间，PPTV体育传媒事业部总监董砾已经开始感觉到体育版权价格在上升，但真正的爆发期始于2015年。"首先是腾讯以每年1亿美元的价格拿下了NBA的独家新媒体版权，接着是"中国之队"以几千万元成交，然后是一系列的体育版权价格都水涨船高，两三个月里就上涨了5～8倍。"

2015年8月，PPTV耗资2.5亿欧元拿下2015—2020年西甲联赛中国地区全媒体版权，版权费涨幅超过10%。2015年，英超联赛的中国地区版权方以1.1亿元的天价将新媒体转播权分销给腾讯、新浪、乐视。

"现在的体育版权市场是疯狂的状态。"董砾说，"体育在政策的风口上，尤其'互联网＋体育'，两个概念结合在一起，吸引了大量资本进场。但大的资本进场也破坏了原有的生态：原来大家做体育，还能维持投入产出的均衡，花出去的钱基本能赚回来；现在大资本进来，把体育版权市场的价格抬得很高，已无法顾及投入产出比了。我能够接受花出去之后赚回来70%，但是不能是只赚回来10%。"董砾介绍，2014年，PPTV在体育版权上获得的收入能够覆盖采购成本。

核心赛事版权能够带来大量用户，迅速积累影响力，一直是各大体育传媒平台的必争之地。

腾讯网副总编辑谢岳峰也感受到了市场的热度。他说，随着体育大市场和互联网媒体的兴起，近两年版权价格一直保持上扬态势。如腾讯获得NBA 5年独家合作权益，充分说明体育版权采购狂热，特别是全球独一无二的稀缺内容资源。

互联网体育平台普遍感受到了危机。"中国几乎所有的体育赛事都以广告收入为主，但体育广告收入增幅却十分有限，每年10%的涨幅已属不易。体育版权已经进入了收入弥补不了成本的泡沫状态。"董砾称。

乐视体育海外市场及版权事业副总裁于航介绍，英超的版权费大概是1000多万美元，广告和视频付费两项收入加起来也很难弥补成本。截至2016年4月，乐视体育宣布拥有超过310项体育赛事的转播权，每年直播1万场次以上的比赛，其中72%是独家权益。完成B轮融资后，乐视还将投资120亿元，其中60亿元继续用于购买体育赛事版权。

玩家们被看作与泡沫共舞，尽管如此，核心赛事版权的争夺仍在继续。体奥动力的出场让国内体育版权竞购直线升温。2015年3月，中国足协对未来4年"中国之队"系列比赛的媒体版权公开竞标，吸引了电视台、网站、制作公司等14家单位参与谈判。最终，体奥动力获得了"中国之队"赛事媒体版权所有4项版权包。体奥动力总经理赵军说："很亢奋，有14家公司举着钱来敲中国足球的门。"

2015年9月，体奥动力用80亿元买下中超联赛5年全媒体版权，2016年2月将其中未来两年新媒体平台独家版权卖给了乐视体育，作价27亿元。乐视体育不能继续往下分销版权，仅在乐视网及旗下新媒体平台章鱼TV进行转播。乐视体育在B轮融资材料中称，80亿元融资中的28亿元将用于版权采购，占比35%的融资额仅够支付中超联赛这一项赛事的版权费而已。

至此，CBA联赛成为国内最后一个顶尖赛事IP资源，众多产业资本虎视眈眈。中超联赛版权80亿元的出价者——体奥动力董事长李义东，2016年5月公开放话："CBA（版权价）的数字至少是NBA的两倍。"这意味着，CBA联赛5年版权将超60亿元，直逼80亿元的中超。一年前，腾讯以5年5亿美元签下NBA在中国的网络独家直播权，平均每年1亿美元。这样推算，李义东认为CBA的版权价格每年能达到2亿美元。

寻找商业模式

体奥动力用不可思议的80亿元买下中超联赛5年全媒体版权，随后以27亿元价格向乐视体育销售两年独家新媒体版权。这80亿元和27亿元的出价，显然超出了传统的版权分销和广告收入逻辑。让各界惊愕的同时，体奥动力也屡被提问：如何赚回这80亿元？乐视体育这27亿元花得值吗？

体奥动力和它背后的华人文化基金觉得中超版权赚钱不是问题。"作为一个投资基金，赢利是第一位的，我们不会做亏本买卖。"华人文化产业投资基金董事长黎瑞刚表示："我们内部对投资的回报率和期限有非常精密的测算，而且我能告诉你的是我们非常有信心。这个信心不仅仅来自于中国的球市、国家的支持政策，更来源于我们在媒体内容生产和分销环节的专业实力，能够最大化版权的价值。"

乐视体育称,将改变目前广告赞助为中心的脆弱赢利模式。2018年赛季开始,中超联赛在互联网平台上付费观看模式或将全面开启。乐视体育将为中超联赛提供看球赛、聊天互动、消费、线下活动等等一站式解决方案。

乐视体育海外市场及版权事业副总裁于航认为,体育版权有稀缺性,大到NBA,小到马拉松,所有比赛都不能复制。这种稀缺性决定了核心赛事版权的价值会不断地增长,单纯依靠广告收入,肯定追不上体育版权价格飞涨的步伐。

新浪方面认为,体育媒体的生存核心是版权,但版权不是唯一的生命线,抢版权的原因可能还是因为没有别的思路。"版权热不会持续太久,因为版权是一把双刃剑,如果媒体无法很好地运营版权,那么版权成本、制作成本、带宽成本将直接压垮企业。"

"全世界体育强国的体育核心产品都是付费消费的。尽管中国体育产业还有很长的路要走,但你不能违背体育产业的规则。从乐视体育角度,无论用多长时间,一定要把付费模式做出来。"于航介绍,乐视体育已经在英超上尝试收费,可能还会打包一些别的产品进去。

除了独家内容,乐视体育还尝试为用户提供差异化的服务。于航以F1举例,F1事实上能提供6路信号,电视台一般只播一路信号,而乐视体育在互联网上可以提供全部信号,只要用户付费,就可以自由切换6路信号,对车手、维修厂、赛道跑车的情况一目了然。

2014年3月22日,乐视体育正式从乐视网独立,试图基于"赛事运营+内容平台+智能化+互联网应用服务"的体育全产业链进行生态布局。截至2016年4月,乐视体育宣布拥有超过310项体育赛事的转播权,每年直播1万场次以上的比赛。乐视体育CEO雷振剑表示,乐视体育要从2B的企业转向2C,站在这个高度去思考乐视体育在整个产业里的位置,自然而然形成赛事经营、内容、智能硬件、增值服务四大业务。当然也有不少市场人士担心乐视体育铺的摊子太大，最终可能一无所长。

一直能够保持赢利的新浪体育也在未雨绸缪，未来除保持媒体报道优势，还将向赛事运营和体育服务领域拓展。目前，跑步是新浪体育试水赛事运营的一个方向，新浪体育将和全国至少30个城市的主要马拉松赛事陆续达成合作。新浪27个地方站也将全力参与，一起推动新浪的跑步活动常态化，让至少1亿国人参与其中。

PPTV体育传媒事业部总监董砾认为，要从整个体育产业角度打通上下游，不仅承接现存的体育赛事，还要自办体育赛事，形成自己的生态闭环。在这一过程中，PPTV强调"生活体育"概念，将体育人群扩大化。"我们计划用一年的时间完成打通上下游的规划。体育事业部是否分拆出来也已经在讨论中。"董砾说。

中资海外抢球队

短短一年时间，国际米兰、AC米兰等老牌热门俱乐部的主人相继换成了中国人。2015年至今，中国资本进入的海外俱乐部已经多达10余家，收购或投资的标的遍布欧洲五大联赛俱乐部，延伸至欧洲非顶级联赛和澳洲、美洲等俱乐部，甚至连中国资深球迷也不熟悉的丙级联赛俱乐部也被涉猎。

"现在的中介都是先陪老婆买包，然后再陪老公买球队。"一位投资人如此形容目前海外收购的新时尚。然而，谁在买、钱从哪里来、谁值得买之外，能不能实现资产避险保值仍是未知数。

足球产业从2014年开始在国内大热。紧接着各路资本将眼光投向了欧洲五大足球联赛，即英格兰足球超级联赛、意大利足球甲级联赛、德国足球甲级联赛、西班牙足球甲级联赛、法国足球甲级联赛。五大联赛影响力和竞技水平代表着世界足坛最顶尖的足球水平。2014—2015赛季，欧洲足球市场总创收超过220亿欧元,其中五大联赛收入占54%。

老牌俱乐部的履历上战绩辉煌,在中国拥有一众忠实球迷,如今大多面临经营困境而寻求收购,"不差钱"的中国金主备受其青睐。除了德甲,其他四大顶级联赛均有俱乐部迎来新的中国老板。

而中国买家跟紧政策红利,基于中国正经历产业升级和消费升级阶段的判断、海外资产配置需求,甚至简单的市值管理,纷纷杀入市场:万达收了马德里竞技,苏宁拿下国际米兰70%股权和经营权,郭广昌和旗下公司拿下英冠狼队,还有一众知名或不知名的A股上市控制人,利用旗下上市公司融资能力在欧洲甚至南美、印度等地寻找标的。

欧洲五大联赛中,仅德甲未被中国资本攻陷。最直接的原因是德甲不缺钱,经营状况远好过其他几大联赛,多数球队能实现赢利。

买卖双方的名单仍在拉长,大家给出的收购逻辑大同小异:如果能适时收购一支海外球队,一方面能对接海外优质俱乐部资源,促进自身体育业务发展和多元化转型;另一方面,还能借此推进国际化的战略,帮助公司品牌和产品在俱乐部的当地打开市场。

扎堆买球队的金主也少有提及投资回报率问题,毕竟球队是公认的烧钱生意。多位市场人士指出,海外收购球队和海外买房产、买矿山等交易都是在经济形势和人民币汇率走低双重压力之下的避险和保值行为。

但一位早年参与过投资欧洲俱乐部的香港投资人士认为,收购球队必须有运营能力,外国资本蜂拥进入欧洲挑俱乐部并非首次:"以前美国人、日本人都这么干过。但已经有多个案例表明,一旦球队运营出现问题,跌出顶级联赛,其价值将打折,如果跌出二级联赛,基本没有任何价值。"

中国资本缺乏运营海外足球俱乐部的经验,目前尚无成功案例可供复制,中国的足球产业和海外的足球资产如何互动仍未可知。熠帆资本副总裁刘枭认为,从静态的财务数据上看,中国资本狂买俱乐部,归根结底是在为他国体育产业做贡献。动态地看,如果中国资本能够按照体育发展规律做事,扎实地将俱乐部运营好,把成绩提上去,进而反哺国内相关领域,未尝不是一条"曲线救国"之道。

创业和资本共舞

当几大互联网公司开始在体育产业进行上下游布局时,一些创业者同样受政策激励开始寻找体育产业的痛点。

一位来自浙江的创投人士介绍,现在的体育产业更像是资本先行的感觉。资本明显是受政策刺激,而不是受技术的刺激,体育创业实际上是跟在资本后面的。整体看来,当前小的体育创业项目特别多,但大多都是粗放型,很难吸引资本进入。

市场看似热闹,实际上真正成功的投资案例并不多。上述创投人士说,2015年披露的体育概念类融资有十几个,但真正做天使轮投资的只有六七个,其他都是老项目再融资。

王冉认为,整个体育产业的投资才刚刚开始,市场对体育产业的理解还处于比较朦胧的阶段。传统体育产业以赛事和运动品牌为核心,但现在产业开始朝三个方向发展:一是与娱乐和休闲结合,用户在观看体育赛事之外还会有许多其他的有趣体验;二是与健康结合,越来越多的体育运动开始涵盖人们对健康的追求;三是智能硬件,包括可穿戴、VR(virtual reality,虚拟现实)眼镜、智能化的球拍等等。贯穿这三个方向的是大数据,譬如俱乐部挑选球员、预测比赛结果、捕捉人的各项生理指标等等,这些大数据正越来越多地深入体育产业。而无论哪一个方向,用户都是最核心的,用户思维成为当今体育产业最大的突破口。

"整个体育产业的边缘没有明确界定,相关产业至少是数百亿的潜在市场。"王冉分析称,现在进入体育产业的典型投资人主要是三类:一是类似万达的产业投资人,除了看重体育产业本身,背后还有其他的商业考虑;二是体育产业相关投资人,比如一些体育品牌原有业务在资本市场的吸引力下降,需要注入更新的想象空间;三是财务投资人,他们原本就是看大文化产业的投资人,对体育很感兴趣。

王冉比较看好的投资方向,一是智能硬件,一是体育传媒平台。其中,跟VR技术相关的智能硬件又是一个大的趋势,因为现场感受之外,数据也在其中扮演越来越重要的角色。

"在体育领域,如果能够做出一个像苹果那样成功的企业,后面肯定会有更多的资本参与。"王冉认为,目前为止,传统体育行业还没有看到有望成功的案例,"机会将来自互联网公司"。

8.3　直播新生意

"王健林在私人飞机上斗地主"这样的画面,你拿起手机就可以实时围观。2016年5月底,万达集团董事长王健林在其子王思聪投资的熊猫TV上,开启了自己的直播首秀。王健林一天的工作和生活在熊猫TV直播,数据显示,最高峰时同时观看人数超过了30万。

就在王健林开通直播的前两天晚上,小米CEO雷军用直播开了一场小米无人机的发布会。雷军一边介绍着小米无人机的性能,一边向用户索要"鲜花、跑车和游艇",员工、好友纷纷捧场。这场直播动用了27个直播平台,仅小米直播上就有超过50万观众围观。

直播,是2015—2016年TMT细分行业的关键词之一,是一种新兴的在线娱乐方式。这种UGC(用户原创内容)直播,由主播通过录屏工具或手机,在互联网平台上进行实时表演、游戏、与观众互动等。

近来,随着淘宝、新浪微博等互联网平台的加入,直播行业迎来了升级再造。其表现之一是从最初的游戏直播、秀场直播等简单模式,逐渐融入了电商变现、社交等概念,直播工具也逐渐成为资源型互联网平台的"标配"。作为网红经济的一种形式,直播的变现模式似乎更为直观。

升级的第二个表现在于,国内直播平台正在从"低俗娱乐"向垂直细分领域的形态演变,优质内容的供给和资源嫁接成为资本竞逐方向,大型平台开始收割市场。

"这两年肯定会洗牌。尤其是泛娱乐、泛生活类的直播平台,最终只会剩下两三家。"泰和资本创始合伙人宋良静认为,拥有流量资源、内容供给能力的平台,才会活到最后。

平台加速布局

2016年5月底举行的第十一届玄奘之路戈壁挑战赛在"Live APP"平台上直播,峰值访问量逾万人。该赛事的参与方是50家商学院EMBA项目的学员——3000余名企业高管,观众则以这些队员的亲朋好友为主。这意味着,一直被认为是90后、00后在玩的直播,用户群体开始向上渗透。

2016年以来,整个在线直播行业迎来高潮期。以斗鱼、虎牙为代表的游戏直播,以花椒、映客为代表的秀场直播,动作连连。新进入者更是来势汹汹:2016年3月,小米旗下的黑金直播悄然上线;4月,新版陌陌也将直播功能提到一级入口;5月,手机淘宝正式推出"淘宝直播"平台,定位"消费直播"……截至2016年5月,市场中直播平台的大小玩家有百余家。

"直播行业走热的重要原因是移动互联网环境成熟和资本追捧。"美图公司旗下美拍直播负责人介绍,智能手机的普及、流量资费的降低、4G技术的成熟、云端及移动终端的计算能力,从操作层面大大降低了直播的门槛。

美国市场也在加速直播平台的布局。2016年1月28日,Facebook官方宣布向美国地区所有用户提供"视频直播"功能,并逐渐将该功能开放给全球用户。Facebook创始人扎克伯格毫不掩饰对直播功能的重视："直播是目前最让我感到激动的事，我被直播迷住了。"

国内的直播平台，更是呈现了"风口"的诸多特征：高估值、资本聚焦、大佬瓜分。斗鱼和龙珠直播背后的资本方有腾讯；虎牙直播的前身是YY直播，其背后是欢聚时代以及"雷军系"；花椒直播由奇虎360直投；熊猫TV由王思聪组建；"一直播"由新浪微博、秒拍、小咖秀联手打造……

估值方面，国元证券的报告显示，截至2016年5月，斗鱼估值逾10亿美元，龙珠直播估值30亿元，虎牙估值逾25亿元，熊猫直播25亿元。映客公布的最近一期融资，是2016年1月完成的B轮，昆仑万维领投6800万元。

游戏直播、网红秀场这类泛娱乐形式实现了直播平台初期的爆发式增长，而随着淘宝、微博的加入，直播的工具属性越来越强，开始嫁接现有互联网平台的业态资源。

2016年5月，在经过了试运营之后，手机淘宝正式推出"淘宝直播"平台，不仅广泛涵盖母婴、美妆、潮搭、美食、运动健身等产品领域，还有全球购达人带着粉丝们逛梅西百货，漫步时尚之都的街头。从3月试运营至5月，有超过千万移动用户观看过各类直播内容，超过1000个卖家在淘宝上开始了"主播售卖"，每天直播场次近500场，超过一半的观众为90后。

微博和秒拍2016年5月中旬合作推出的"一直播"，更是将微博的明星群聚效应发挥到最大。韩国演员宋仲基5月在北京举行粉丝见面会，吸引了1100万人次围观"一直播"，点赞量达到2900万。

"在目前的互联网业态中，流量集中在巨头手中：百度掌握着搜索流量，腾讯掌握着社交流量，阿里掌握着交易流量。巨头利用自身资源切入直播，几乎是在'收割'市场，直播公司纷纷站队。"宋良静认为，直播公司独立成长几乎是不可能的。

往下走是内容瓶颈

2016年2—4月，针对网络直播平台较多出现涉黄、低俗的情况，全国"扫黄打非"办公室组织协调国家网信办、公安部、文化部等多部门，部署开展了网络直播平台专项整治工作。

4月14日，文化部通报了第25批违法违规互联网文化活动查处名单，斗鱼、虎牙、熊猫TV、龙珠直播、六间房等19家网络直播平台榜上有名；4月29日，全国"扫黄打非"办公室通报，包括映客、花椒、在直播、秒拍、小咖秀等在内的新一批网站涉嫌传播淫秽色情信息被查处。

在监管部门压力下，多家网络直播平台共同发布了《北京网络直播行业自律公约》。同时，一批主播被纳入"黑名单"，将不得再被网络直播平台雇用，这份名单还在不断更新中。

公安部在YY等重点直播网站设立网安警务室，工信部组织技术力量针对境内外50余个主流网络直播平台开展信息安全评估，并及时配合相关部门做好网络直播违法违规信息的依法处置。监管部门的强力肃清，对多以"擦边球"内容起家的移动直播行业是当头棒喝。

易直播CEO陈建文说："这个行业在某些方面被错误判断了，它本身是可以做成一个很大格局的事情。很多人一想到直播，就是低俗内容。"

"现在的直播平台是从秀场模式开始的，这些内容不需要培养，从PC端就嫁接过来。但初始的内容供给之后，再往下走就会遇到内容瓶颈。"宋良静说，接下来应该做内容区隔，做垂直兴趣领域的内容，例如影视、汽车、旅游、教育、股评这些泛生活直播，秀场在未来占比会很小。

大量第三方内容提供公司的崛起也为直播平台的产业链延伸做了补充。在传统的游戏工会提供的主播资源之外，专门的网红经纪公司也开始发力。

"我们借鉴了韩国的内容制作模式,签约了不同类型的主播,量身打造符合他们自身特征的内容。"北京一家主播经纪公司负责人李国院介绍,他们打造的主播中,有弹古琴的艺术系学生,有上街做约会实验的社会系学生,有讲股票的美女财经记者,他们将这些资源包装策划和商业安排,打包推送给不同的直播平台。

内容消费和社交关系,哪个是直播平台发展的方向?业内有不同的看法。"2015年提出做手机直播后,我们发现,把直播定位在提供内容上并不好做。因为从获取信息的角度看,直播的效率是非常低的。"一下科技联合创始人、一直播业务负责人雷涛说。比如,和颐酒店事件的发布会直播了四个小时,但没有任何信息,还不如看140字的微博获取的信息量大。

陈建文也认为,头部IP不应该是直播平台的着力重点。"因为有些观众是跟着IP、明星、女主播走的。就像papi酱,可以放在优酷上播,也可以放在爱奇艺上播,用户只对她有忠诚度,对平台没有,那么这个平台没有任何价值。"

陈建文认为,直播形成的是让用户更容易展现自我的弱关系,并不是强关系。"直播的发展方向应该是社交和内容的平衡互动。"

投资人对直播市场越来越多的共识是:机会握在少数人手里,他们具备强大的社交关系、流量、优质内容创作能力。

一般认为,直播不会改变微博、微信已经构建的社交关系。在微博上,任何人只要用微博账号登录一直播,就会给他微博上的所有粉丝发通知,粉丝打开微博就可以看到他的直播,不用重新构建社交关系。微博直播使明星和粉丝的互动体验更好,粉丝可以利用弹幕、赠送礼物和打赏等方式和明星互动。因此,秒拍和微博的合作,让业界更为看好。

"社会关系已经沉淀在一个平台上,要搬走不容易。微博有流量,有社交关系,有内容供给方(明星、大V),直播上线十几天,数据涨得极快。"宋良静说,资本圈也在关注这些现象,认为业内真正的"大家伙"可能刚刚登场。

"最终在直播领域胜出的玩家肯定会来自'大赛道'。"李国院说,以赛事和演出为核心的大IP赛道,和以"素人"为核心的社交赛道,都可能产生航母级玩家。

烧出哪些赢利模式?

直播的最大成本支出项目是带宽费用。据网宿CDN平台数据,从2015年5月至2016年5月,网宿CDN平台视频直播类网站及应用流量增长超过180%。目前,网宿CDN平台服务于国内超过80%视频直播网站及应用,这些视频直播网站及应用的流量占整个视频直播行业的90%以上。

前YY执行副总裁曹津此前在接受媒体采访时表示:"以运营电竞直播比赛平台来说,目前带宽的成本大概占据整体运营成本的40%,内容费用包括版权、赛事和战队的成本占比在30%~40%,20%为公司的运营成本。有的公司还需要在推广上再付出20%左右的成本,做下来很烧钱。"

中国的带宽收费按峰值计算,一个同时在线百万用户的直播平台,每个月仅带宽费用就能达到3000万~4000万元。而带宽又决定了画质和速度,直接影响直播用户体验。受到高昂的带宽费用影响,许多直播平台都在持续亏损。

以虎牙为例,其投资方欢聚时代(NASDAQ:YY)2015年第四季度财报显示,该季度欢聚时代来自虎牙直播的营收为1.336亿元,欢聚时代的带宽支出(包含虎牙直播与其他业务)为1.611亿元,每月带宽开支超过5000万元。

不过,相比游戏直播毫秒级的延时,泛娱乐直播对延时的要求较低,秒级即可满足需求,这之间的带宽成本有10倍的差距。

主播是另一项主要成本。目前知名直播主播的签约费基本都在千万元级别,最高纪录是电竞女王MISS,被虎牙以1亿元签下了3年合约。

欢聚时代自2015年宣称投资7亿元砸向虎牙直播的技术、硬件、市场推广之后,2016年又宣称投入10亿元力推财经直播品牌"知牛财经"。

高昂的成本,需要清晰可见的变现预期,否则难免重蹈视频网站的覆辙。

"现在主流赢利模式还是打赏机制,粉丝对主播的打赏,由主播和平台分成,行业基本都是主播和平台3:7的分成比例,不同阶段有所不同。花椒则是95%都给主播。"雷涛介绍说,游戏直播平台需要在主播身上投入大量的资金,加之竞争激烈,基本没有赢利者。

雷涛曾说:"我们做秒拍、小咖秀这么多年最大的感悟,就是花了狠钱去购买版权,但版权竞争是没有意义的,根本没办法赢利,永远有比你出价高的,但是你的收入不足以填这个坑,最后大家都不赚钱,只有做版权的人赚钱了。"

易凯资本在2016年3月发布的一份关于直播行业的报告中指出,随着直播行业创业数量的几何性增长,市场很快变得异常拥挤。在这种情况下,一方面用户的注意力会被分散,另一方面,优质IP和网红资源的价格不断炒高,直播平台的利润空间短期内被挤压。因此,直播很快从一个虽然相对边缘但有健康利润率的市场转变为一个需要大额资本投入砸出主流平台的市场。

但是,随着新型互联网业态资源的加入,在广告投放、会员会费、游戏联运等形式之外,直播的营收模式也开始多元化。

2016年4月,演员Angelababy在活动现场直播涂唇蜜,吸引了500万人来观看,两小时内卖出了1万多支唇蜜。而她在《奔跑吧,兄弟》第四季发布会上直播的10分钟表情包,总观看人数破百万,无形中给节目增加了上千万的流量。

"秀场'打流水、分成'的营收方式简单粗暴。"陈建文说,未来的营收模式将以平台属性为基础。

"你把什么样的人拉到什么平台上来,意味着你建立了怎样的联结,你的变现方式就应该是对应的方式。"陈建文举例说,把美女和她的粉丝拉在一起,变现方式是打赏;把老师和学生拉在一起,就可以变成付费教育;把医生和病人拉在一起,则可能是一种互联网医疗收费模式。

8.4 掘金"知识变现"

2016年7月4日,全国政协原副主席令计划一审被判处无期徒刑。判决刚宣布,民商法律师温少博收到微信提示,有分答用户付费提问:请解读一下剥夺政治权利终身和没收个人全部财产的确切含义。

温少博从事民商法律师工作5年,借最近兴起的知识分享APP"分答",大有成为"网红"之势:"用分答一个月左右,回答48个问题,收入1000多元。"于是,温少博的问答定价也从5元增加到10元,以此筛选出真正有问题需求的人:"并不想回答太多体重、个人喜好之类的八卦问题。"

而被戏称为"国民老公"的万达董事长王健林之子王思聪,则将自己的单个问题定价3000元,回答32个问题,收入已经超过26万元,仅入驻第一天,分答用户便骤增10万,他回答的多个问题也一度成为媒体关注的焦点话题。

分答的病毒式传播在42天内横扫100多万用户、33万答主,产生1800万个订单,实现19万次付费。2016年6月27日,分答的开发者果壳网宣布分答完成2500万美元融资,估值1亿美元。

分答爆红前，早有创业企业试水知识分享付费业务。2016年2月，上海一家公司推出了线上付费问答应用"大弓"，但只是在互联网圈内流传，并未进行大规模的宣传、推广。

4月1日愚人节当天，知识共享社区知乎上线一款类似的付费问答应用"值乎"，用户交代相关的知识背景，将关键内容遮盖住，付费才能看到。"前三天的时候非常火，交易量和访问次数都完全出乎我的意料。"知乎CEO周源表示，知乎随后还推出了知乎Live和值乎3.0版本，继续加码知识变现。

大大小小的互联网平台都开始了PGC（专业人士贡献内容）付费模式：百度知道也借平台成立11周年之际推出付费问答APP"问咖"；罗辑思维旗下APP"得到"先后邀请媒体人李翔、和菜头入驻，试水内容付费订阅；米未传媒CEO马东带领《奇葩说》部分辩手开启付费语音节目《好好说话》，据称6月6日上线当天销售额冲破500万元。

"下半年肯定会继续出现成百上千个付费问答类的应用，这会是一个很热闹的局面。"分答CEO姬十三预言。

从维基百科、百度百科、各类论坛贴吧，到果壳、知乎等社区，知识共享并非新鲜事。但变现模式单一，如何平衡广告和知识一直是难题。对分答类应用来说，依靠社交网络迅速扩大用户群后，能否培养用户持续的付费能力成为关键。

知识变现的路径仍在"摸着石头过河"，但用户的行为和思维已经发生的变化为其带来可挖掘的可能性，付费问答的模式或许只是一个启示性的开始。

分答模式"撞"上粉丝经济

姬十三介绍，果壳内部的一场头脑风暴产生了分答的雏形。他派10个人组成一支秘密小团队，在一个租来的四合院里，用10天的时间将产品开发了出来。"上线第3天我才发现这件事情有意思,就决定把公司所有的人都砸在这件事情上,一个人掰成两个人用,每天加班到凌晨两三点,周末全部加班。"果壳网分答的成功,促使业界更多地尝试知识付费应用。

分答的规则简单明了:答主编辑自己擅长的领域以及回答问题的收费标准后转发朋友圈,用户付费向答主提问,答主回答之后获得收入。同时,可通过朋友圈分享来进行二次传播,其他人可通过1元偷听的方式获取答主的回答内容,1元里提问者和答主各分走45%的收入,分答平台抽佣10%。

和早期新浪微博的第一轮用户积累类似,真正让分答火起来的是一大批官方邀请的明星、大V的进驻,包括王思聪、章子怡、马东等。编剧鹦鹉史航也是最早受邀的大V之一,如今已经累计回答2557个问题,总收入超过12万元。"分答很吸引我的是各种奇怪的问题,回答问题还能赚钱,我可以对感兴趣的人提问,有些问题的答案让我惊喜。"史航认为,未来分答会是一个10亿人都在问问题的"十万个为什么"。

金沙江创业投资基金合伙人朱啸虎认为,分答就是典型的粉丝经济,通过邀请名人进驻、加强运营、反复产生热点来保证平台的活跃度。"但是也要面临很多挑战,比如常见的问题问过之后,粉丝再问问题的可能性非常小,怎么加强深度内容的沟通和控制问答的质量等。"

姬十三坦承:"明星在第三周、第四周涌进分答,使得分答成为短时间内被媒体讨论很多的产品,但明星的变现渠道很多,为什么要在分答上长期玩?60秒的语音之外是否能提供更多的功能?深度知识应该怎么展现?这些都是问题。"

不管怎样,借力粉丝经济,分答实现了对同类产品的弯道超车。2016年4月1日,知乎在其公众号中上线付费应用"值乎",并未引起太大热潮。姬十三并不讳言分答"撞"上了粉丝经济的快车道,但他认为,知识分享也要积极利用粉丝经济,接下来会花大力气去打造各个领域的专业答主,为他们培育具有高黏性的粉丝。

在专业问答方面，果壳旗下还有另一个知识、经验分享平台"在行"。在行上线于2015年3月，主打付费制的线下一对一经验交谈，还满足专业服务、各类生活服务和玩法等需求。截至2016年6月，在行有超过1万名行家入驻，每日交易800次，客单价超400元。

据介绍，在行的行家申请通过率只有15%左右，一般要求有5年以上的工作经验，还要结合教育背景、职业经历进行综合评定，需要申请者提交身份证明、工作证明、职业经历、教育背景、推荐人等一系列信息。而分答上聚集的30多万答主中，也有近4000名认证答主，包括明星名人、在行行家、微博大V等。在医生、律师等专业领域，都会要求认证人提供执业医师证书、工作单位证明、律师执业资格证等。

截至2016年6月27日，分答上共有医学领域答主5020人、教育类答主4366人、职场导师3371人、科研科普工作者共计1881人。同时，分答近期已上线过期免费答、撤回、超越60秒等多种功能，iOS版本也已上线，并邀请超过800家机构入驻。

果壳网"分答"的成功，促使更多业界开始尝试知识付费应用。知乎的"值乎"在随后的2.0、3.0版本中进行了改进，通过知乎关注关系链的方式进行分发。知乎创始人周源说："更有意思的事情是，除了IT和互联网圈使用，'值乎'还流传到小学生群体中，他们去发班上谁喜欢谁，一个班一个班引爆，数据突然间又起来了，支付额度还挺大的，至少5元、10元看一次。"

6月22日，知乎APP进行升级，值乎也被放入知乎APP内。但周源认为，值乎还处于早期阶段，产品依然会做出很大的调整，形态也会发生更大的变化。"能够为信息付费的用户还是少数，需要更多的尝试、变化，才能看到用户真正的使用需求点。"

资本追逐知识分享

在追捧和质疑声中,分答宣布完成了A轮2500万美元融资,估值1亿美元,由元璟资本、红杉资本中国基金领投,罗辑思维和王思聪旗下的普思资本跟投。但这次并不是分答独立融资,而是与在行的打包融资。

"在行的出发点是用一对一、面对面的模式解决需求,但做了一年之后发现,关键的是怎么样通过这样一种网络把人与人的知识联系到一起。"姬十三也多次强调,分答是基于在行商业逻辑的延伸。后来分答在微信的应用名称也悄然变成了在行。

姬十三表示,在行已于2015年9月完成A轮融资,投资人包括昆仑万维CEO周亚辉、小米公司联合创始人黎万强及创业孵化器阿尔法公社,当时估值2亿元。

"一个朋友向周亚辉介绍在行,他只看了一眼就说要投,当时在行还没有公司账户,我就把个人账户给他,他下午就打来了500万元。"姬十三回忆当时的投资场景。

"当时投资纯粹是因为情怀,对姬十三做这件事很欣赏。知识分享在国内做得很差,有人能出来做是好事,就没想那么多。"周亚辉说,分答的出现让他很惊喜。"分答未来应该对提问和回答进行梳理、归类、总结,使知识更成体系,才能发挥最大的知识共享作用。"

同样定位为知识问答的社区,果壳网、知乎近几年不断被对标。知乎于2015年9月宣布完成5500万美元C轮融资,投资方包括腾讯、搜狗、创新工场等,估值4亿美元;而果壳在2014年拿到C轮2000万美元融资后,便鲜有融资传出。

姬十三向财新证实,红杉、元璟资本等机构自2016年4月下旬就已经开始接触果壳团队，当时确是在为果壳和"在行"进行融资，并且在分答出来之前已经敲定，拿到投资协议。分答的火爆让他始料未及。也有各类投资机构纷至沓来，"罗辑思维和王思聪都是后来追加进来的"。

"投资意向差不多是在第一次探讨后半小时内决定的，从意向到确定投资不超过3天。"罗辑思维联合创始人脱不花告诉财新，作为此轮的跟投方，罗辑思维看中果壳在教育领域耕耘的基因，以及侧重分享、更轻度的知识服务。"非应试教育市场规模巨大且极速扩张，没有被激活的主要问题在于需求过于细分，知识生产者较为分散，但是分答、在行指出了一条可行之道。"

作为领投方，红杉资本中国基金合伙人郑庆生认为，互联网给人类社会带来的提升，主要分为渠道效率提升、内容消费升级和认知模式的改进，而认知模式的改进既包括即时通信和各种开放或封闭形态的社区，也包括维基百科、百度百科等。"但目前为止，快速获得知识和技能，仍然没有取得渠道效率提升和内容消费升级的那么巨大的产品进步，缺乏变现的能力，分答的模式提供了知识和技能的即时需求和分散供给的能力。"

分享经济无疑是近两年热议的风口话题，无论是打车领域的滴滴、Uber，还是Airbnb、Wework等空间共享模式，闲置资源再利用和再分配带来了巨大的市场空间。腾讯投资执行董事夏尧认为，共享经济未来将会从有形向无形的方向发展，对于知识、技能等的分享会形成一种新的经济形态。

"我觉得知识经济就像2000年游戏刚出现的时候，当时谁会想到游戏会有1000亿元的市场规模？10年之后的知识经济市场规模一定会比游戏更大。"周亚辉表示，要抓住这一风口需要做到3点：形成自己的网络效应、有足够的用户群体，以及创造出全新的商业模式。他认为，这3点分答都具备。

不过，一位投资人称，要看如何界定知识经济的概念，才能准确判断其市场规模的大小。"分答这类付费问答的市场规模不会太大。"他说，"真正好的项目长期来看要对用户有明显效果，分答还比较早期，难以观察。"

郑庆生也表示,分答仍然面临着认知模式提升这一难题,需要时间去验证和观察。

从社区到平台的变现趋势

知乎和果壳两家内容分享社区,为何从过去的"慢"积累转变为如今的"快"交易?事实上,互联网发展带来的消费升级以及用户对信息需求的变化,已是多数人的共识,而所有的变现尝试,都是在紧抓这一趋势,知识分享正在从社区向平台转变。

成立5年的知乎,最初采用封闭注册的邀请制和申请制,一直注重内容的沉淀和积累,也在其平台内部产生了具有一定影响力的知识类大V。

"2012年年底,我们团队坐下来,对自己提了一个问题:知乎接下来究竟是要做一个能够满足大部分人需求的网站、产品,还是应该是一个小规模用户的产品?后来发现从定位上看,帮助大家分享彼此知识的见解,毫无疑问应该选前者,于是决定开放知乎。"周源说,开放并不是很容易的事情,知乎团队花了很大力气去把用户注册、平台各种算法、基础体验等做了深入分析。

公开资料显示,截至2016年5月,知乎拥有5000万注册用户,人均访问时长33分钟,全站累积了1000万个问题、3400万个回答和3500万个赞同。"2016年4月,知乎的DAU(日活跃用户数)是1300万,相比开放前增长了200多倍。"周源表示。

与此同时,知乎也开始做商业化的尝试:帮助社区作者整理出版电子书,截至2016年6月,知乎整理出版的电子书已超过2100万册。2016年年初,知乎开始做原生广告:在APP中推广信息流广告,开设"这里是广告"栏目。

"第一,用户有针对性地获取有价值信息的需求在增强;第二,要有能把知识生产出来的可购买的商品和服务;第三,支付的便利让用户容易购买,这

3点是充分条件。"周源认为,上述3个条件都已具备,用户需求和大环境也已成熟,知乎就不可避免要从社区变成平台。"社区更注重内容,但平台要接纳更多不同类型的用户甚至机构,以及可能变现的方式。"

值乎、知乎Live等产品的推出都在对知识货币化进行尝试,即为提供有价值信息的人建立一个通道,不仅是进行交流,还有可能是进行交易。

不过,从产品形态上来看,观众买票进入,主讲人通过语音、文字、图片的形式回答观众提问的知乎Live更像是各类微信社群。

知乎官方提供的数据显示,截至2016年6月24日,知乎Live上线38天,94人举办了117场Live活动,用户人均消费22.99元,所有Live参与总人数34059人次,超过2万人有重复购买行为,产生文字消息5.4万条。其中李开复"解答关于创业的困惑"单场参与200人,收入9.98万元。仅次于李开复的是前Facebook软件工程师覃超的"去北美留学和去硅谷找工作",单场参与300人,收入2.94万元。

"很多普通人,而不是明星,通过自己的专业知识和讲解,使自己的Live场场爆满,这是让我们很惊讶的事情。"周源表示。

从2010年上线至今,果壳也一直在探索各类商业化路径,试图离钱更近:开过儿童科学辅导班,试过用果壳学院来打通各个学校之间的学科讨论等,都行不通。2013年,果壳推出MOOC学院,开放用户在全球上课,在果壳写点评、笔记等,试图建立起在线教育平台。

果壳网、MOOC学院、在行、分答所形成的产品矩阵,让姬十三对于自己的商业逻辑有了更加清晰的认知:分答与在行分别适用于轻量级、中量级的知识服务,MOOC学院与果壳网则是根据一对多的公共化知识需求进行设计。

"分答与在行打通之后,在行上也有分答的入口,用户可以在分答进行60秒问答,在最新迭代的产品中,如果对答主的回答不满意,还可以进行15分钟的电话沟通;如果还有更深入交流的需求,可以到在行约线下面对面交流;需要在线学习,可以选择一对多的MOOC学院;想要获取更多公共性、普遍性的知识,则可以去果壳网。"姬十三总结为,一分、一刻、一时、一群。"未来的分答平台就是一个连接供需两端的服务平台,服务大家对于知识的各类需求。"

但从知识共享社区转向一个交易平台,真正成熟的商业模式和路径是什么?各家仍处在尝到变现甜头、不断探寻市场发展方向和用户需求的阶段,产品形态仍将继续变化,商业模式远未形成。

"现在正在走向更多人愿意付费的流程。"周源表示,用户间产生的信息,其实打开的是更新的市场,"知乎的角色是一个知识平台,但真正把初期市场培育起来,不仅需要远景,还需要很多的参与者,有了供需双方,才能把双方的利益体现得更好"。

8.5　移动医疗赌未来

春雨医生创始人兼CEO张锐在纸上随意画了一张曲线图:2016年,中国移动医疗公司的商业估值处于爬坡状态,尚未达到波峰,与前两年的大斜率增长相比,资本市场趋于平淡。

一位投资了平台类和工具类移动医疗公司的基金经理,也画了一张曲线图:2014—2015年,移动医疗商业估值爬至波峰;当下风口已过,尚未跌至谷底;2016—2018年,大量移动医疗概念公司将消失,行业黄金时代不再。

张锐是市场上少数的乐观派,作为创业者的他和大部分投资者的分歧在于——移动医疗估值的波峰有没有过去?而对"投融资正在降温,且在不远的将来迎来谷底"这一趋势,实际上他们已经心照不宣。

与两年前大谈"颠覆""重构"迥异,2016年6月初,多位移动医疗创业者对财新直言"为生存问题焦灼"。在近年来的"烧钱"竞争之后,融资泡沫渐灭,移动医疗公司拿着注册医生或用户数字就能被资本竞逐的局面不复存在,缺乏有力的支付方和赢利点,始终难以形成商业闭环,这令创业者进退两难。

根据国际医疗卫生会员组织(HIMSS)的定义,移动医疗(mHealth)就是通过使用移动通信技术,例如PDA(掌上电脑)、移动电话和卫星通信来提供医疗服务和信息。在移动互联网领域,则以基于安卓和iOS等移动终端系统的医疗健康类APP应用为主。HIMSS认为,发展中国家或可通过移动医疗,解决医疗人力资源短缺等瓶颈问题。

近3年来,移动医疗市场井喷增长。据第三方数据机构艾媒咨询公布的信息,2014年中国移动医疗市场规模约为29.5亿元;2015年增长44.7%,达到42.7亿元;预计2017年将达到120.8亿元。2014年中国移动医疗用户规模0.72亿人,2015年已经增长到1.38亿人。

移动医疗领域的APP数量现在已经超过2000款。2014年,移动医疗被捧上投资热潮的巅峰,APP们坐等投资人送钱。最受关注的是BAT的大手笔布局:阿里巴巴投资寻医问药、新浪爱问医生、华康移动医疗;腾讯投资丁香园和微医集团;百度投资健康之路、知我药妆网、趣医网、就医160等。2014年,移动医疗投融资案例达到80例,融资额达7亿美元,投融资额和案例数量是以前3年的总和。2015年,创投基金接棒移动医疗投资主力,市场融资规模同比翻番增长。

但与其他行业不同,医疗行业专业度高、垄断性高、政策风险高的"三高"障碍,决定其并不是"烧钱"就能打开局面。多位投资者表示,将来不会考虑再投资移动医疗。因为他们逐渐发现,移动医疗始终盘桓在传统医疗服务的边缘,无法真正触及核心;而且移动医疗并未解决传统医疗的痛点,其社会和商业价值都难以体现。

过去两年,移动医疗用一个又一个精彩的故事吸引资本不断下注,如今已经到了等待"接盘侠"的时刻。2015年年底,移动医疗业界开始感受到资本寒冬到来,烧钱补贴、恶性刷单、数据造假等众多问题,加剧了负面情绪蔓延。绝大部分移动医疗APP只拿到天使轮或A轮融资,仅有50多家走过了B

轮,进入C轮的只有10多家,"C轮死"的"魔咒"也有所应验。2016年4月,一份《移动医疗公司最新死亡名单》燃起了业内恐慌,27家小有名气的移动医疗公司宣告"阵亡"。5月,首家拿到A轮融资的送药O2O企业"药给力"死在了融资前夜,被迫退场。

移动医疗的创业者和投资者,在焦急地寻找突围之路。

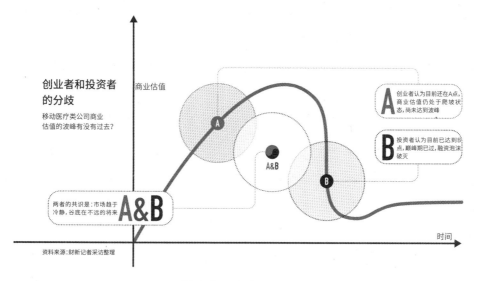

创业者和投资者的分歧

移动医疗类公司商业估值的波峰有没有过去?

商业估值

A 创业者认为目前还在A点,商业估值仍处于爬坡状态,尚未达到波峰

B 投资者认为目前已达到B点,顶峰期已过,融资泡沫破灭

A&B 两者的共识是:市场趋于冷静,谷底在不远的将来

时间

资料来源:财新记者采访整理

创业者投资者的分歧

医生"返潮"

2016年5月,平安好医生逆势刷新了移动医疗的融资及估值记录:A轮融资5亿美元,估值达30亿美元,一举成为该领域国内最大的"独角兽"公司。

但这一事件并未给行业注入太多兴奋剂,业界普遍认为,这是集合平安集团资源和战略之力的资本运作,不能单纯代表移动医疗公司的价值趋势。

在移动医疗行业,平安好医生拥有最庞大的全职医生团队。据平安健康互联网股份有限公司董事长兼CEO王涛透露,平安好医生已自聘1000余人的

全职医生团队,并与线下3000家定点医院的5万余名社会化医生签约合作。

医生资源是医疗资源的核心,也是移动医疗公司最重要的商业筹码。多位移动医疗创业者和投资者都表示,医生的注册数量、级别资质、活跃度和黏性,是决定公司竞争力的关键,甚至是早期投资者唯一的估值标准。

可是,离开了医院,医生还是真正的医生吗?一位参与多家移动医疗公司投资的基金投资人直言,医生离开医院,只做电话咨询等工作,意味着脱离了医疗前线,脱离了学术、晋升和科研通道;而且挖出好医生的成本非常高,真正的好医生又不会依赖单一平台,如何平衡人力成本和团队稳定性是一大难题。

在平安好医生高薪挖出公立医院医生之后,曾出现医生回到原医院的"返潮现象"。"我们第一个团队招了10个人,有6个又回到医院。"平安健康首席产品官吴宗逊表示,为保证自建医生团队的稳定性,平安好医生采取了期权激励、医生合伙人制度。王涛也表示,未来平安好医生将通过与公立医院和诊所的合作,为医生提供培训、学习和提升通道。

平安好医生的做法是重资产之道。大多数移动医疗公司只是与兼职医生合作,以较低成本和最快速度扩充规模。春雨医生号称拥有41万名公立二甲医院以上的专业医生;丁香园自称拥有500万专业用户,其中包含200万医生用户,137万认证医生,已覆盖到全国260万执业医师的80%;好大夫在线则称收录了3200多家重点医院30余万名医生。

"僵尸"移动医疗APP

庞大的数据背后,在排名前列的移动医疗APP中,医生、用户的重复注册率非常高,"僵尸医生"和"僵尸用户"众多。

"北京三甲医院几乎每位医生手机上,都有5个以上的APP在同时注册使用,但活跃度非常低。"一位移动医疗创业者坦言,通过"拜访"地推、线上奖励等"烧钱"策略,注册医生的数量增长并不难。"甚至搞定了院长、科室主任或者协会管理层,一下子可以注册上百位医生,但这些医生几乎从不上线。"

优质医生稀缺、工作量饱和,导致线上医生以退休医生和低级别医院医生为主。上述移动医疗创业者说,移动医疗领域已经背离"优化"的初衷,难以提供优质医疗服务。"优秀医生的门诊量非常大,还要做临床、科研、论文,会为了几块钱的咨询费和100块的服务费占用时间,提供线上服务吗?"上述越来越清醒的创业者,像是在自我反问。

无法进入医院高墙的移动医疗公司,转而将着力点放在院前服务和院后管理上。院前服务包括咨询、预约、挂号、转诊,院后管理包括复诊、随访、干预、病历档案等。但杏树林创始人张遇升表示,移动医疗应着眼于帮助医生完成本职工作,提高工作效率;而院前咨询、医生随访、院后管理等不属于医生本职需求,很难调动医生的积极性并形成长期合作。

即使在医疗服务动力更高的美国市场,依赖碎片化的医生精力、时间和经济动力做疾病管理也不现实。已经获得4800万美元C轮融资的美国移动医疗公司Omada发现,服务资源必须是全职专业教练,通过线下线上的教程,包括饮食、运动和心理辅导,才能实现慢病管理。

用户是移动医疗的另一资源金矿。"与前期仅评估医生资源不同,移动医疗的投资人如今也在估算用户价值,并从行业平均水平出发,结合企业发展情况做估值计算。"复星集团一位投资部门人士表示。

移动医疗估值标准正在向多元化发展,例如针对高血压患者用户群,患者的药品开支、平台消费能力都会被估算在内,用以计算平台佣金,减去获客成本,再算客户留存时间,可以得出一个相对准确的数据。"但这种估算方法假设太多,且有传导效应。"上述复星集团投资人士说。

移动医疗大多通过挂号服务起家,在短时间内迅速形成流量和客户群,但提升用户活跃度并不容易，医疗行业的特殊性决定了移动医疗APP的低频率。据易观智库发布的《2016中国移动医疗市场年度研究报告》，中国移动医疗APP人均单次启动次数普遍较低，大多在1.6～2.4次，验证了医疗需求的低频特征。

一家移动医疗公司的投资人表示，美国目前三分之二的用户在下载移动医疗APP后就停止使用，想让用户的每一次使用带来更大的商业价值，互联网医疗企业需要在用户黏性、商业模式上做文章。

两年前，移动医疗公司都认为用户具有支付能力和埋单意愿，毕竟与医院高昂的检查、药品费用相比，移动医疗有价格竞争优势。但事实证明："中国网民被免费的互联网宠坏了，没有埋单意愿。或者说，移动医疗并没有形成真正的医疗行为，也没有真正有附加价值的服务，让用户愿意埋单。"前述移动医疗创业者表示，目前用户埋单集中在单次挂号、咨询环节，收费多在20元以内，家庭医生、远程医疗、空中医院等概念的高收费项目推广很难。

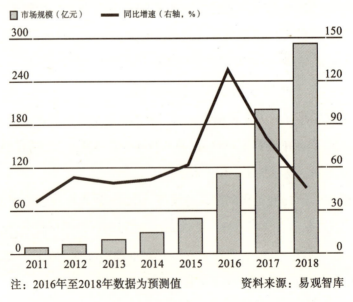

注：2016年至2018年数据为预测值　　　　资料来源：易观智库

2011—2018年中国移动医疗市场规模及同比增速

谁是支付方？

移动医疗一直在寻找有力的付费方。很多公司都瞄准庞大的药品消费市场，试图通过O2O平台打通线上线下服务，为用户提供寻医问药的全流程链条，并从中赚取差价。但政策壁垒森严，线上不允许开处方、不允许售卖处方药的硬性规定，堵住了关键环节。

"拿不到处方，就拿不到患者信息及需求，自然无法卖药。"据前述移动医疗创业者介绍，平安好医生、春雨医生、丁香园等移动医疗机构，都受困于拿不到处方，无法连通药品销售环节，也无法形成商业闭环。药给力、壹药网、寻医问药等药品销售类APP，也因为拿不到处方，只能以非处方药为主，无法真正打开市场。

几经摸索，一些拥有较多医生资源的移动医疗公司，找到了打动药企付费的"门道"。2016年6月初，杏树林首席商业官到岗，开始了在医生和药企之间的商业化探索。按照创始人兼CEO张遇升的估算，2016年年底杏树林可以实现赢利。在此之前，辉瑞、阿斯利康等外资药企和丽珠、众生等本土药企，已经愿意为杏树林的商业项目埋单。

杏树林针对药企需求制定了不同的商业产品，如云数据、云学院、云病房等。其中，提供医生开会讲课服务的云学院变现最快，着眼于患者管理和病历分析的云病房，以及做医患数据分析的云数据，也都得到了收益回报。

在以药养医的现实医疗环境中，药企40%的费用花在了药品消费上，每年花在医生营销上的开支就有2000多亿元，其中会议支出占到1000多亿元，但天价支出背后的回报率并不高，吃吃喝喝套近乎无法形成稳定关系。

张遇升认为，移动医疗应将会议转到线上，并对医生信息、参与度、留存度、讨论内容做分析，当药企对医生行为方向有需求时，移动医疗公司可以提供一个精准的路径。这种商业模式并不是把线下"红包"转移到线上,而是提供合法的药企服务需求,例如与医生的沟通合作需求,病历分析需求,新产品、新适应证宣传需求等。

以"医生社区"起家的丁香园,靠医生猎头和药企服务获得了连年赢利,成为移动医疗行业少有的赚钱者。春雨医生也走相似的模式。张锐透露,已有跨国药企付费5000万元投资春雨医生的关键词点击、线下课堂、患者教育等活动。

地产商成为新的入局者。张锐表示,已有两个地产商愿意各投资2亿元给春雨医生,发展线下诊所。这一投资的背景是地产商开始转型做物业服务,希望通过提供私人医生服务,或通过医疗地产、养老地产概念寻找新的商机。

"村夫日记"专栏作家赵衡认为,绝大部分行业外资金对医疗投资尤其医疗服务投资知之甚少,它们一部分是出于转型的需要,比如大量房地产公司,一部分是基于害怕错过风口的投资逻辑。而许多自身发展遇到瓶颈、以产品为核心的公司,更多是出于转型和市值管理的需求,参与部分中后期的移动医疗投资,意图通过这类"风口型"投资向二级市场传递转型信号,带动自身低迷的股价回升。

可穿戴设备也被视为移动医疗的重要支付方。医学类可穿戴设备是最成熟的分支,最早可追溯到心脏起搏器、心脏支架等。传统医疗器械行业的大佬宝莱特、戴维医疗、九安医疗等都在积极试水,如九安医疗开发了与微信互联的智能血压计,三诺生物开发了与手机搭配的血糖仪,都获得了资本市场的追捧。

杏树林通过与智能硬件的合作,实现了医生对患者的全流程管理,并实现了患者付费和企业付费。张遇升以与江苏省人民医院心外科的合作为例说:"在心律失常手术领域,医生可以通过杏树林的'病历夹'产品收集管理1000多名患者,患者可以通过掌上心电设备传输检查信息。在重大疾病领域,医生有绝对话语权,病人依从性很高。"

所有移动医疗公司都将最大的支付愿景落在大数据上,这才是拥有无限可能的宝藏。但是当下,真正有价值的核心大数据仍在公立医院,而公立医院作为"信息孤岛"一直不愿开放数据库,大数据仍是移动医疗公司可望而不可即的海市蜃楼。

北京博星证券投资顾问有限公司投资管理部副总监贺华平表示,以问诊为主的移动医疗服务无法产生精准、深度、大量的医疗信息,其商业价值难以体现。赵衡认为,数据分析的结果,比如高风险人群及其风险点,必须转化为后续结合临床治疗的服务,比如健康跟踪和意见、专业的疾病控制计划、用药干预等,才有可能让保险公司为此埋单,但这些项目需要专业的医学能力,以及和医院、医生结合的通道,其中建立通道殊为不易。

和保险公司一起讲故事

与保险合作是移动医疗最新的故事。"保险的故事听上去更高大上,所有说保险的都在说故事,这是一个真实但有时间的故事。"张锐说。

张锐称,线下诊所和医疗保险是春雨医生未来两大重要发展方向,春雨医生只能作为保险公司的服务采购方,量级很小,未来目标是与保险公司合作拿保险牌照,开发具有移动医疗特色的商业健康险。

2015年11月,春雨医生与中国人保财险达成合作,人保财险深圳保险产品创新实验室承接了双方的合作项目。春雨医生表示,将根据人保财险客户群体的特点及不同层级,基于线上健康咨询、春雨诊所、权威医疗机构以及春雨国际的分级诊疗体系服务,提供分级别、标准化的服务内容;同时,为其健康险产品提供医疗过程管理,防止逆选择和过度医疗,以管控商业健康保险业务风险。

春雨医生、杏树林等移动医疗公司的投资方蓝驰创投合伙人陈维广表示,有实力的保险企业将是移动医疗的必然选择。"但合作周期会比较长,且保险公司对一些创新模式往往抱着谨慎态度,因为移动医疗还没有跑完一个周期,没有足够的数据证明线上服务和私人医生等方式可以达到控费目的。"

类似的还有寻医问药与泰康人寿的合作。此类合作模式是保险公司采购移动医疗公司的服务,例如咨询、挂号、陪诊等,以此丰富险种,拉动销量。"消费者购买寿险后,如果不出大病,对保险是没有服务感受的,保险公司只提供最终索赔。但移动医疗公司加入后,会提供很多附加服务。把保险公司的服务能力从大病理赔转移到线下服务,丰富了保险产品的吸引力。这是商业模式的变化。"闻康集团寻医问药网大客户部总经理许峰表示。

采购模式只是移动医疗公司与保险公司之间一种追求薄利多销的买卖。许峰坦言,单家保险公司采购规模每年只有几十万元的量级,杯水车薪。保险公司的付费能力还要看险种,如是母婴类保险,每年保费只有300元左右,保险公司出于成本考虑,只会采购移动医疗公司报价最低的电话问诊服务;只有年保费在2万元左右的高端险种,保险公司才会采购报价较高的"陪诊+挂号专家号"服务包。保险公司还会以很低的"实际开卡率"精算赔率,最终决定支付额。

移动医疗公司并不满足于采购模式,而是更希望通过"合作开发险种"实现平台售卖,分享保险收益提成。

许峰介绍,寻医问药已与泰康人寿合作尝试推出母婴险、停诊险、女性防癌险等险种,其销售效率很高。闻康集团寻医问药网战略发展事业部总经理姜天骄认为,保险有三大诉求:一是通过渠道和服务扩大客户规模;二是与社保形成差异定位,在赔付之外设计更符合客户需求的产品;三是通过有效控费和精算实现赢利。"这三大诉求,移动医疗公司都可以满足。我们在保险产品中嵌入服务,为其拓展客户,还可以做健康档案采集和健康管理的工作,发现客户需求,并且实现控费精算。"

但赵衡认为,把保险看成一种可消费的产品,而非风险保障,这从根本上违背了健康险的本质。

他举例称,某保险公司曾推出年保费2万多元的高端保险,并嵌入某高端私立医院报价6万~10万元的分娩服务,导致个人购买保险多出于消费考虑,产品推出后保险公司即面临巨亏,运营几年后此款产品停售。

对于寻医问药而言,与泰康人寿合作更大的意义是实现"一站式链条"布局。"在中国,保险公司成为大的付费方很难,寿险主要还是靠地推,商业健康险还没有发展起来。"许峰认为,保险公司可以提供公信度背书,保证药品配送品质等,在实现第一次导流合作后,在后续医疗资源和医药服务上就有了更多可能性。

移动医疗公司并不担心保险公司纷纷效仿平安成立自己的移动医疗部门。"移动医疗短期赢利难度大,投入多,自建平台不是一个经济的选择,而且只有大型保险公司才有自建能力。"姜天骄表示,寻医问药已经拿到"入场券",先进泰康保险公司的门,再探索赢利模式。他认为,保险公司带来的品牌贡献,以及双方会员体系的合作和用户量的增长,都证明了合作的意义。

谈及与保险公司合作,没有任何一家移动医疗公司能与平安好医生比拟资源优势。中国平安好医生董事长兼CEO王涛表示,平安好医生与兄弟公司的第一个紧密合作是保险领域,包括健康险、寿险等。平安好医生会建立客户健康档案,提供健康咨询、健康管理、健康计划等,并以数据和信息为基础实现核保理赔。平安好医生曾表示,其于2015年7月推出的健康管理打包服务"健康卡"3个月销售额过亿元,成为移动医疗领域罕见的大收入。

"平安好医生可以作为保险产品的获客渠道,其成本比招聘地推销售人员划算,这是唯有平安可以玩的打法。"复星集团投资人士认为。

平安还有更大的目标。平安健康首席产品官吴宗逊透露,平安健康公司的核心业务是要将医疗健康保险、医院和健康管理三者合一,打造HMO

(Health Maintenance Organization,健康维护保险组织)模式。

HMO模式是指在医疗服务闭环网络中,在每月付费或每年付费的基础上,支付方和服务方有一定的约定折扣,为会员打包提供较为实惠又质量可控的医疗服务。会员通常被要求选择一名首诊医生作为守门人,必要时才转入HMO网络中的专科医生,以此实现控费。

类似模式是微医集团计划打造的ACO(Accountable Care Organization,责任医疗保险组织)模式,这一模式以家庭为单位,为用户提供三级医疗服务、精准健康管理、医疗费用保障。

已有案例是美国加州的恺撒医疗集团(Kaiser Permanente),其拥有950万名会员,旗下拥有38家医院。2013年,它的年收入是531亿美元。恺撒模式整合医疗服务和产品形成闭环,既提供医疗保险产品,也拥有医院,便于集中化地控制成本和医疗风险。

但与美国发达的私有化医疗服务体系以及成熟的商业医疗保险体系不同,中国民营医疗与商业保险都刚刚起步。目前,中国五家专业健康保险公司,包括人保健康、昆仑健康、和谐健康、平安健康、太保安联,以及开展商业健康险业务的100多家公司,普遍面临用户不足和业务亏损的难题。移动医疗嫁接保险的商业模式,以及付费闭环的实现,在中国仍显得格外遥远。

轻资产和重资产模式之争

在移动医疗普遍不赚钱的情况下,谁能产生现金流,谁就能获得竞争优势。春雨医生、丁香园、平安好医生都从线上转到线下(O2O),意图通过布局线下诊所,构建完整的医疗体验环境。

春雨医生选择走"轻资产"路线。它于2015年5月宣布在北京、上海、广州、杭州、武汉5个城市,开设25家线下诊所。商业模式主要是与民营医院共建线下诊所：医院方提供诊所场所和基本设备，解决最大的成本投入问题，春雨医生则通过医生多点执业和互联网调配提供服务。在支付体系上采取"线上＋线下"私人医生服务年费制度，限价980元/年，诊断不额外收取费用，并支持部分药品医保报销。其线上客户以大型企业员工和大企业客户增值服务为主，在线下诊所开业后计划把线上客户的需求引导到线下。

如此发展了一年，业内一致认为，春雨诊所的复制速度、门诊量和现金流效应并不乐观。赵衡认为，"轻资产"模式无法形成稳定的医生来源和持续用户：如果是普通医生，难以让病患愿意支付高昂诊金；如果是名医，用户相对有限，且无法形成规模化扩张。

但张锐坚定地认为，做线下诊所是春雨医生的未来。他已调整策略，考虑走自建道路，通过与地产公司合作降低物业成本，与药商合作降低供应链成本，并通过春雨医生已有管理经验和医生资源降低人力成本。

在诊所定位上，春雨医生也放弃了常见的全科诊所和名医诊所的选择，将"网红医生"作为卖点，通过开发具有市场号召力的医生，走儿童发育、皮肤养护等特色门诊服务道路。"这些医生并非常规的高精尖医生或高职称医生，但他们有极好的沟通能力和服务意识，拥有强大的市场号召力，我们将为他们量身打造线下诊所，开发其商业价值。"张锐说。

春雨医生投资人陈维广认为，要做完整的医疗体验，一定要下沉到线下。"有足够多的用户群和好医生，能把资源进行很好的调度和匹配，是可以调动用户支付意愿的。"但他也表示，一旦牵扯线下，必然是重资产，其扩展速度也会受限。医疗区域性特征明显，不同地方的患者需求及医生水平差异巨大，建立标准服务体系是大挑战。

最先提出线下诊所概念的丁香园，首家诊所于2015年11月在杭州落地。诊所招募了15名全职医生和30名全职护士，定位是从事"慢病、常见病、多发病治疗工作"的全科诊所。丁香诊所只聚焦在患者照顾环节，并提供上门服务,药品供应配送由上药云健康负责,检验、配液、输液平台、心电监测都交给第三方机构完成,一次诊费在300～500元,不包括检查费用和药费。丁香园创始人兼CEO李天天称,其对诊所目标群体的定位是具有支付能力和需求,并愿意与医生互动的人群。

对于线下诊所的支付方覆盖能力和赢利能力,业内普遍表示不乐观。一位参与多家移动医疗公司投资的基金投资人认为,线下诊所约等于民营医院。"现在市场不缺医院,缺的是三甲医院,民营医疗人流量非常少,缺乏竞争力。从移动医疗看,线上到线下转化率很低,线下诊所的人流量风险和重资产成本压力是很大的。"

平安集团曾在线下诊所扩张上遭受重挫。2009年,平安信托曾投资5亿元,计划5年内在广东省发展近1000家门诊部和诊所。但现实是,直到2012年,开业的两家门诊仍入不敷出,"千家诊所"计划被迫搁置。

2015年,平安好医生上线后再度出击,宣称投入500亿元,用10年时间开设"万家诊所"。但本应在2015年8月于上海开业的平安诊所旗舰店一再延期,因为申请诊所牌照时遭到周边小区的反对。

考虑到自建诊所投入高、周期长、风险大的问题,为加快诊所复制速度,平安好医生不得不放弃"全部自建"的初衷。吴宗逊曾表示,平安好医生已改变策略,改用自建、合资(引入国外医院管理方)、认证加盟合作的方式在全国扩展。平安好医生主要担任标准制定者和"把关人"的角色,其目标是打造类似星巴克连锁店模式的,带有统一服务标准、统一装修标准和统一收费标准的"平安诊所"。

诊所复制已成业内公认的难题。赵衡认为,受制于各地政策、消费能力和意愿的差别,特别是优质医生的匮乏,医疗服务在全国快速扩张的可能性很低,只能先在区域市场深入耕耘,再逐步扩张。作为重资产行业,整体的市场发展将会较慢。

互联网巨头做局医疗O2O

与线下诊所相比,互联网医院是"大玩家"们的更大布局。

过去两年,阿里巴巴已经布下未来医院、云医院、天猫医药馆、阿里健康APP等"棋子",而其构筑闭环生态链的终极目标在于药品销售。

2016年1月,阿里终于通过与武汉市中心医院的合作,构建了一个可以连接各端的互联网医院平台。其商业逻辑是:武汉市中心医院运用互联网医院平台实现患者导流,阿里则通过互联网医院拿到院内电子处方,实现药品销售。

2014年10月,阿里曾与河北省政府合作"智慧河北"计划,以网络医院为平台,以阿里健康APP为载体,实行类似打车软件的电子处方抢单模式。即患者在医院看病后,医院处方通过信息系统进入阿里电子处方平台,平台向院外药店派单,药店抢单配送。由于医院不愿让渡药方利益,暗中抵制,在阿里取消补贴后,药店抢单热情冷却,导致业务告终。

阿里互联网医院模式的关键点是打通网上售药环节,但其售药平台天猫医药馆经历了三起三落。2011年6月到2012年2月,天猫医药馆三次短暂开张运营后均被地方食药监局以"没有网上售药资格"为由叫停。第三次开张后,阿里只能通过为医药商官网导流的方式获得提成费用,而无法真正做平台交易。

2014年1月,阿里斥资10.37亿元入主中信二十一世纪,并以300万元购入河北慧眼医药科技有限公司,收购其具有"互联网第三方平台药品网上零售"试点资格的河北慧眼95095平台,才终获B2C药品交易平台直销牌照。

但在2016年6月,天猫医药馆等互联网第三方平台药品网上零售试点又被国家食药总局全部叫停。一夜之间,阿里又重回"导流分成"时代。

好大夫在线则试图走通政企合作之路。2016年4月,好大夫在线宣布与银川市政府正式签约合作共建银川智慧互联网医院。其规划是,好大夫在线将以银川智慧互联网医院为载体,协助好大夫在线平台上来自全国4800家医院的10万名医疗专家落地银川,与银川市各级医药卫生服务机构及天天体检屋合作,并将银川当地医院升级为互联网医院。

互联网医院的关键在于电子处方再分配,在中国以药养医的现状下,医院外流处方意味着放弃药房收入。互联网医院只能在已取消药品加成,且具有导流需求的医院之间做合作复制,扩张速度缓慢。

资深医药营销人士、移动医疗分析师刘谦表示,分级诊疗尚未完全解决上下级医院之间的利益关系,互联网医院能实现的医疗服务仅局限在复诊和慢病管理领域,且具有医保壁垒、药品配送压力和医院合作紧密度难题,药品导流能力有限,互联网医院在短期内很难实现商业价值。

先于阿里巴巴,腾讯投资的微医集团通过高价控股,与浙江乌镇一所二级乙等医院桐乡市第三人民医院成立股份制公司,双方共同运营挂靠在桐乡市第三人民医院下的乌镇互联网医院。乌镇互联网医院本身并没有强大的医生资源,微医集团通过网上平台,使各地医生利用多点执业政策,注册为乌镇互联网医院的"线上医生",提供远程医疗等"虚拟医疗服务"。

微医集团通过控股医院轻松拿到电子处方,但"硬币"的另一面是,这类模式规模化复制的机会稀少,且成本高昂。因为允许社会资本控股的医院非常有限,一般二、三线城市中行业排名三位以后的医院,才有可能愿意接受控股投资。此外,自建医院模式还需承担硬件设置、医疗器械、人力资源升级等成本,回报周期一般要在七八年以上。

高估值赌未来

对于估值10亿美元以上的春雨医生、微医集团、好大夫在线和丁香园,投资机构现在纷纷反思"估值过高"。

但入局者认为,估值与资源稀缺性有关。"移动医疗的估值是市场调节产生的,大家用高估值赌未来。平台就两三家,现在的确估值较高,但融资需求饱和,投资机构入局并不容易。"蓝驰创始合伙人陈维广表示。

为扩大资源优势,移动医疗拉进了更多参与者,希望通过构筑"超级大入口"的方式,来放大商业价值,例如已经与制药企业、医疗器械企业、保险企业等达成多方合作的移动医疗公司寻医问药。

姜天骄表示,在医疗场景中,医生是决策方,患者是重要付费方,药品、医疗器械、保险等参与者都对医患两方有诉求,拉动更多角色参与才有助于构建生态。他说:"我们在构建全生态环境。所谓生态,就是其中很多角色以及模式,都不一定是事先规划出来的,而是逐步生长出来的。"

多个平台类移动医疗公司管理者,不约而同地宣讲类似的"生态说"。但投资人指出,拉动众多角色入局,意味着移动医疗至今仍未找到一个完整的商业模式,其利益环在不断扩大和复杂化,"越来越看不懂"。

一位移动医疗公司投资人认为,移动医疗行业在不断"造故事"和转变发展策略,"烧钱三五年还看不清未来方向,实在让人焦虑"。

分级诊疗、家庭医生、线下诊所、保险合作……两年来,移动医疗"故事潮"不断。华医资本创始合伙人刘云直言,故事是为了融资需求。但陈维广认为,医疗需要时间和过程,每一个创业公司寻找赢利模式都需要不断尝试,重构医疗服务体系需要解决很多问题,需要更多时间提升用户体验、提升专业度、构建支付体系,最终完成可赢利的商业闭环。其他互联网垂直行业比如电商、O2O也历经同样的路程,差异只是在速度和行业价值链。

对于很多移动医疗创业者而言,投资人在提供资源帮助和资金支持的同时,也向管理团队施加了巨大的压力。多位投资方和移动医疗创业者表示,新兴移动医疗公司受制于商业模式不成熟的硬伤,完全依赖于投资方的资金支持,创业者有可能丧失主动权。

春雨医生创始人张锐称,在春雨医生多轮融资中,仅存在过一次对赌协议。另一位移动医疗创业者表示,在他已经获得的四轮融资中都存在对赌协议。

贺华平认为,对赌协议很常见。"人民币基金要求两年投资,一年退出;美元基金一般三年投资,两年退出。资本方希望通过对赌协议降低周期风险。"

对赌存在于天使轮和A轮并没有实际意义。贺华平说:"创业型公司的股权不是那么敏感和值钱,与PE公司不同,不挣钱的股权就是画饼,对赌并不能控制风险。"

对赌在移动医疗的B轮和C轮融资中更为常见。复星集团投资人士坦承:"对赌对创始人压力很大,如团队结算、变现、股份回购稀释等问题都需要解决。终究一点,对早期项目来讲,对赌其实是伤害大于激励。部分条款可能是营业额要求,基金存续期5年,再加上两年退出期,7年必须上市或并购。"

上述移动医疗投资人则表示,移动医疗投资门槛并不低,很多投资团队往往看不懂项目,盲目抬价抢项目,只看到市场规模和发展前景,没有看到政策壁垒和商业风险。另外,国外与中国在医疗体制上存在根本差异,国际成熟案例在中国并不适用,不能简单地用成熟市场估值套用中国。"中国移动医疗市场的水分和泡沫很大,现在找接盘人比较难。"

资本寒冬谁接盘?

估值在某种意义上是"画饼",高位投入将近3年之后,移动医疗的投资者们正在着急地寻找变现路径。

张锐透露,春雨医生已经完成12亿美元融资的Pre-IPO环节,财务梳理、公司架构、法务流程也准备到位,其上市明确可期。"春雨医生的在线诊疗业务是有好的赢利能力的，2015年实际收入1.3亿元，赚了3000万元，这部分是可以打包上市的。"

他表示，春雨医生正在A股与新三板之间踌躇，A股的高门槛和长周期令资本方认为过于低效，但新三板的低股价和交易量过少的问题又令资本方认为意义不大。

张锐坦承，自己作为春雨医生的创始人和管理者，并没有让春雨医生上市的意愿。"上市是资本方需求，对我而言是还债，毕竟春雨医生核心业务赢利的结果是投资人的支持促成的。"

移动医疗行业已经出现平安好医生、春雨医生、微医集团、丁香园、好大夫在线等一批"一线企业"。作为投资人，陈维广表示，这些企业都融到很大规模的资金，量级都在3000万美元以上，有些已经过亿美元。但一个清晰的趋势是，有些企业在融B轮和C轮时面临挑战，所以不少企业也决定通过新三板渠道融资，还有成熟企业在拆VIE（可变利益实体）。"2015年股市热，大部分移动医疗企业都拆了红筹架构。2016年相对较少，因为很多企业认为中国资本市场情况不明朗，选择暂时搁置拆VIE计划。"

总体而言，新三板被认为是移动医疗公司较为理想的退出路径。贺华平表示，根据证监会出台的新规，新三板将设置创新层，允许公募基金或私募机构进入，可以提高交易活跃度和流动性，这一效应可参考美国纳斯达克。"创新层中，如果按照赢利和收入指标再分精选层，其资本效应是相当于A股的。"

能与药企形成产业链的移动医疗类公司，还有并购的可能性。"如对干细胞和免疫疗法有研究的公司，以及做基因检测、慢病管理的公司，很多上市药企都是愿意布局的。"贺华平表示。

不过移动医疗在资本回收上的长周期，已经超出了大部分投资机构的承受能力。"移动医疗从2012年至今，仍少有挂牌新三板或上市的案例，和TMT行业相比是比较差的。"复星集团投资人士认为，"医疗是热点，移动医疗却难成热点。"

风口已过，游戏变成击鼓传花。"潮水退去，就会看到谁在裸泳。"万怡会展投资部总经理李敏表示，移动医疗行业风口投机的风险已经出现。春雨医生旗下的春风创投合伙人毕磊也表示，整个资本市场对移动医疗的态度已进入冷静期，赛道模式行不通了。"O2O都是烧钱项目，最敏感于资本压力。投资最怕没人接盘，现在讲故事秀团队的，肯定拿不到投资了。"

业内逐步达成共识的是，2016—2018年，大量移动医疗公司将在资本寒冬中死去。有人认为，这正是并购的好时机，"看准好团队、好技术，就有整合的机会"。

张遇升表示，杏树林通过收购两个小团队的数据公司提升了病例数据和云众包处理的能力。"我愿意并购基于远程问诊的技术类公司和家庭检测技术类公司。"张锐表示，对于"不缺钱"的春雨医生而言，资本寒冬降低了并购成本，是其"期待已久的良机"。

8.6 VR：虚幻的世界

2016年12月23日，北京望京SOHO 31层，奥图科技公司突然提前终止租约并搬离。墙上的红色横幅写着"大干100天，荣辱一起共"，而几名搬运工正在拆除办公桌椅。

有媒体爆料，这是增强现实（augmented reality，AR）领域国内首个公司倒闭案例。这一消息将近两年快速崛起、但一路充满争议的虚拟现实科技概念公司，推到"聚光灯"下。

奥图科技创始人叶晨光对财新否认"倒闭"一说，但坦承"公司确实遇到资金困难"。这家2013年成立的公司，2016年12月一次性裁员超过60%，10月宣布的2000万元融资至今只到账四分之一。

投资方看不到业绩和前景，不愿放款；创业公司没有资金难以继续"烧钱"：这类矛盾在资本寒冬中不时上演。

比增强现实技术历史更为久远的是虚拟现实（virtual reality，VR）技术。虚拟现实是通过头戴显示设备，营造出完全虚拟的空间。比如通过VR直播，用户在家就能感受到现场演唱会。而增强现实则是将现实世界与虚拟世界叠加重合,比如看到一幢商场,眼镜里就能跳出打折信息。还有一个相关"流行词"是混合现实(mixed reality,MR),即在上述两者基础上更进一步,在现实与虚拟之中产生交互。比如新近陷入"造假门"(以特效充当MR)的美国Magic Leap公司,其发布的视频"鲸鱼飞出地板",便是MR追求的效果。

AR、VR、MR这些玄幻的科技词汇,都是指通过人机交互设备来感知虚拟或真实的外部世界。三者中VR技术走得最快。

第一代VR设备出现在20世纪60年代,集成了显示器、音箱、气味发生器以及振动座椅,价格直追一辆小型汽车。如今VR显示设备已可戴在头上,几十至上百元便能买到。

2014年3月,Facebook宣布以约20亿美元的价格收购VR初创公司Oculus,可视为近年VR潮的开端。"当时我还是没法说服自己:这个蒙住双眼的渣画质头盔真的代表了未来?"看过百余家VR公司的顺为资本投资经理段誉回忆称。他认为,Oculus天价收购案,出现了不错的VR硬件产品,人们开始寻找在PC与手机之后的新计算平台,这些因素共同驱动了2015年至2016年年初的VR热。

2015年,HTC、Oculus、Sony三大厂商分别发布基于PC或游戏主机的VR头盔,占据了高端VR市场,这一格局延续至今。而谷歌于2014年发布纸制VR眼镜"手机盒子",配合手机屏幕组成一套成本低廉、操作简单的VR设备,后来者竞相模仿,汇集成"移动VR"的支流。

移动VR很快成为各家争夺的主市场。2015年11月,三星联手Oculus率先推出移动VR眼镜,到2016年4月,单月用户过百万。华为、小米、乐视等也接连发布VR战略,VR几乎成为手机厂商的标配,"大家都赌移动VR会有爆发性增长"。但顺为资本投资经理段誉说,因为C端(个人消费者)市场没有成规模,事实上2016年的VR硬件数量增长低于业界预期。

在2016年京东"双十一"智能眼镜销量排名中,暴风魔镜与小米分列第

一、二位。据财新了解，暴风魔镜的日活跃用户只在10万上下。对于内容商而言，这还是一个难以赢利的量级。

大公司不甘心错过风口，小公司挣扎着寻找蓝海机遇，资本在一轮热潮之后回归冷静。知名游戏引擎公司Unity全球VR/AR战略总监Tony Parisi说，当下VR产业正处在"失望的区间"，而2017年也并不乐观。

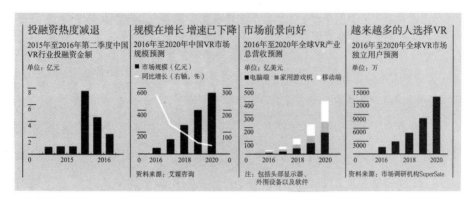

VR虚幻的世界

谁的机会？

2014年年中，暴风科技董事长冯鑫第一次体验了VR。"特别晕，我当时是中午看的，下午开会全是晕乎乎的，六七个小时都反应不过来。"但冯鑫自此难以摆脱VR的诱惑。

"整个社会的信息化进步，最大的载体和介质都是各类电子终端的屏幕。从电脑到手机，从摆在桌上到拿到手上，最后有一天放在眼睛上，这个逻辑一定是通的。"冯鑫于2014年9月发布了首款VR眼镜，后又将VR业务分拆为独立子公司暴风魔镜，两年内发布了六代VR眼镜与一款定位中高端的VR专用一体机，称得上是国内移动VR市场里最激进的玩家。

但在2016年10月底前，市场传出暴风魔镜大裁员。2016年11月6日，暴风魔镜CEO黄晓杰表示,资本寒冬很冷,公司团队规模一度超过500人,有着很大的经营压力,因而进行了拆分与裁员,将部分内容业务独立为生态子公司,团队规模减至300人。

冯鑫表示,此次调整的导火索是资本环境不好。暴风魔镜在硬件、内容、平台三方面齐头并进,但其资金不足以支撑如此体量的公司往前走。

暴风科技(300431.SZ)财报显示,2015年上半年,暴风魔镜实现营收733.9万元,净亏损1846.8万元,暴风科技受拖累净利润同比下滑70.73%。暴风魔镜公布的最新一轮融资是2016年1月,融资额2.3亿元,由中信集团旗下中信资本领投,整体估值达14.3亿元。

"VR寒冬是资本冷,而非产业冷。"冯鑫认为。2015年,暴风魔镜月均销售只有1万台,到年底达到月均销售3万台;2016年10月销量约22万台,11月约30万;目前暴风魔镜日活跃用户在10万左右,用户平均使用时长17~18分钟;目标是到2017年年底,日活跃用户增长至100万。

据市场调研机构GfK近日发布的报告,2016年中国VR硬件月平均销量38.2万台,年度整体销售额为6.5亿元,同比增长3.3倍;2017年将达到16亿元。

相比暴风,手机厂商小米在VR上要谨慎许多。小米VR总经理唐沐认为,VR落地还需要相当长的一段时间,很可能是3~5年。有业内人士给小米的建议是,等VR产业爆发的时候,凭借供应链优势,打高性价比战略收割市场,复制小米手机切入智能手机市场的路径。但唐沐说:"也许我们都做早了,但我担心这件事不做就没了。"

唐沐表示,公司将非常严格地控制小米VR的产能,避免库存;小米VR团队规模保持在50人左右;在开发VR产品方面,小米与两家生态链企业合作。

摩象科技创始人李树欣认为,VR眼镜的硬件差距较小,真正的优化与功能设计需要在手机层面完成,这只有手机厂商自己才能做到。摩象科技是小米生态链中的一家VR公司,与小米合作推出了小米VR正式版。2016年10

月，小米宣布VR眼镜玩具版销量达40万台。据唐沐透露，其日活跃用户在20%左右。

冯鑫则认为，VR应该是通用设备，依托硬件规模吸引内容，继而从应用分成与广告上获利，这是暴风魔镜背后的商业逻辑。2016年，暴风魔镜的营销收入达到2000万元，应用分成"还谈不上钱"，硬件产品基本上不赔钱。

一位投资人表示，移动VR公司都在寻找打造平台的机会，但现在这个故事要打上一个问号。谷歌推出了VR平台Daydream，几乎"一锤子"敲定了移动VR的格局：系统、应用商店、UI都由谷歌来做。不过Daydream平台的开放程度及其落地情况，是2017年中国移动VR市场发展的不确定因素。

2016年5月，谷歌在其I/O开发者大会上，公布了基于安卓系统的VR平台Daydream，提出了针对手机显示、性能、传感器等的要求。只有满足要求的手机才能与之兼容。同时，谷歌还宣布携手三星、小米、华为等8家硬件厂商以及EA、网易、育碧游戏等10家内容公司。

网易高级技术经理申文迪认为，Daydream定义了平台标准，过滤掉了大批不合格的硬件设备，方便了开发者。国内没有一家手机厂商能做到这么强势。

在大手机厂商中，还未发布VR产品的几乎仅剩下苹果一家。唐沐称："我很期待苹果能发布VR硬件产品，因为它对技术的把控与产品的定义，真的达到了其他公司难以企及的位置。对于一个新品类，苹果的做法也许就是方向。"

内容仍是稀缺资源

多位VR行业人士表示，VR眼镜的硬件差距并不大，竞争来自背后的内容与运营平台，而游戏与视频是目前最主要的内容。

"我们发现一个很有意思的数据。"唐沐说,小米 VR APP 的装机量是小米眼镜销售量的 1.5 倍。他猜测,很多人买了其他品牌的 VR 眼镜,然后拼命寻找 VR 内容,下载了市面上所有的 VR APP。VR 内容仍是市面的稀缺资源。

"爱奇艺为什么会做 VR 的内容?"爱奇艺高级副总裁段有桥自问自答,"因为我们有 IP(版权内容),它在电视、手机、PC 上都会火,也包括 VR。"

段有桥认为,未来的视频生态是个金字塔。最底下是移动视频,用户量最大,用户使用时长最长,每用户平均收入(ARPU)最低;第二层是电视,用户量与用户使用时长都会降低,但 ARPU 会升高;第三层是 VR;最顶端是电影院。

在爱奇艺的统计中,目前其移动端的流量占比已经超过 70%,并在稳定增长;PC 端为百分之十几,处于稳定下降阶段;电视端也占百分之十几;VR 还约等于 0,用户每日观看时长不到 20 分钟。

"有人说,中国以后一人一台 VR,那是瞎扯。就像不可能每人每天都去电影院一样。"段有桥认为,在 VR 领域,长尾的视频没有前途,所以爱奇艺选择做精而不求数量。VR 用户的 ARPU 也会更高,未来商业模式将基于前向收费、会员制或先付费后观看。

爱奇艺计划在 2017 年进行 10 部超级 IP 网剧的 VR 化制作;开放 100 个网剧(网络电视剧)、网综(网络综艺节目)、网大(网络大电影)的 IP;发展 1000 万高价值的 VR 用户。 段有桥表示,基于用户体验考虑,未来半年内上线的视频,时长也都是在 20 分钟以内;而在相同人力条件下,制作一部 VR 视频的成本是平面视频的几倍。

"爱奇艺不会像做移动端那样投入做 VR,但得投入,否则等行业火起来就来不及了。"段有桥说。爱奇艺的 VR 团队组建于 2015 年,现在有 100 多人。

同样手握 IP 谨慎入场的还有 VR 游戏商。"我们对 VR 游戏的投入也非常谨慎。"韩国知名游戏厂商 JOYCITY 执行监制 Chan Hyun Kim 向财新表示,公司 VR 团队共有 24 人,游戏开发使用项目制。

JOYCITY于2016年11月推出了一款基于三星Gear VR的收费游戏《Gunship Battle 2 VR》。《Gunship Battle》是一款在谷歌商店上下载量过亿的知名游戏，此次新推出的VR游戏使用了它的IP。

据游戏引擎商Unity透露，基于其平台开发的VR游戏约占平台游戏总量的5%。Unity是世界上最大的VR游戏开发平台，AR游戏《Pokemon Go》便是基于Unity开发的。

网易是谷歌VR平台Daydream的首批内容合作方之一，2016年11月发布了第一款VR游戏，游戏制作团队仅10余人。网易游戏产品总监虞凯表示，该款免费游戏首先在海外上市，在可玩性和用户体验方面还有待提升，不会过多考虑商业化的问题。

据艾媒咨询预计，2016年中国虚拟现实行业市场规模约达56.6亿元，其中内容领域6.7亿元；预计2020年市场总规模将达到556.3亿元，在目前规模的基础上成长10倍，内容领域预计将达到172.4亿元。

变现"不是比较难，是很难"

VR创业公司这一两年的境遇，"有点像是过山车"。

2015年夏天，段有桥举办了一期小型VR交流会，原本二三十人规模的会议，最后来了大约300人，其中有30多位来自电视、机顶盒、视频等行业公司的CEO，而如今这些公司中的部分已经不复存在。

雪人科技联合创始人李闻认为，VR现在处境尴尬：一方面，硬件厂商呼唤杀手级应用来带动市场；另一方面，大内容商还在控制投入，小内容商预算不足。"现在随便做一款手游的成本都得百万至千万元级别，而做VR游戏的公司融资一两百万元都难。"

雪人科技成立于2015年1月，起初主营VR房产与VR教育，包括为房产商定制VR样板房、为地方科技馆提供VR解决方案，2016年开始涉足VR游戏。李闻算了一笔账，VR游戏团队约20人，一个月有40万～50万元成本。公司目前完成了三款VR游戏，开发周期平均两三个月，收回成本"不是比较难，是很难"。

姚震是个老游戏制作人，经历过端游、页游和手游等多个时代。他旗下的手游公司于2016年9月挂牌新三板。他认为，VR产业还未完全形成。之前在PC与智能手机时代，玩游戏的不是同一拨人，不断有新用户的加入，使得行业蛋糕可以持续变大，但这种情形在VR上并没有出现。"现在玩VR游戏的人，本来就是游戏玩家，VR只是过滤出了更硬核的玩家。"

智能手机出现后，男女老少都能在上面解决自己的需求，但VR只冒出了"游戏"这一个发展点，并未形成产业；与此同时，多数VR设备还需依赖PC、手机或游戏主机。

C端市场还未打开，VR线下体验店一度是李闻最看好的内容变现渠道。2015年中，乐客创始人何文艺来到北京海淀区世纪金源商城的电玩城，说服店主增加一台VR游戏设备。乐客是一家提供VR体验店一站式服务的创业公司，这是何文艺的第一单生意。

至今，乐客服务的VR线下体验店已有2000多家。"坦白说，一半赚钱，一半赚不到钱。"何文艺介绍，一家面积100平方米的体验店，前期投入大约二三十万元。依据设备的可玩程度高低，顾客每消费一次需支付30～100元不等，游戏体验时间多为5～15分钟。

顾客每次消费的收入由游戏开发方、体验店与乐客会三方分成。一般来说，内容方与乐客各拿5%，加盟店拿90%。如果游戏质量高，内容方分成比例会更高。

何文艺透露，乐客服务的线下体验店累计消费700万人次。但线下渠道对内容方来说，只是多一条腿，根本不足以支撑其全部的投入。"现在不是要挣多少钱,而是要保多少本。"

顺为资本投资经理段誉把VR体验店比做PC时代的网吧,无论对内容方还是经营方来说,其市场爆发的潜力不大,同时还要面对VR硬件不断降价的风险。

复购率低是体验店模式的致命伤。据何文艺透露,2015年体验店的复购率只有5%~6%,2016年部分项目可达20%~30%。但乐客成立一年多来仍很难实现整体赢利。

君联资本合伙人刘泽辉认为,未来VR体验店应发展成为以VR为中心,兼顾娱乐、餐饮的综合性商店,或可往大型VR游乐园方向发展。

投资降温

2015年年末是VR在资本市场的一个小高潮。"当时公司天天聊投资,都没法安心工作。"李闻说。雪人科技在2016年上半年完成一轮500万元融资,下半年资本寒冬即不期而至。2016年年中,证监会叫停跨界定向增发,也堵住了VR领域的一个重要资本渠道。

2015年出现了不少VR硬件投资案例。君联资本是联想控股旗下的公司之一,刘泽辉表示:"因为我们是硬件厂商出身,当时有一个基本判断,在中国做硬件设备是非常困难和危险的事情。"

摩象科技创始人李树欣直言:"如果不是和小米合作,我们不会涉足VR硬件的生意。"他认为,VR涉及复杂的软硬件,一家小公司难以打造完整的闭环生态。

刘泽辉表示,2015年VR市场过热,2016年是趋于理性的正常回归。至于原因,一方面,VR处于发展早期阶段,且涉及软硬件、内容应用、生态等多方面,市场渗透需要时间,不是资本能"砸"出来的。另一方面,就基础产业链与供应链来看,VR 已经成为一个竞争相对充分的行业,2016 年又有索尼、微软等大公司入场。对风险投资来说,如果要谋取更高的回报,就要寻找下一个投资领域。

不少投资人认为,VR 技术团队是他们目前所青睐的投资方向。谷歌曾将 VR 定义为新的计算平台,峰瑞资本创始合伙人李丰表示,虽然如此,VR 在很多关键计算节点上还有不足。克服这些底层技术障碍,早晚是第一步。

在美国,Facebook 和谷歌等公司一手把持着用户平台与硬件平台,并且在 VR 上投入了大量的资金和人力。在李丰看来,在中国,无论是腾讯、优酷等用户平台,还是数量众多的硬件厂商,都还没有投入巨大的研发力量去突破 VR 的关键节点技术,仍然留给创业者很多机会。

段誉认为,空间定位、人机交互等技术并不仅仅局限于 VR,也可以在 AR、MR 中应用,从这个角度看,虚拟现实市场有较大的技术延伸空间。

"2016 年夏天,我去美国硅谷参加一场 VR/AR 的大会,可谓哀鸿遍野,大家都想往人工智能转。"启迪之星创投董事总经理刘博说,"不是对 AR 和 VR 缺乏信心,而是消费者培育速度太慢。"

Unity 全球 VR/AR 战略总监 Tony Parisi 判断,目前 VR 产业处于早期阶段,增速低于预期,但 2~3 年后,产业增速将大大提高。据 Unity 统计,2016 年 11 月,中国市场的移动 VR 设备数量同比增长了 632%。

李树欣认为,VR 与智能手机崛起的路径相似,VR 市场也需要一款 iPhone 般的标志性产品与安卓般的标准化平台。但唐沐并不认为 VR 具备这样的爆发基础,因为 VR 并不拥有智能机取代功能机时积累的用户基础。

硅谷有一条著名的技术成熟度曲线,将新科技演变过程划分为 5 个阶段:科技诞生的触发期、期望膨胀期、幻灭的低谷期、爬升的光明期与稳定的成熟期。在市场调研公司 Gartner 2016 年 7 月发布的年度技术成熟度曲线中,VR 第一次走出低谷期,踏入了光明期,但距离成熟仍需 5~10 年。

8.7　疯抢共享单车

　　北京海淀区的后厂村路在中国互联网业大名鼎鼎,这条路通向包括百度、腾讯、网易、联想等多家中国大型互联网或IT公司的办公楼。因为常年堵车,后厂村路被戏称为"扼住中国互联网咽喉"的道路。2016年下半年,中国两家公司摩拜和ofo的"小橙车"和"小黄车"在后厂村路上的竞争进入白热化,每天清晨天还未亮,两家公司就将各自的自行车摆到地铁口。

　　这样的场景,在北、上、广、深一线城市越来越多的商圈上演,美其名曰"共享单车"。这是中国首创的一种共享经济商业模式,企业与政府合作,在校园、地铁站点、公交站点、居民区、商业区、公共服务区等提供自行车共享服务。共享单车从通勤的最后1~3公里市场切入,抓住了后厂村路这样的市场"痛点"。

　　"小黄车"和"小橙车"的竞争,仿佛回到3年前滴滴、快的和Uber等网约车打补贴战的时代。相比网约车平台,自行车租赁平台体量小得多,但这两家公司在2016年的资本市场吸引的关注度丝毫不输任何大型互联网公司。

"摩拜和ofo每天抢我们这些互联网'民工',互联网老板们就抢摩拜和ofo。"一位腾讯员工笑称。

2017年1月4日,"小橙车"摩拜宣布完成D轮2.15亿美元融资,上轮参与投资的腾讯再次领投,跟进的产业资本还包括携程和华住集团,风险投资机构则包括华平、TPG等。2016年9月,"小黄车"公司ofo引入滴滴投资,随后撬动更多投资机构哄抢融资份额。

成立两年的摩拜单车和成立两年半的ofo均经历了多达5轮的融资,双方投资人加起来足有20多家。为迅速做大规模、撑住估值,两家年轻公司只争朝夕,正在跑步进入国际化发展的状态。

在缺乏投资项目的市况下,共享单车在2016年成为景色独好的"新风口"。据财新不完全统计,目前公开报道涉及的共享单车平台超过19家,且还有新平台打着各自的商业逻辑涌现:有与自行车厂商深度绑定的,有号称拥有政府合作资源的,还有仅仅接入巨头平台就号称用户数百万、流量资源丰富的。

麦肯锡研究院和汉能研究的报告显示,目前共享单车市场规模约20亿元,预计到2018年将达到200亿元。艾媒咨询预计,单车租赁市场的用户规模将从2015年的246万人增长至2019年的1026万人。

时至2016年中,O2O创投泡沫在资本寒冬中挨个破灭,当时心有余悸的投资人对共享单车仍在观望:体验不好,如何平衡供给和空载?车辆损耗能不能覆盖?在互联网巨头和各路资本开始发力追捧之后,市场质疑也始终相随:共享单车到底怎么赢利?这是门多大的生意,值得如此快速增长的估值?

多位共享单车投资人毫不避讳地透露入局意图:"催熟项目、吹大泡沫"。有投资人甚至直言"VC的本质就是靠泡沫赚钱"。而对于摩拜与ofo是否会重演滴滴快的合并剧情,投资人们一致隐晦地表示:不排除各种可能性。

滴滴"定心丸"

融资显然是有效的领跑战术。摩拜单车在2017年开年即宣布完成D轮2.15亿美元融资后，其CEO王晓峰称，腾讯、携程、华住等在地图、移动支付、政府关系等方面将提供极大的助力，"过段时间还会宣布更多战略投资者加入"。

在2016年12月23日的小范围媒体采访中，ofo创始人兼CEO戴威表示，ofo一直在融资，过段时间将有新的融资信息发布。在摩拜最新融资信息发布后，ofo的回应也火药味十足："共享单车不缺少资本关注，但缺少有持续自我造血能力及赢利潜力的企业。行业战役才刚打响，竞争还会持续数年，未来服务、产品、商业模式等才是竞争的关键，ofo已备足弹药。"

"确实很疯狂。"多位投资人一致感慨共享单车的融资速度：一个月融两轮、半年时间整体估值达到10亿美元"独角兽"级别，用不到一年时间就完成了其他互联网公司多年的发展步骤。

"小黄车"ofo成立于2014年8月，起步于校园市场，由北大硕士戴威与4个同学一起创办，目前已覆盖全国26个城市的200多所大学。戴威也在多个场合谈及自己的创业故事：在学校骑自行车经常被偷，连续丢了四五辆车之后，希望能以共享的方式骑自行车，便创立了ofo。

"小橙车"摩拜则由汽车媒体人胡玮炜创办。2015年12月，前Uber中国上海总经理王晓峰加入摩拜，担任CEO。2016年4月22日，摩拜单车正式在上海试运营，同年8月开始在北京投放，扫码、无桩、电子锁等设计引来多家媒体关注，迅速引爆社交平台，共享单车的概念旋即成为街谈巷议的热点话题。

ofo和摩拜单车原本是市场、用户并不重叠的两家公司，但随着滴滴的入局，开始成为对标公司，"针尖对麦芒"地争夺市场，资本真正疯抢共享单车也始于此。

"2016年9月,整个资本市场的观望情绪比较大,投资人分别见了ofo和摩拜,但都不敢出手;而两家公司也很难受,因为虽然见了很多投资人,也有人表示兴趣,但真正白纸黑字敢投的不多。"元璟资本合伙人刘毅然回忆称。滴滴彼时也在犹豫,考虑要不要自己做共享单车,毕竟短途出行是其在出行领域覆盖的盲点,一直没有解决好。"我们在考虑投资ofo时,也认为最大的风险就是滴滴投资摩拜或者滴滴自己做。"刘毅然说。

"本来是确定我们领投,TS(TermSheet,投资条款清单)都给了,但最后一刻,我去新加坡出了一趟差,滴滴就进了ofo的董事会。"刘毅然颇感遗憾。2016年8月,经纬中国领投ofo的B轮融资时,就曾邀请刘毅然参与,"但当时ofo对市场前景没有想清楚,加上团队稍微有些年轻,我们犹豫之间就没有投资"。

一名投资摩拜的投资人称,元璟资本实际创始人为阿里巴巴七人创始团队之一的吴咏铭。作为新基金在ofo融资困难时期敢于下手,是因为ofo A+轮投资人王刚找到了吴咏铭。王刚也是"阿里系"出身,因投资滴滴天使轮成为业界知名投资人。而据领投摩拜B轮融资的熊猫资本合伙人毛圣博透露,摩拜在2016年上半年的融资中被几十家一线VC拒绝。"我看过一些投资人发来的微信,直接说不感兴趣。当时一个普遍的观点是'政府公共自行车可以免费骑,单车有什么可投的'。"但熊猫资本在做投资尽调的时候就直接给了过桥贷款,"5月签协议,6月钱就全部到位,摩拜当时正在投放单车,比较缺钱"。

ofo和摩拜在2016年9月的融资僵持了大半个月,但在9月26日滴滴投资ofo落实之后,所有投资人都开始迅速跟进,ofo的估值一下子从此前的1.5亿美元翻倍到3亿美元。在刘毅然看来,滴滴入局犹如一颗市场的"定心丸",瞬间打开了投资人的想象:滴滴很重视ofo这块业务,到一定体量可能会在APP上开一个入口,"滴滴肯定不会让它轻易消亡,这就(让投资人觉得)安全了很多"。

滴滴投资数千万美元的这一轮被ofo称为C1轮融资，半个月后的10月10日，ofo又进行了C2轮融资，这一轮投出1.3亿美元的股东阵容堪称"豪华"：美国对冲基金Coatue、小米、中信产业基金领投，经纬中国、元璟资本、金沙江创投等跟投。所有机构的体量都很大，但拿到的份额很少，好几家机构的一把手或全球总裁打电话过来问："能不能再多投一点？"

本来在滴滴之前给了TS的元璟资本，最终在C2轮跟投，但受估值上升的影响，持股份额比之前的TS有所缩水，而很多机构最终在激烈拼抢之后仍未挤进去。

资本市场抢项目本属平常，但如此激烈争取甚至撕破脸的情况却也罕见。一位未能挤进ofo融资的投资人气愤地说，自己未能拿到份额就是因为一位"老股东"不同意。"这个项目本来就不是吃独食的，但就是不让我们进。"

摩拜也同样被投资人哄抢。老牌美元投资机构启明创投合伙人黄佩华与祥峰资本、熊猫资本、愉悦资本等摩拜早期投资人关系密切，在其引荐之下才见到"到处躲着投资人"的王晓峰，而最终能拿到摩拜的投资份额，黄佩华直言"不容易，很幸运"。

"前后见面四五次，启明创投管理合伙人甘剑平、美国合伙人都亲自跟我去见王晓峰，节奏非常快。"黄佩华称，投资报告发出去一个小时，就收到了所有投委会成员的回复，同意迅速参与投资。

投资人迅速选择和"老朋友们"站在了一起，摩拜D轮融资中，华住集团和携程跟投，市场感慨"红杉系"资本全线加持摩拜。红杉中国是摩拜C轮融资投资方，合伙人沈南鹏和华住集团创始人季琦、携程创始人梁建章和董事长范敏被称为携程"四君子"。

腾讯在摩拜的C轮融资完成后，单独追加了C+轮，并继续在D轮融资中领投。接近交易的人士对财新透露，腾讯公司CEO马化腾亲自见王晓峰，拍板了投资，而摩拜也有望接入微信的运动数据中，为用户提供骑行数据。

资产荒下的投资逻辑

"摩拜和ofo类项目,如果放在2015年的市场,其受追捧程度可能不会到2016年这样的程度。"华兴资本董事总经理王立行指出。

王立行团队是摩拜D轮融资的独家财务顾问,承揽了未来两年摩拜的融资。在王立行看来,目前中国创投市场的所谓"资本寒冬",本质不是缺资金,而是缺项目。

"真的没什么好项目可投。"毛圣博在参加2016年年底华兴资本组织的股权投资活动后感慨,在华兴提供的项目名录里,毛圣博从上看到下,也没看到心仪的项目。而这样的状况已经持续一年。

资本的冷静克制源于2015年曾经的疯狂。清科集团私募通的数据显示,2015年中国创业市场的投资总量达到1293亿元的峰值,投资案例达到3445个,较2014年几乎翻倍。

"2015年4—5月,很多VC基本半年就把未来一年半、两年的钱全投出去了。"毛圣博彼时刚刚从启明创投出来自立门户,熊猫资本一期基金规模仅6亿元,计划投10~20个项目,但VC把创业公司的估值泡沫不断吹起来,"估值低于1亿美元的项目都很少"。

但2015年6月,A股股灾带来二级市场震荡,并传导到全球股市,随后中概股回归A股的政策之门关闭、战略新兴板取消等消息传出,退出通道收缩,一级市场的VC出手明显变得谨慎。

清科集团公布的2016年国内股权投资规模数据显示,截至2016年11月底,国内股权投资总额逾6683亿元,已经超过2015年全年总额5254亿元,但投资案例数量7859笔,少于2015年全年的8365笔;此外,人民币基金募集数量、外币基金募集数量同比均有下降。

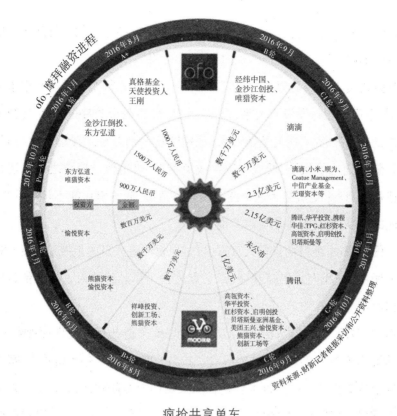

疯抢共享单车

"2015年投资最热时，只有一至两周的决策时间，你不投就有人投了，但现在的决策速度慢了很多；企业融资的时间也在拉长，以前两三个月融一轮，现在要四五个月，估值上升，速度都降下来了，非常明显。"刘毅然指出，钱仍然很多，流动性也不是问题，更多的是心理问题，也是短周期里的系统性自我矫正，"可能有些案子投得太快，调整之后会投得慢一些，这样的小周期一两年就会来一次"。

在黄佩华看来，2016年是非常明显的两极分化：好的项目超募，其他的一般项目或不在风口的项目融资艰难，甚至要转型找出路。"2016年是比较迷茫的一年，移动互联网的红利期已经过去，巨头垄断前30名的APP，2016年没有明显的投资主题，都在找新的风口。"黄佩华指出，摩拜在成熟的互联网市场里,还能有爆发性的增长,成为高频的应用,解决3～5公里的出行问题,"这是我们看好的趋势"。

各路投资人都将此视为"风口",而不是简单的自行车租赁。"共享单车只是名词,本质跟自行车没有关系,自行车只是恰巧在这个时间点里,迎合了商业模式的一种产品。"在毛圣博看来,他赌的这种商业模式要解决出行问题,特点是随时随地可租用、低成本维护或免维护、可定位。"摩拜之所以选择一个改造过的自行车,就是为这个商业模式打造的,未来有可能不是自行车,而是其他的产品,能更好地满足这个商业模式。"

一位看过ofo项目的投资人直言,当时想投的最大目的是做知名度:"我的合伙人跟我说,我们是年轻基金,跟一点进去当作品牌投入了。"但他最终未能抢到份额。

不过,多位受访的投资人坚持认为,共享单车是2016年资产荒现象下,最典型的资本催熟案例,估值泡沫严重。"投共享单车之后有市场效应,资本会拿着这个噱头吹嘘。"明嘉资本创始合伙人兼CEO张晓婷认为,标的资产荒现象严重,会导致某个产业领域内,因为某个项目比较火而产生标杆效应,也会导致投资人做投资决策时,很少对产业未来几年的趋势做布局,只会看到今年、明年的投资收益,追求短平快、赚快钱。

"是有点太疯狂了,就跟团购、直播一样。"达晨创投投资总监陈全指出,中国是一个统一的大市场,有强有力的政府,所以共享单车这种重运营的项目,有望通过资本催熟的方式迅速建立壁垒。"但此前已有案例,比如优土合并之后爱奇艺冒出来,还是不赚钱;滴滴快的合并,但神州和易到也还活跃着,仍然不赚钱,共享单车的赢利问题也会是未来最大的问题。"

赢利之虞

相比两年前,市场对互联网企业长期不赢利的容忍度降低,追求规模的故事不再流行。要想堵住市场的"嘴",企业和投资人都必须拿出看得到赢利的商业模式。

黄佩华指出,美国从2013年开始出现共享单车,但仍是有桩、运营维护成本高、需要政府补贴的模式。

但对国内的共享单车,多数投资人表示乐观,并拿出了类似的赢利测算模型:一辆单车每天的使用频次为3次,每笔订单收入1元,每辆车每个月收入90元,收入覆盖成本,加上每年10%～20%的损耗率,摩拜单车约需18～20个月收回投资,ofo在校园和城市场景中需9～18个月收回投资。

汉能资本的一份单车研究报告中,以车费、每天使用次数、损坏率、每日收入、营业成本、单车成本及每辆单车的使用年限、天数、次数,详尽测算出了ofo和摩拜的赢利情况。从ofo方面来说,车费为0.5元,每天使用次数3次,以损坏率18%～20%来计算,每日收入1.2元,其中营业成本40%,扣除之后每日净收入0.72元;同时,单车成本300元,以每辆单车可使用1.16年、417天、1250次来计算,城市场景9个月可实现盈亏平衡,校园场景则只需5个月。

摩拜单车方面,车费1元,每天使用三次,损坏率1.5%,每日收入2.96元,扣除40%的营业成本之后,每日收入约1.77元,单车成本3480元,按照每辆车使用5.45年、1963天、5888次来计算,摩拜单车第一版的车型在城市场景中需4年达到盈亏平衡,第二版的lite版本则需16个月达到盈亏平衡。

黄佩华对摩拜的使用频次更乐观一些,在其测算模型中,单车使用频次一天可以达到5次。"中国的人口密度很恐怖,有128个城市的人口超过100万,但美国只有10个,欧洲也只有18个。人口密度高意味着单车使用率更高,而共享单车的另一个好处在于,它正在改变人的使用习惯,未来会有更多增量市场空间出现,但首先要做到用户想用车的时候随时可以找到车,所以就要不断地铺车。"

目前,两家也都采用卡券、免费等方式拉新用户,打补贴战。好在共享单车的市场竞争和补贴力度,与网约车不在一个量级。前述摩拜投资人认为,行业最大竞争力并非价格:"一个1元、一个0.5元不是关键,关键是你要用的时候旁边是不是有车。"正是基于这样的逻辑,他认为装有GPS定位系统的摩拜单车比ofo更有竞争力。

实际上,摩拜和ofo如果切入城市通勤系统,大量用户用车的路线相对稳定。重点商圈办公楼的上下班时间,两家公司都需要运营人工搬车,互联网单车的优势并不明显。

刘毅然提到,在投资过程中与摩拜和ofo都有详谈:"赢利模型还需要更多观察和判断,但他们自己也讲不太清楚。我们比较之后认为,ofo如果在城市场景跑不出来,还有校园场景可以实现赢利,下行风险可控,这是元璟决定投资ofo的重要原因。"

无论摩拜还是ofo,都在不断加快自己进入新城市的脚步,通过线下的用车逻辑,提升自己的市场空间,不断地增加车辆投入。比如在北京三里屯、中关村等地,本来空荡的人行道旁,一个月内就摆满了不同版本的ofo和摩拜。

两家互相围堵,竞争一时趋于恶性,比如涂抹二维码、破坏车身等。与此同时,共享单车的各类漏洞也不断暴露出来,比如ofo的车无定位易丢失、机械锁容易被破解、摩拜单车的电子锁在冬天容易电量不足、打开率降低等,这些都让外界对共享单车的成本和赢利前景打上问号。

戴威在2016年12月23日对外表示,ofo近3个月的不活跃车辆低于1%,目前其用户量500万,ofo在北、上、广、深等6座城市提供城市出行服务,还覆盖了26个城市的200多所校园,在全国已投放35万辆车。

"按照北京目前的人口密度,ofo计划投放50万～100万辆。"他表示,虽然目前还没有赢利,"但已经接近于打平,2017年一定赢利"。

商业模式趋同

摩拜CEO王晓峰此前接受媒体采访时直言,正因为没有好的赢利模式才寻求外部投资,希望在资本的助力下获得赢利。这番惊人言论引来市场热议。

王晓峰在2017年1月4日晚进一步解释称,摩拜还太年轻,太着急赢利,未必能实现成立公司时初衷。"摩拜可以通过提高客单价、卖车身广告等来赢利,但目前希望获得更多资金,在用户变成粉丝之后,再探索赢利模式。"他说:"摩拜目前的赢利状况远好于市场上的第二名到第几十名的共享单车的企业。"

这两家一开始在场景、车辆上差别极大的公司,差异正在逐步缩小。ofo在与700bike合作的车辆上已经加入了定位功能,并换为实心轮胎。C轮加入的投资人中有拥有自行车研发经验的小米公司,戴威证实,与小米的合作主要在电子锁等电器器件方面。这意味着ofo或将弃用屡遭用户吐槽的机械锁,而向摩拜学习,升级为电子锁。

700bike创始人张向东因为骑行者和自行车硬件创业项目为圈内熟知。在这轮共享单车风潮中,张向东成了各家共享单车企业都愿意接触的圈内人。

张向东称,共享单车企业不懂自行车供应链,无法和自行车厂商沟通,而自行车厂商缺乏设计能力,满足不了互联网企业需求。他直言:"我做车两年多,在供应链的积累和设计能力上能够对接双方。"ofo的初步国际化,就是由张向东多次往返中欧两地协调谈妥。

戴威在2016年12月23日的媒体沟通会上也宣布了ofo进军欧美市场的规划,首批将在硅谷、伦敦投放两万辆自行车。

　　另一边,摩拜在国际市场上首先从新加坡的校园市场切入,被外界解读为打入ofo腹地。摩拜匆忙公布D轮融资时,王晓峰仍身在国外,其在随后的媒体采访中强调,在加快国内市场探索的同时,国外市场将是摩拜2017年重点探索的领域。

　　战火迅速烧到海外,戴威放话"拭目以待"。ofo早已走出校园,在不到两个月的时间里进入6座城市,和摩拜直接竞争,目前城市场景约占其订单量的三分之一。

　　除了技术和场景愈发趋同,腾讯投摩拜,滴滴投ofo,而腾讯是滴滴最大股东——两家竞争企业错综复杂的投资人关系引发市场猜想。

　　摩拜和ofo会不会合并? 投资人是不是奔着合并、最终卖给巨头才迅速跟进投资? 一位摩拜投资人坚称,没有所谓资本市场的阴谋论,"说到底,VC也好,滴滴也好,都需要为股东负责,没有人是奔着合并去投项目的,合并说明摩拜做得不够好"。

　　毛圣博认为,ofo近期投放广告、发放优惠券等做法,明显侧重运营;而摩拜专注于产品研发,两家公司的风格差异极大,并无合并可能。"很多人在抄袭摩拜,但摩拜一直在迭代产品,其他人只能被摩拜拖着走。"

　　刘毅然认为,摩拜和ofo是否合并,首先取决于接下来12个月,双方的赢利模型、运营理念是否越来越趋同;其次取决于创业者对市场份额的看法是否一致。"如果双方都觉得5∶5或6∶4是正常的状态,不再投放单车,市场找到平衡的节奏,也可以不合并。"他说,"但若发现双方差别不大,消失的只是钱,资本意志就会介入。"

后　记

屈运栩

　　"传统行业就像登山,一直往上走,总能登上山顶;互联网行业是冲浪,一波没赶上就得等下一波。"风投女王徐新这么跟我描述互联网这个行业。

　　企业在互联网行业里冲浪,时机的判断、勇气、技巧、坚持,各个因素的权重与传统时代已然不同。

　　徐新从消费零售行业投资起家,后转向互联网相关投资,入行22年,在投资任何一个新兴行业的公司时,她仍然要求团队去调查几十家同类公司。

　　作为观察者的我们,站在岸边看,试图记录那些历史性的瞬间、过程,并且做到准确和深入,谈何容易!

　　几年前,我初进互联网领域报道,第一感受是很难因循传统价值观。比如,商业垄断一定存在法律风险,但在互联网行业"赢家通吃"又是基础商业模式;从古至今,做生意赚钱是应有之义,可互联网公司却能单凭商业模式或数据增长就能让资本忍受烧钱、耐心等待;互联网带来的信息高速流动理应带来效率提升,但碎片化却让人感觉离事实更远……

　　另一个困扰则是,行业变化太快。"眼见着起高楼,眼见着楼塌了"的案例不少,凡客、豌豆荚这样的明星项目从巅峰到低谷不过两年。更多时候,我们经历着"这是什么鬼? 为什么能火? 能火多久?"此类难下判断的焦虑。O2O、共享经济、二次元、直播……新生模式层出不穷,如何剥去概念外衣,直入其商业内核? 记者个人的观察、记录和理解能力之外,编辑方针变得尤其重要。

　　媒体同行在互联网报道领域大体有两类模式:一类是将大公司与创业公司分开;另一类则是以垂直业务区分,套用"互联网＋"理解公司和行业变革。

这样的划分在实践中存在困难。对于BAT这样的巨头，生意外延之广，涉足企业之多，几乎要求媒体人成为全行业"通才"。借用马云的表述，互联网是产业的水电煤。而水电煤只是新一轮产业变革的基础，我们选择从公司角度切入，还要在水电煤上梳理出不同商业帝国的构造法。

犹记得2015年年底写互联网行业四大并购及其背后推手BAT，要画三张BAT的商业逻辑图，图越画越惊心：在互联网行业，在这三大体系外的"独角兽"企业已经凤毛麟角。新老产业里的创业者们探索着行业新路径，几乎从一开始就得直面巨头：要不要合作？要不要拿钱？要不要站队？这不是一次性的选择，而是长久的博弈。

记录和传播创业新贵们的选择与博弈，或多或少地影响着市场情绪和行业判断。2015年6月开始的互联网创投降温，财新是最早敏感抓住并深入报道的媒体，此后的互联网中概股回归受挫、风险投资散户化等系列报道，则欲剖析这个高度资本驱动行业的生态演进。

所幸，我们在财新。这个沿用老派新闻专业主义作业的团队，遵循完整还原事件、谨慎寻找逻辑、避免价值预置、持续跟进不断修正或验证判断等等费力费时的新闻操作方法，去应对碎片化、速食化的互联网世界。

"财新的文章真的好干、好硬，但好有料。"这个在行业里已经流行起来的评价对于新闻写作者而言算不上褒奖，我们的确总是利用高强度的信息流掩盖戏剧化情节或人性描写的薄弱，这两方面也是我未来努力的方向。

包括我在内的一众年轻记者冲入互联网热闹激烈的浪潮，必须在摸爬滚打中快速学习和成长，也时常辗转于迷失困顿与骄傲激昂之间。我们之所以可以无知无畏无包袱地往前冲，是因为无论什么时候都有编辑站在身后，他们的经验总能避免我们犯错。财新产业和金融融合的强大团队，是我们占据较高点位观察报道互联网领域的重要条件。作为财新TMT小组，我们要感谢我们的大编辑郭琼、王晓冰、高昱、李箐，在财新这个编辑主导制的团队，他们的辛苦绝不亚于一线的记者,而他们对报道方向的判断和指引,对文章的提炼、总结、梳理和拔高,才是我们的报道最终能够立于行业的基础。

还要感谢财新出版团队的徐晓老师和张缘老师,是他们的努力催稿与协调,推动着我们回溯过去一年的事件和报道。

更要感谢本书中出现的上百位被访者,无论文中是否出现了名字,正是你们的实践与分享,才能让中国的新一轮互联网浪潮得到这些宝贵的记录。

2017年2月5日于北京

互联网大事记(2015年1月至2016年12月)

2015年

1月22日　微信商业化提速,开推朋友圈feed流广告。

1月27日　外卖平台饿了么宣布获得3.5亿美元E轮融资。

2月9日　魅族宣布完成首轮6.5亿美元融资,其中阿里巴巴领投5.9亿美元。

2月14日　打车软件滴滴、快的宣布合并,新公司估值约60亿美元。

4月18日　58同城、赶集网宣布合并,新公司市值超过100亿美元。

4月27日　微影时代宣布完成B轮1.05亿美元融资,由腾讯、万达、文字华夏、鲁信和刚泰文化等多家机构参股。

5月13日　乐视体育获得首轮8亿元融资,估值28亿元。

5月26日　生鲜电商天天果园完成7000万美元C轮融资,京东领投。

6月23日　阿里巴巴与蚂蚁金服宣布投资60亿元打造本地生活服务平台口碑网。

6月30日　游戏公司空中网宣布私有化,当月有13家公司宣布私有化,掀起中概股私有化新一轮浪潮。

7月8日　国家版权局下达音乐版权治理的"最严版权令",音乐产业格局生变,随后QQ音乐与网易云音乐等先后达成版权转授协议。

8月3日　腾讯要约收购艺龙,收购价格为每股18美元,艺龙估值6.2亿美元。

8月10日　阿里、苏宁换股结盟,阿里以约283.4亿元战略投资苏宁云商,成其第二大股东,苏宁云商则以140亿元认购阿里巴巴集团新发行股份。

8月13日　亚马逊宣布上线"海外购·闪购"业务,同时正式启动海外购2.0战略。

8月18日　蚂蚁金服发布新的独立应用,推出新的APP产品"蚂蚁聚宝"一站式移动理财平台。

8月18日　国家食品药品监管总局公布《网络食品经营监督管理办法(征求意见稿)》,明确了网络食品交易经营者及第三方平台对食品安全的管理责任,以及消费者权益受损时前两者的赔偿责任。

9月14日　蚂蚁金服以12亿元增资入股国泰金融旗下国泰财产保险有限责任公司,占股60%。交易完成后,国泰产险总资本为20亿元,蚂蚁金服控股,国泰金控成为战略股东。

10月8日　大众点评、美团宣布合并,新公司估值约170亿美元。

10月13日　QQ音乐与网易云音乐宣布双方达成音乐版权合作,以音乐版权转授权预付+分成形式,QQ音乐向网易云音乐转授音乐版权150万首。

10月17日　微信支付开始逐步测试转账新规:每人每月转账+面对面收款可享受每月2万元的免手续费额度,超出2万元的部分将按照0.1%的标准收取手续费。

10月20日　乐视控股宣布控股易到用车70%股权,易到估值10亿美元。

10月26日　中国在线旅游的两大"宿敌"去哪儿网、携程网结盟。百度成为携程最大股东,拥有25%的总投票权;携程则拥有去哪儿约45%的总投票权。

10月31日　华人文化控股正式成立,总融资规模超百亿元,腾讯、阿里以及投资机构元禾投资参与投资。

11月5日　知乎完成C轮5500万美元融资,腾讯领投。

11月10日　分众借壳七喜获商务部批准。

11月10日　京东决定在数月后关闭C2C电子商务平台拍拍网。

11月17日　58赶集宣布将旗下兼职创新业务从集团分拆独立,推出新品牌"斗米兼职",并称已获价值4000万美元A轮融资。

11月17日 移动票务平台"微票儿"确认完成15亿元C轮融资,估值近100亿元。

11月24日 移动视频技术与服务提供商一下科技宣布完成2亿美元D轮融资,新浪微博领投,估值超过10亿美元。

11月30日 蚂蚁金服联手韩国电信等公司发起设立互联网银行K Bank,获得韩国政府批准筹建。

12月2日 中国五矿集团旗下五矿发展与阿里巴巴集团旗下阿里创投正式举行合作协议签约仪式,宣布共建钢铁电商平台。

12月3日 百度宣布旗下百度音乐业务与太合音乐集团合并。

12月7日 百合网宣布以7.56美元/ADS价格收购国内主要竞争对手世纪佳缘,交易以约2.4亿美元现金完成。

12月7日 阿里巴巴集团旗下跨境出口电商平台速卖通,宣布从跨境C2C转型为跨境B2C。

12月10日 乐视网控股子公司乐视致新投资22.67亿港元,以6.5港元每股价格认购TCL多媒体新股3.49亿股,获得其20%股份。

12月14日 阿里巴巴以20.6亿港元收购南早集团旗下部分媒体资产。

12月14日 百度在北京宣布成立自动驾驶事业部,计划在3年内实现无人车商用,5年内实现量产。

12月16日 微影时代与格瓦拉合并,欲打造国内最大的娱乐票务平台。

12月17日 阿里巴巴投资饿了么12.5亿美元,占股27.7%,成为其第一大股东,饿了么估值超过45亿美元。

2016年

1月5日 穷游完成5700万美元D轮融资,香港众信领投2500万美元,占股5.499%。

1月7日　　支付宝斥资2.69亿元拿下央视猴年春晚红包合作机会。

1月11日　　中国两大女性购物网站蘑菇街和美丽说宣布合并,新公司整体估值近30亿美元。

1月12日　　百度宣称百度贴吧所有病种类吧全面停止商业合作,只对权威公益组织开放。

1月13日　　Uber中国B轮融资完成,Uber全球和Uber中国两个融资主体各轮融资中,来自中国投资人的投资额接近20亿美元。

1月14日　　弹幕视频网站Acfun(A站)完成A+轮融资。

1月16日　　京东金融融资66.5亿元,估值超460亿元,红杉资本中国基金、嘉实投资和中国太平领投,京东集团仍控制多数股权。

1月18日　　腾讯公司联合公安部网络安全保卫局发布的《2015移动支付网络黑色产业链研究报告》显示,2015年手机病毒包新增1670.4万,新增支付类病毒超过32.6万,全年被支付类病毒感染的用户高达2505万。

1月19日　　美团点评宣布完成33亿美元新一轮融资,由腾讯、DST、挚信资本领投,融资后公司估值超过180亿美元。

2月1日　　Uber中国宣布与阿里巴巴旗下蚂蚁金服达成跨境支付合作,"出行＋支付"绑定出海渐成新趋势,Uber看重支付宝国内市场,支付宝加紧布局海外。

2月4日　　国家新闻出版广电总局、工信部联合发布《网络出版服务管理规定》,网络出版物的界定在操作层面仍待细化,视频、动漫等互联网产业或受影响。

2月18日　　Apple Pay正式登陆中国。

2月19日　　神州优车新一轮融资36.8亿元,投后估值约287亿元,其中阿里巴巴通过两个主体分别向神州优车投资14亿元,共计28亿元,占股约9.8%。

3月14日　阿里巴巴旗下大数据物流平台公司菜鸟网络宣布完成首轮融资，融资额超百亿元，估值近500亿元。

3月15日　乐视体育B轮融资70亿元，估值205亿元。

3月25日　腾讯公司副总裁丁珂发布腾爱医疗战略及其业务构成，定位于"健康基金＋医保"的互联网金融业务。

4月11日　航班管家宣布完成C轮融资，民航股权投资基金、民航合源投资中心、海航凯撒、大鹏航空、宁波凯撒、经纬中国等共同出资9.33亿元。

4月13日　百度成立"百度搜索公司"，由原先搜索业务群组、移动服务事业群组和糯米事业部组成。

4月15日　京东集团旗下O2O子公司"京东到家"与众包物流平台"达达"合并，京东占股约47.4％。

4月18日　腾讯发布办公社交软件企业微信APP 1.0版本。

4月20日　百度宣布旗下百度视频业务独立运营，新公司小度互娱科技有限公司完成近10亿元融资，估值约在22亿～29亿元。

4月20日　工信部向中国广播电视网络有限公司颁发《基础电信业务经营许可证》，使其成为移动、联通、电信之外的"第四大基础电信运营商"。

4月26日　微影时代宣布C＋轮融资30亿元，估值120亿元。

5月11日　证监会叫停跨界定增，涉及互联网金融、游戏、影视、VR 4个行业的并购重组和再融资。

5月13日　滴滴出行获得苹果10亿美元投资。

5月16日　淘宝电影宣布更名为"淘票票"，已完成17亿元A轮融资。

5月19日　搜狗宣布对接微软必应全球搜索技术，并推出搜狗英文搜索、学术搜索两个垂直频道，为国内用户提供更精准的英文搜索体验。

5月20日　支付宝宣布与三星达成Samsung Pay相关合作，卡位硬件支付。

5月23日　在线音乐集团海洋音乐启动赴美IPO。

5月23日　百度贴吧文学目录下的全部贴吧分批次暂时关闭。百度在贴吧关闭后全面整顿清查侵权内容。

5月24日　工信部发文要求运营商在2016年年底前电话用户实名率达到95%以上,2017年6月30日前全部电话用户实现实名登记。

5月27日　腾讯联合微影时代向韩国娱乐业巨头YG公司注资8500万美元,成为YG公司的第三、四大股东。

6月1日　日本软银为降低负债规模、增加战略灵活性,向阿里出售24亿美元的阿里巴巴股票。

6月2日　美国打车软件鼻祖Uber获沙特主权财富基金的35亿美元投资,Uber G轮融资累计已达60亿美元,官方称G轮投前估值为625亿元。

6月2日　乐视网称公开发行1.55亿股股票、定增48亿元获证监会核准。

6月13日　微软以每股196美元的价格全现金收购美国职业社交网站LinkedIn,交易总额达262亿美元。

6月16日　滴滴出行宣布完成45亿美元股权融资,投前估值为230亿美元。

6月17日　同程旅游剥离线下旅游板块成立同程旅行社(集团),并宣布投资30亿元,另将机票、酒店、火车票等业务板块独立为同程网络。

6月21日　腾讯确认收购手游公司Supercell 76.9%股权,对价77亿美元。

6月23日　芒果TV宣布募资近15亿元,投后市场估值135亿元。

6月25日　国家网信办发布《互联网信息搜索服务管理规定》,搜索服务提供者不得以链接、摘要、联想词等形式提供含有法律法规禁止的信息内容。

6月27日　果壳网旗下分答完成A轮2500万美元融资,估值超过1亿美元。

7月8日　国家工商总局公布《互联网广告管理暂行办法》,首次明确推销商品或服务的付费搜索广告属于互联网广告。

7月14日　神州优车挂牌新三板获批,其已完成3次融资,共募集资金58.09亿元,估值369亿元。

7月15日　QQ音乐与海洋音乐集团的数字音乐业务合并,腾讯通过资产置换股权成为新集团的大股东。

7月16日　奇虎360宣布私有化交易完成,于7月18日从纽交所摘牌。

7月18日　美团点评获华润战略投资,华润旗下华润万家、Tesco等上万家线下零售门店接入美团外卖。

7月22日　神州优车正式挂牌新三板。

7月27日　乐视宣布以20亿美元收购美国智能电视厂商Vizio。

7月28日　乌云网近十多名团队成员被警方带走,包括乌云网创始人方小顿,白帽社区边界问题引关注。

8月1日　滴滴以换股形式收购Uber中国,合并后公司估值近350亿美元。Uber全球及Uber中国原投资人占有合并公司股份。滴滴再投资Uber全球10亿美元。

8月8日　生鲜电商天天果园获1亿元D+轮融资,由张江高科联合社会资本组建专项基金投资。

8月11日　北京网信办对"百度深夜推广赌博网站事件"出具调查结论,发布五项整改要求,追究相关失职人员责任,对存在资质造假、私自修改推广内容等问题的企业终止合作,加强对代理商有效管理等。

9月1日　《互联网广告管理暂行办法》实施,搜索引擎的竞价排名业务成监管重点。

9月7日　携程以"发行新股+可转债"方式发起逾25亿美元募资。

9月13日　瓜子二手车直卖网A轮融资2.5亿美元。

9月22日　神州专车发布"U+开放平台"战略,招募私家车主,入局C2C网约车。

10月8日　北、上、广、深先后发布网约车新政的各项配套文件细则,对网约车业务从业者资质、车辆数量、产品形态做出具体而严格的规定。

10月9日　同程旅游合并万达旅业。

10月10日　共享单车平台ofo确认完成1.3亿美元C轮融资,由美国对冲基金Coatue、小米、中信产业基金领投,经纬、元璟资本、金沙江等早期投资方跟投。

10月11日　三星中国召回在中国大陆市场售出的所有Note7手机,超过19万台。

10月12日　百度宣布成立百度资本,基金规模达200亿元,主要投资泛互联网领域的中后期项目。

10月13日　摩拜单车宣布完成C轮融资,由腾讯、华平资本、高瓴资本领投。

10月18日　苏宁阿里共同投资10亿元,设立"猫宁电商"。

10月19日　去哪儿接受私有化要约,将以44.4亿美元退市。

10月20日　途家网并购携程、去哪儿旗下的公寓和民宿业务,接管相关运维团队、流量、库存等。

10月20日　360云盘决定停止个人云盘服务,转型企业云服务,这是国内第七家关闭个人云盘业务的服务商。

10月25日　阿里巴巴、腾讯、京东、滴滴出行、58同城、百度糯米、奇虎360、顺丰速运等8家企业在国家发改委签署反"炒信"信息共享协议。协议的签署旨在共享反"炒信"信息,联合惩戒失信行为。"炒信"是指利用网络虚拟交易炒作信用、刷单等。

10月28日　新华网上市,发行募集资金净额约13.8亿元。

11月1日　《网络预约出租汽车经营服务管理暂行办法》正式实施。

11月6日　贾跃亭内部信承认乐视面临资金链断裂危机,反思乐视节奏过快、烧钱追求规模的同时,资金和资源未能跟上。

11月9日　甲骨文与腾讯云在上海签约,双方联手拓展中国云计算市场。

11月14日　大众交通集团与北京首汽集团旗下网约车平台大众出行和首

汽约车宣布达成平台联盟。

11月21日　一下科技完成5亿美元E轮融资，新浪微博连续4轮领投，累计投资1.9亿美元。

11月22日　中文在线宣布5亿元战略投资二次元产业，包括2.5亿元入股A站以及2.5亿元入股G站母公司。

11月23日　百度推出类似微信公众号的百家号，邀请内容创业者入驻自己的内容生产和分发平台。

11月23日　京东宣布京东物流以品牌化运营方式向社会开放，为商家提供线上线下、多平台、全渠道、供应链一体化的物流服务。

11月24日　携程宣布以120亿元收购海外旅行搜索比价平台天巡。

11月24日　在行与分答宣布获得腾讯投资的A+轮融资，投资金额约在千万元级别。

11月28日　阿里影业公告战略投资和和影业，获其30%股权，成为其第二大股东，双方将在电影制作和宣传发行领域展开全面合作。

11月29日　蚂蚁金服董事长彭蕾发布内部信，要求就新社交产品"圈子"的运营失误进行深刻反思。

12月1日　英特尔官方首次披露AI战略，称正在打造一个完整的AI产品线，每个产品都会对应一定的应用场景。

12月2日　阿里巴巴旗下国内零售平台进行重大组织架构调整，将天猫团队和聚划算团队合并，天猫超市被并入新成立的快消品事业组。

12月8日　微信支付接入星巴克中国近2500家门店，仅阿里西溪园区的星巴克门店除外。微信支付和支付宝近年在商超、餐饮等领域积极拓展交易场景，双方的竞争日趋激烈。

12月8日　高通与微软达成合作，下一代骁龙处理器将全面兼容Windows 10，意味着高通正式涉足PC领域。

12月8日　Airbnb中国业务迁移至中国境内服务器,本土化进程加速。

12月9日　腾讯互娱宣布旗下业务部门扩展至5个版块,腾讯电竞独立为新部门,欲借鉴英超、NBA等,建立包括赛事、直播、明星经纪、粉丝运营、内容制作等在内的产业链。

12月14日　中国机器人产业联盟发布三项机器人行业相关标准,分别涉及工业机器人专用电缆、弧焊机器人和灌装机器人领域。

12月16日　腾讯宣布与上海国际汽车城签署战略合作框架协议,旨在推进自动驾驶技术发展和商业化推广应用。

12月18日　蚂蚁金服进行架构调整,樊治铭不再负责支付宝业务,业务线总裁轮岗,施行"班委制"共同决策,并建立全球核身(核查身份)平台。

12月19日　中兴通讯以数亿元入股珠海一家客车厂商广通客车,取得绝对控股地位,进军客车市场。

12月20日　博纳影业集团完成私有化后的A轮融资,融资规模为25亿元,整体估值150亿元,阿里、腾讯领投。

12月21日　北京、上海发布最终的网约车细则,和征求意见稿相比,主要变动体现在对车辆轴距和排量的放宽,北京对网约车平台给予5个月过渡期。

12月22日　淘宝网再上美国贸易代表办公室的"恶名市场"名单,这是阿里巴巴在美国上市之后首次被列入该名单。

12月22日　万达集团旗下AMC院线以约11亿美元的价格,买下美国第四大院线Carmike。交易完成后,AMC院线在欧美拥有超过900家影城,屏幕超1万块,成为全球最大院线。

12月22日　英国数据中心运营商Global Switch宣布向中方财团出售49%的股权,价值24亿英镑,将在中国成立合资公司,进入受限的中国数据中心市场。

12月28日　微信创始人张小龙在微信公开课上宣布不再参与春节红包大战,并详细解读小程序,强调不做流量分发。

12月29日 商务部发布《电子商务"十三五"发展规划》，预计到2020年，电子商务交易额同比"十二五"末翻一番，超过40万亿元，网络零售额达到10万亿元左右，电子商务相关从业者超过5000万人。

12月30日 全球芯片巨头高通与手机厂商魅族达成和解，解决所有专利纠纷，达成了3G/4G全球专利许可协议。

图书在版编目（CIP）数据

互联网寡头战争：BAT圈地运动与资本新格局 / 屈运栩
等著. — 杭州：浙江大学出版社，2017.5
　　ISBN 978-7-308-16805-2

　　Ⅰ. ①互… Ⅱ. ①屈… Ⅲ. ①互联网络－高技术产业－
市场竞争－研究－中国 Ⅳ. ①F492.3

中国版本图书馆CIP数据核字(2017)第071742号

互联网寡头战争：BAT圈地运动与资本新格局

屈运栩 等 著

责任编辑　黄兆宁
责任校对　杨利军　於国娟　陈思佳
出版发行　浙江大学出版社
　　　　　（杭州市天目山路148号　邮政编码310007）
　　　　　（网址：http://www.zjupress.com）
排　　版　杭州兴邦电子印务有限公司
印　　刷　杭州钱江彩色印务有限公司
开　　本　710mm×1000mm　1/16
印　　张　20.5
字　　数　262千
版 印 次　2017年5月第1版　2017年5月第1次印刷
书　　号　ISBN 978-7-308-16805-2
定　　价　49.00元